权威·前沿·原创

皮书系列为
"十二五""十三五""十四五"时期国家重点出版物出版专项规划项目

BLUE BOOK

智库成果出版与传播平台

公共数据开放蓝皮书
BLUE BOOK OF OPEN PUBLIC DATA

中国公共数据开放利用报告（2023）

ANNUAL REPORT ON OPEN PUBLIC DATA IN CHINA (2023)

主　编／郑　磊　刘新萍
副主编／吕文增　张忻璐

社会科学文献出版社
SOCIAL SCIENCES ACADEMIC PRESS (CHINA)

图书在版编目（CIP）数据

中国公共数据开放利用报告 . 2023 / 郑磊，刘新萍
主编 . --北京：社会科学文献出版社，2023. 12
（公共数据开放蓝皮书）
ISBN 978-7-5228-2837-4

Ⅰ.①中…　Ⅱ.①郑…　②刘…　Ⅲ.①信息资源-数
据管理-研究报告-中国-2023　Ⅳ.①G250. 73

中国国家版本馆 CIP 数据核字（2023）第 221348 号

公共数据开放蓝皮书
中国公共数据开放利用报告（2023）

主　　编/郑　磊　刘新萍
副 主 编/吕文增　张忻璐

出 版 人/冀祥德
责任编辑/王　展
责任印制/王京美

出　　版/社会科学文献出版社·皮书出版分社（010）59367127
　　　　　地址：北京市北三环中路甲 29 号院华龙大厦　邮编：100029
　　　　　网址：www. ssap. com. cn
发　　行/社会科学文献出版社（010）59367028
印　　装/天津千鹤文化传播有限公司

规　　格/开　本：787mm×1092mm　1/16
　　　　　印　张：20.75　字　数：307 千字
版　　次/2023 年 12 月第 1 版　2023 年 12 月第 1 次印刷
书　　号/ISBN 978-7-5228-2837-4
定　　价/128.00 元

读者服务电话：4008918866

2017 年以来，复旦大学数字与移动治理实验室团队连续发布我国首个专注于政府数据开放利用水平的专业指数"中国开放数林指数"及中国地方政府数据开放利用系列报告。开放数据，蔚然成林，"开放数林"意喻我国政府数据开放利用的生态体系。自首次发布以来，该指数定期对我国地方政府数据开放利用水平进行综合评价，精心测量各地"开放数木"的繁茂程度和果实价值，为国家互联网信息办公室信息化发展局监测我国政府数据开放利用情况提供数据支持，助推我国政府数据开放利用生态体系的建设与发展。

自 2022 年开始，"中国开放数林指数"及其相关研究报告以蓝皮书形式公开出版，持续围绕我国公共数据开放利用进行现状评估、实践分享与前沿探讨。

　　本书为国家社会科学基金重大项目"面向数字化发展的公共数据开放利用体系与能力建设研究"（批准号：21&ZD337）的阶段性研究成果之一。

公共数据开放蓝皮书
编 委 会

发布机构

复旦大学数字与移动治理实验室

国家信息中心数字中国研究院

合作单位

冥睿（上海）信息科技有限公司

中山大学数字治理研究中心

晴禾（南京）文化有限公司

复旦发展研究院

主要编撰者简介

郑 磊 复旦大学国际关系与公共事务学院教授、博士生导师，数字与移动治理实验室主任。获纽约州立大学洛克菲勒公共事务与政策学院公共管理与政策博士学位，研究方向为数字治理、政府数据开放、治理数字化转型等。担任联合国全球电子政务评估专家组成员、上海市公共数据开放专家委员会委员、浙江省政府数字化转型专家组成员和广东省"数字政府"改革建设专家委员会委员等社会职务。2017 年以来带领实验室连续制作和发布《中国地方政府数据开放报告》和"中国开放数林指数"。在国内外知名期刊上发表研究论文近百篇，出版《开放的数林：政府数据开放的中国故事》《善数者成：大数据改变中国》等著作 5 部。正在主持或已完成国家社会科学基金重大项目、国家自然科学基金面上项目、国家社会科学基金后期资助项目等多项国家级、省部级课题，承担过数字政府领域的各地各级政府决策咨询课题 70 余项。

刘新萍 上海理工大学管理学院副教授，硕士生导师。复旦大学管理学博士，瑞典隆德大学政治学硕士，研究方向为数字治理、数据开放、跨部门数据共享与协同。担任复旦大学数字与移动治理实验室执行副主任、上海市人工智能与社会发展研究会监事等。在《中国行政管理》、《电子政务》、*Government Information Quarterly* 等期刊上发表研究论文 30 余篇，出版专著《政府部门间合作的行动逻辑：机制、动机与策略》。主持国家社会科学基金青年项目、上海市哲学社会科学规划课题一般项目等多项国家级和省部级课题，承担国家社会科学基金重大项目子课题负责人一项，作为前三参与人参与国家自然科学基金、国家社会科学基金项目三项。

吕文增　复旦大学管理学硕士，研究方向为政府数据开放、数字治理，参与"中国开放数林指数"暨《中国地方政府数据开放报告》的制作与发布工作，已在《电子政务》《图书情报工作》等期刊发表论文 6 篇。

张忻璐　复旦大学管理学硕士，复旦大学数字与移动治理实验室副主任。研究方向为政府数据开放，参与"中国开放数林指数"暨《中国地方政府数据开放报告》的制作与发布工作。

前　言

公共数据开放利用已经成为推动我国数字化发展，建设数字政府、数字经济和数字社会的重要内容。国家已出台多部文件要求推进公共数据开放利用。2015年国务院印发的《促进大数据发展行动纲要》首次提出要"稳步推动公共数据资源开放"。2017年2月，中央全面深化改革领导小组审议通过了《关于推进公共信息资源开放的若干意见》，要求着力推进重点领域公共信息资源开放，释放经济价值和社会效益。2018年1月，中央网信办、国家发改委、工信部联合印发《公共信息资源开放试点工作方案》，确定在北京、上海、浙江、福建、贵州五地开展公共信息资源开放试点。2020年4月9日，《中共中央　国务院关于构建更加完善的要素市场化配置体制机制的意见》首次将数据与土地、劳动力、资本、技术等传统要素并列，提出要推进政府数据开放共享，研究建立促进企业登记、交通运输、气象等公共数据开放和数据资源有效流动的制度规范。2021年3月，《中华人民共和国国民经济和社会发展第十四个五年规划和2035年远景目标纲要》提出"扩大基础公共信息数据安全有序开放，探索将公共数据服务纳入公共服务体系，构建统一的国家公共数据开放平台和开发利用端口，优先推动企业登记监管、卫生、交通、气象等高价值数据集向社会开放"。

2022年12月，《中共中央　国务院关于构建数据基础制度更好发挥数据要素作用的意见》提出要"推动用于公共治理、公益事业的公共数据有条件无偿使用，探索用于产业发展、行业发展的公共数据有条件有偿使用"。2023年2月，中共中央、国务院印发了《数字中国建设整体布局规

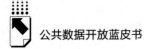

划》，提出夯实数字基础设施和数据资源体系两大基础，畅通数据资源大循环。

在这一背景下，我国各级各地政府对数据开放利用工作的重视程度和推进力度也不断提升，全国各地政府数据开放平台数量显著增加。截至2022年10月，我国已上线了208个地方政府数据开放平台，其中省级平台21个（含省和自治区，不含直辖市），城市平台187个（含直辖市、副省级和地级行政区）。数据开放数量与容量也已初具规模，数据开放已成为数字政府建设的重要组成部分，"开放数据，蔚然成林"的愿景正在逐步实现。

然而，我国公共数据开放利用工作目前仍存在不充分、不协同、不平衡、不可持续等问题和挑战，对此，《中国公共数据开放利用报告（2023）》重点围绕协同联动、普惠包容、精准务实、安全保护、持续长效等基本理念和方向，对地方公共数据开放评估指标体系进行优化提升，包括准备度、平台层、数据层和利用层四个维度及下设多个指标，并以此对我国公共数据开放的能力、现状与效果进行综合评价，以促进公共数据开放利用与价值释放。

本书共分为四个部分，围绕我国公共数据开放利用进行现状评估、实践分享与前沿探讨。在现状评估方面，本书包括了两个层面的主报告《中国公共数据开放利用报告——省域报告（2023）》和《中国公共数据开放利用报告——城市报告（2023）》，并分别展示了准备度、平台层、数据层和利用层四个维度的分报告。同时，还聚焦交通运输和卫生健康两个行业领域，撰写了《中国交通运输公共数据开放利用报告（2023）》和《中国卫生健康领域公共数据开放利用报告（2023）》两份行业性报告。

在实践分享部分，本皮书还邀请山东省、浙江省、贵州省、德州市、杭州市、上海市、青岛市等地就公共数据开放利用和授权运营分享实践经验，以促进各地之间的经验交流和前沿探索。

《中国公共数据开放利用报告（2023）》在编撰过程中充分吸纳了学界、政府和企业等各方面的意见，以提升报告的科学性和公信力，但也难免仍留有不少缺憾和不足。伴随"中国开放数林指数"评估进入第七个年头，我们见证了中国公共数据开放工作逐渐"蔚然成林"的历程。公共数据开放利用工作只有进行时，没有完成时，未来我们将一如既往努力打造科学、公正、权威的第三方评估报告，成为中国公共数据开放利用领域的"测量仪"和"啄木鸟"。

郑　磊　刘新萍

2023 年 5 月

摘　要

《中国公共数据开放利用报告（2023）》根据我国公共数据开放利用工作目前仍存在的问题和挑战，重点围绕协同联动、普惠包容、精准务实、安全保护、持续长效等数据开放的基本理念和原则，立足我国公共数据开放利用的政策要求与地方实践，借鉴国际数据开放评估指标体系，构建起一个系统、全面、可操作的地方政府数据开放评估指标体系，并基于这一指标体系，聚焦于公共数据开放利用这一热点问题，完成了省域报告、城市报告、分维度报告和行业报告等一系列成果，以反映目前我国公共数据开放利用的总体能力和水平。

主报告发现，地方政府数据开放平台数量逐年增长，整体上呈现从东南部地区向中西部地区、东北部地区不断延伸扩散的趋势。政府数据开放平台日渐成为地方数字政府建设和公共数据开放利用的标配，但也表现出不充分、不协同、不平衡、不可持续的发展现状。分报告不仅分析了地方政府在各个指标维度上的具体表现，也展示了标杆案例，供各地参考借鉴。

行业篇纳入了《中国交通运输公共数据开放利用报告（2023）》和《中国卫生健康领域公共数据开放利用报告（2023）》两份行业性报告。交通运输行业报告显示，相较于2022年，交通运输领域数据集总数虽没有显著增加，但数据容量快速增长。各地开放的数据集总量与容量仍存在显著的地区间差距，开放的交通运输类数据仍以静态数据为主，同时存在碎片化、低容量、更新不及时、标准不一致等问题。在数据利用方面，交通运输领域的开放数据利用促进活动类型仍较为单一，有效成果数量较少。卫生健康行

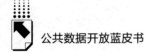

业报告显示，整体上，卫生健康领域开放数据的主要提供部门包括卫生健康主管部门、医疗保障主管部门以及药品监管部门等。从地域分布来看，开放容量较多的省域主要为东部沿海地区的山东省、广东省、浙江省以及中西部的四川省。相比省本级平台，城市平台开放的卫生健康数据容量更大、内容更丰富。报告还展示了我国疫情数据开放后被市场和社会利用的案例，以及疫情数据开放利用的国外案例，最后还对提升卫生健康领域公共数据开放水平提出了一系列对策建议。

案例篇分享了山东省、浙江省、贵州省、德州市、杭州市、上海市、青岛市等在开放数林指数中排名靠前的地方在公共数据开放利用和授权运营方面的实践经验和前沿探索，以供各地参考借鉴。

关键词： 公共数据　数据开放　数据利用　授权运营

目 录 ⟆

Ⅰ 主报告

B.1 中国公共数据开放利用报告——省域报告（2023）
················· 郑 磊 刘新萍 张忻璐 吕文增 / 001
B.2 中国公共数据开放利用报告——城市报告（2023）
················· 刘新萍 郑 磊 吕文增 张忻璐 / 028

Ⅱ 分报告

B.3 公共数据开放准备度报告（2023）
················· 刘新萍 王宇景 华 蕊 / 044
B.4 公共数据开放平台层报告（2023） ············· 张 宏 / 065
B.5 公共数据开放数据层报告（2023） ············· 吕文增 / 094
B.6 公共数据开放利用层报告（2023） ············· 侯铖铖 / 128

Ⅲ 行业篇

B.7 中国交通运输公共数据开放利用报告（2023）
················· 郑 磊 张 宏 侯铖铖 / 156

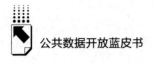
B.8 中国卫生健康领域公共数据开放利用报告（2023）

.... 刘新萍　吕文增　张忻璐 / 210

Ⅳ 案例篇

B.9 提升"四个能力"推动山东数据开放工作高质量发展

.... 郭雨晴　王 茜　王正美　郑 慧　林 庆 / 247

B.10 深化数据开放利用　激发数据要素活力

——浙江省公共数据开放工作实践

.... 浙江省大数据发展管理局 / 255

B.11 贵州省政府数据开放应用创新的实践与探索

.... 景亚萍　李 刚 / 260

B.12 德州市公共数据开放共享的实践与启示

.... 张建林　李吉德　徐建娥 / 266

B.13 杭州市公共数据开放工作实践与启示

.... 杭州市数据资源管理局 / 271

B.14 上海市以需求导向和场景导向推进公共数据开放

向纵深发展 .... 山栋明　薛 威 / 279

B.15 智慧之岛　加数奔跑：青岛市公共数据运营探索与实践

.... 梁明君　李志民　刘贺贺　刘香依 / 284

Abstract .... / 291

Contents .... / 294

皮书数据库阅读 **使用指南**

主 报 告
General Reports

B.1

中国公共数据开放利用报告
——省域报告（2023）

郑 磊 刘新萍 张忻璐 吕文增*

摘　要： 本报告首先介绍说明了 2023 年度中国公共数据开放利用省域指数的评价指标体系、数据采集与分析方法、指数计算方法，然后对全国除港澳台和直辖市以外的 27 个省级行政区开展评价。截至 2022 年 10 月，我国已有 208 个省级和城市的地方政府上线了数据开放平台，其中省级平台 21 个（含省和自治区，不包括直辖市和港澳台）。省级平台数量逐年增长，整体上呈现从东南部地区向中西部、东北部地区不断延伸扩散的趋势。总体上，山东、浙江等省域综合表现最领先。在四个单项维度上，山东省在

---

* 郑磊，博士，复旦大学国际关系与公共事务学院教授、博士生导师，数字与移动治理实验室主任，研究方向为数字治理、政府数据开放、治理数字化转型等；刘新萍，博士，上海理工大学管理学院副教授，硕士生导师，兼任复旦大学数字与移动治理实验室执行副主任，研究方向为数字治理、数据开放、跨部门数据共享与协同；张忻璐，复旦大学管理学硕士，复旦大学数字与移动治理实验室副主任，研究方向为政府数据开放；吕文增，复旦大学管理学硕士，研究方向为政府数据开放、数字治理。

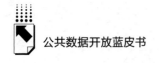

利用层位列第一，浙江省在准备度和数据层上都位列第一，贵州省在平台层位列第一。报告还通过 2019～2022 年累计分值，反映一个省域开放数据的持续水平。

关键词： 公共数据　开放数林指数　数据开放利用

"中国开放数林指数"是我国首个专注于评估政府数据开放水平的专业指数。开放数据，蔚然成林，"开放数林"意喻我国政府数据开放利用的生态体系，一棵棵地方"开放数木"由最初的丛然并生、成荫如盖，直至枝繁叶茂、花开结果，终将成长为一片繁盛多样、枝杈相连、持续循环的中国"开放数林"。

"中国开放数林指数"自 2017 年 5 月首次发布以来，定期对我国地方政府数据开放利用水平进行综合评价，精心测量各地"开放数木"的繁茂程度和果实价值，助推我国政府数据开放生态体系的建设与发展。2018 年以来，"中国开放数林指数"为国家互联网信息办公室信息化发展局监测我国公共信息资源开放情况提供数据支持。

开放数林省域指数将省（自治区）作为一个"区域"，而不仅仅是一个"层级"来进行评测，并形成了《中国公共数据开放利用报告——省域报告》（以下简称《报告》）。

一　省域指标体系与评估方法

（一）评估指标体系

开放数林指数邀请国内外政界、学术界、产业界 70 余位专家共同参与，组成"中国开放数林指数"评估专家委员会，以体现跨界、多学科、第三方的专业视角。专家委员会基于数据开放的基本理念和原则，立足我国政府数据开放的政策要求与地方实践，借鉴国际数据开放评估经验，构建起一个系统、专业、可操作的地方政府数据开放评估指标体系，并每年根据最新发展态势和重点难点问题进行动态调整。

近年来，社会各界对公共数据的需求日益增长，我国各级各地政府对数据开放工作的重视程度和推进力度也不断提升，全国各地政府数据开放平台数量显著增加，数据开放数量与容量也已初具规模，数据开放已成为数字政府建设的重要组成部分，"开放数据，蔚然成林"的愿景正在逐步实现。

然而，我国政府数据开放工作目前仍存在不充分、不协同、不平衡、不可持续等问题和挑战，因此，2022开放数林指标体系重点围绕协同联动、普惠包容、精准务实、安全保护、持续长效等基本理念和方向，对数据开放的准备度、平台层、数据层和利用层四个维度开展评估，以促进公共数据开放利用与价值释放。具体的指标调整方向主要包括以下五个方面。

1. 枝权相连

独木不成林，"数木"只有因地制宜、百数齐放，又枝权相连、根系相通，才能成长为一片繁盛多姿的数林。因此，2022开放数林指数特别关注各地数据开放工作的整体性和协同性，包括省域内城市平台的上线比例、省市平台间的互联互通、跨地区平台间的协同联动、开放数据法规政策体系的完备程度、不同层级间标准规范的贯彻呼应、同类数据集在数据项上的一致性，以及数据利用促进活动的省市协同与跨省联动等方面。

2. 万木争荣

数据开放的目标不是锦上添花，而是雪中送炭，以降低各类市场和社会主体获取数据的门槛，使相对弱势的组织和个体也能平等获得和利用公共数据，共享公共数据开放的红利，营造万木争荣、普惠包容的公共数据开放生态，促进公共数据资源的"共同富裕"。

因此，2022开放数林指数重点关注数据开放的无歧视原则，评测各地在开放数据的过程中是否能平等对待中小企业和社会组织等各类利用主体，各类社会主体是否对开放的政府数据进行了有效利用并形成了多样化的利用成果。同时，由于数据开放的价值不仅体现在经济增长上，也体现在社会发展上，开放数林指数还将特别关注能使老人、妇女、儿童、残疾人等相对弱势群体受益的公共数据的开放利用情况，以促进数字社会的包容性发展。此外，在开放主体和开放数据范围上，2022 开放数林指数鼓励政府部门之外的社会主体，特别是国有企事业单位开放具有公共价值的数据，共同参与公共数据供给。

3. 精耕细作

开放数林的繁茂离不开精耕细作与精准滴灌。根据"十四五"规划等国家政策文件的要求，2022 开放数林指数将评测对象聚焦于企业注册登记、交通、气象、卫生四个重点领域的关键数据集，对其质量和规范进行更为深入细致的评估，以强化优质供给，激活数据价值。具体而言，在数据质量方面新增了对数据可理解性的评测，在数据规范方面，提高了对数据集描述说明的真实性和丰富性的要求，新增了对数据字典的测评，并针对以上四个重点领域，评测利用开放数据所开发的服务应用与创新方案的质量和成效。

同时，2022 开放数林指数在法规政策和标准规范上，聚焦于对实际工作能起到关键推动作用的制度安排和具体要求，关注政策法规中对数据开放工作设立专人专岗和专项财政预算、平台互动回复时限等方面的要求，鼓励在年度工作计划中明确列出当年计划开放的数据集名称和字段。在平台建设和运营上，提高对实用性功能的要求，在评估方法上引入了"体验官"，以加强对用户真实感受和体验的评测。

4. 遮阳挡雨

枝繁叶茂的树冠像一把绿伞，在繁荣生长的同时也遮挡了直射的阳光，保护树林中的动物不被灼伤。开放数林也要撑起一把数据的保护伞，平衡好开放利用和安全保护之间的关系，尽可能开放该开放的数据，严格管住该管住的数据，把安全贯穿数据开放和利用的全过程，避免数据"伤人"，使数林始终"舒适宜人"。

因此，2022 开放数林指数尤为关注数据开放利用全过程的安全管理，并对平台方与用户行为的规范、数据开放利用所涉及的个人和组织的合法权益保护、用户对平台采集个人数据的知情权保障等方面也设置了相应的指标。

5. 生生不息

植数造林非一日之功，数据开放是一项长期性、持续性的工作，需要不断夯实根基，剪枝修数，培土浇水。2022 开放数林指数通过存量与增量相结合的方式考察一个地方的数据开放准备度，不仅评测相对稳定的法规政策，也评估各地每年最新制定的工作计划与方案、数字政府建设方案、政府工作报告。

同时，2022 开放数林指数注重对平台运营稳定性和开放数据目录及时更新的评测，关注数据容量的动态提升，强调互动回复的时效性，关注开放数据利用成果为数字经济、数字社会和数字政府建设三个方面的赋能价值，使数据开放有产出，更有成效，形成可持续的、生生不息的价值创造闭环。

鉴于以上理念和愿景，2022 中国开放数林指数（省域）指标体系共包括准备度、平台层、数据层、利用层四个维度及下属多级指标（见图1）。

（1）准备度是"数根"，是数据开放的基础，包括法规政策、标准规范、组织推进等三个一级指标。

（2）平台层是"数干"，是数据开放的枢纽，包括平台关系、开放协议、发现预览、关键数据集获取、社会数据及利用成果提交展示、使用体验、互动反馈等七个一级指标。

（3）数据层是"数叶"，是数据开放的核心，包括数据数量、开放范围、关键数据集质量、关键数据集规范、关键数据集安全保护等五个一级指标。

（4）利用层是"数果"，是数据开放的成效，包括利用促进、利用多样性、成果数量、成果质量、成果价值等五个一级指标。

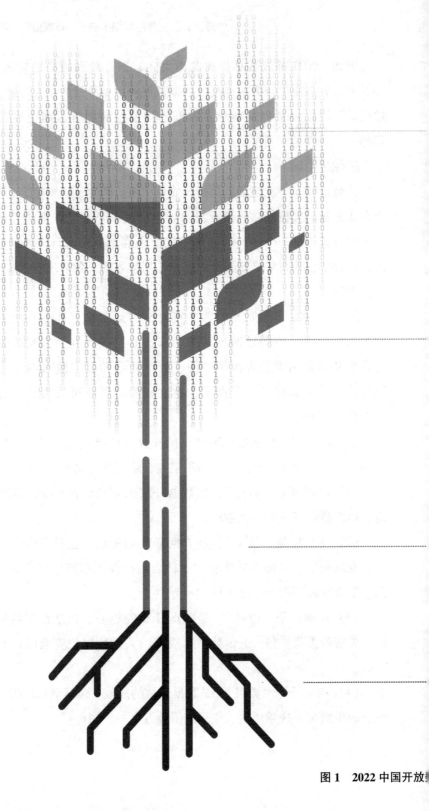

图 1 2022 中国开放

●权重	●一级指标	●权重	●二级指标

22% 利用层 — 22%

权重	一级指标	权重	二级指标
3.0%	利用促进	2.0%	创新大赛
		1.0%	引导赋能活动
4.0%	利用多样性	1.0%	利用者多样性
		2.0%	成果形式多样性
		1.0%	成果主题多样性
5.0%	成果数量	3.0%	有效服务应用数量
		1.0%	其他形式有效成果数量
		1.0%	成果有效率
7.0%	成果质量	3.0%	无成果质量问题
		2.0%	服务应用质量
		2.0%	创新方案质量
3.0%	成果价值	1.0%	数字经济
		1.0%	数字社会
		1.0%	数字政府

38% 数据层 — 38%

权重	一级指标	权重	二级指标
7.0%	数据数量	2.0%	有效数据集总数
		5.0%	单个数据集平均容量
6.0%	开放范围	1.5%	主题与部门多样性
		2.0%	常见数据集
		1.5%	包容性数据集
		1.0%	非政府部门来源数据集
15.0%	关键数据集质量	4.0%	优质数据集
		6.0%	无质量问题
		5.0%	数据持续性
7.0%	关键数据集规范	2.0%	开放格式
		4.0%	描述说明
		1.0%	单个数据集开放协议
3.0%	关键数据集安全保护	1.5%	个人隐私数据泄露
		1.5%	失效数据未撤回

20% 平台层 — 20%

权重	一级指标	权重	二级指标
2.0%	平台体系	1.5%	省域整体性
		0.5%	区域协同性
1.5%	开放协议	0.25%	主动明示协议
		0.7%	数据开放权责规范
		0.5%	开放合全目录
2.5%	发现预览	0.7%	平台数据量预览
		1.0%	深度搜索功能
		0.4%	订阅推送功能
		0.4%	数据集预览功能
7.0%	关键数据集获取	1.5%	平台数据供给稳定性
		2.5%	无条件开放数据获取
		2.0%	有条件开放数据申请
		1.0%	未开放数据请求
1.0%	社会数据及利用成果提交展示	0.5%	社会数据提交
		0.25%	利用成果提交
		0.25%	利用成果展示
3.0%	使用体验	1.5%	数据发现体验
		1.5%	数据获取体验
3.0%	互动反馈	0.5%	公布数据发布者联系方式
		1.0%	意见建议
		0.5%	数据纠错
		1.0%	权益申诉

20% 准备度 — 20%

权重	一级指标	权重	二级指标
8.0%	法规政策	1.0%	法规政策完备
		3.0%	开放利用要求
		2.5%	安全保护要求
		1.5%	保障机制
6.0%	标准规范	1.0%	标准规范等级
		4.5%	标准规范内容
		0.5%	标准规范贯彻
6.0%	组织推进	2.0%	主管部门与内设处室
		2.0%	重视与支持程度
		2.0%	年度工作计划与方案

指标体系（省域）

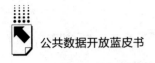

（二）评估对象

开放数林指数将省（自治区）作为一个"区域"，而不仅仅是一个"层级"来进行评测。根据公开报道，以及使用"数据+开放""数据+公开""公共+数据""政务+数据""政府+数据""地名+数据""地名+政府数据""地名+开放数据"等关键词进行搜索，发现截至2022年10月我国已上线的地方政府数据开放平台，并从中筛选出符合以下条件的平台。

①原则上平台域名中须出现gov. cn，作为确定其为政府官方数据开放平台的依据。

②平台由行政级别为地级以上的地方政府建设和运营（不含港澳台）。

③开放形式为开设专门、统一的地方数据开放平台，或是在政府官网上开设专门栏目集中开放，由条线部门建设的开放数据平台不在评估范围内。

本次评估中，共发现符合以上条件的省级平台21个（见本报告附表1）和城市平台187个（含直辖市，见本报告附表2）。报告将上线了以上平台的27个省域（不含港澳台和直辖市）作为评估对象。

（三）数据采集与分析方法

准备度评估主要对相关法律法规、政策、标准规范、年度计划与工作方案、新闻报道等资料进行了描述性统计分析和文本分析。搜索方法主要包括以下两种：一是在搜索引擎以关键词检索相关法规与政策文本、标准规范、年度工作计划、政府工作报告、数字政府方案以及数据开放主管部门的信息；二是在地方政府门户网站以及政府数据开放平台上通过人工观察和关键词检索采集数据。数据采集截止时间为2022年11月。

平台层评估主要采用人工观察和测试法对各地政府数据开放平台上各项功能进行观测并做描述性统计分析，并对平台的回复时效和回复质量进行了评估，数据采集截止时间为2022年10月。此外，平台层还引入了"体验官"对用户在数据发现与数据获取过程中的实际体验进行评测，与人工观察同时进行。

数据层评估主要通过机器自动抓取和处理各地政府数据开放平台上开放的数据，结合人工观察采集相关信息，然后对数据进行描述性统计分析、交叉分析、文本分析和空间分析。数据采集截止时间为2022年10月。

利用层评估主要对各地政府数据开放平台上展示的利用成果进行人工观察和测试，对2020年以来各地开展的开放数据创新利用比赛信息进行网络检索，并对采集到的数据进行描述性统计分析。数据采集截止时间为2022年10月。

此外，为确保采集信息准确，避免遗漏，部分指标采取报告制作方自主采集和向各地征集相结合的方式。各地征集结果经过报告制作方验证后纳入数据范围。

同时，本次评估发现，个别已上线的地方平台出现下线造成数据供给中断的情况，或虽然平台仍在线，但实际上无法通过平台获取数据。

（四）指标计算方法

指数制作方基于各地在各项评估指标上的实际表现从低到高按照0~5分共6档分值进行评分，其中5分为最高分，相应数据缺失或完全不符合标准则分值为0。对于连续型统计数值类数据则使用极差归一法将各地统计数据结果换算为0和5分之间的数值作为该项得分。

各地平台在准备度、平台层、数据层、利用层四个维度上的指数总分等于每个单项指标的分值乘以相应权重所得到的加权总和。最终，各地开放数林指数等于准备度指数、平台层指数、数据层指数、利用层指数乘以相应权重的加权平均分。省域开放数林指数计算公式如下：

$$省域开放数林指数 = \sum（准备度指标分值×权重）20\% + \sum（平台层指标分值×权重）20\% + \sum（数据层指标分值×权重）38\% + \sum（利用层指标分值×权重）22\%$$

二　省域公共数据开放概貌

截至2022年10月，我国已有208个省级和城市的地方政府上线了政府数据开放平台，其中省级平台21个（含省和自治区，不包括直辖市和港澳台，下同），城市平台187个（含直辖市、副省级与地级行政区）。与2021年下半年相比，新增15个地方平台，其中包含1个省级平台和14个城市平台，平台总数增长约8%。自2017年起全国地级及以上政府数据开放平台数量持续增长，从2017年报告首次发布时的20个增加到2022年10月的208个，如图2所示。

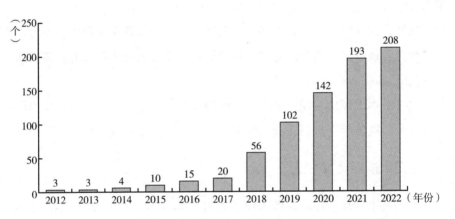

图2　2012～2022年全国地级及以上政府数据开放平台数量增长情况

注：2022年为截至10月数据。

目前，我国77.78%的省级政府已上线了政府数据开放平台，自2015年浙江省上线了我国第一个省级平台以来，省级平台数量逐年增长，截至2022年10月已达到21个，如图3所示。全国各地上线的省级政府数据开放平台整体上呈现出从东南部地区向中西部、东北部地区不断延伸扩散的趋势。

截至2022年10月，广东、广西、江苏、江西、山东、四川与浙江的省（自治区）本级和下辖所有地市都已上线了数据开放平台。福建、甘肃、海南、河北、河南、辽宁和宁夏已上线了省（自治区）本级平台，但省内多数地市尚未上线平台；黑龙江、内蒙古、山西和西藏有少部分下辖地市上线了数据开放平台，但省（自治区）本级平台尚未上线。目前，陕西和青海

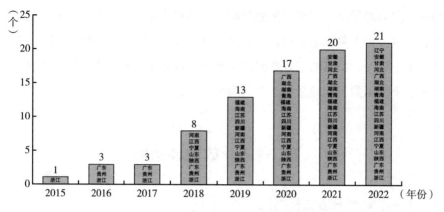

图3　2015～2022年省级平台上线情况

注：2022年为截至10月数据。

上线了省本级平台，但省域内所有地市尚未上线数据开放平台；吉林和云南的省本级和下辖绝大多数地市均未上线数据开放平台。东南沿海和中部地区的政府数据开放平台已经基本相连成片。

数据容量是将一个地方平台中可下载的、结构化的、各个时间批次发布的数据集的字段数（列数）乘以条数（行数）后得出的数量，体现的是平台上开放的可下载数据集的数据量和颗粒度。图4列出了省域数据容量排在前十的地方，并反映了省域有效数据集总数、省域数据容量和单个数据集平

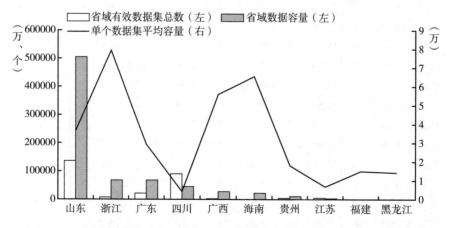

图4　部分省域数据容量（前十名）、有效数据集总数与单个数据集平均容量比较

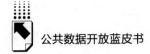
均容量之间的关系。与数据集数量相比，数据容量更能体现一个省域的数据开放总量，单个数据集平均容量更能反映一个省域开放数据集的平均水平。从图4中可见，山东的有效数据集总数与省域数据容量在全国居于首位，浙江在单个数据集平均容量上居全国第一。

三 省域开放数林指数

（一）省域开放数林指数

截至2022年10月，全国省域开放数林的指数分值、排名和等级如表1所示。山东和浙江的综合表现最优，进入第一等级"五棵数"。贵州也总体表现优秀，进入第二等级"四棵数"。其次是四川、广西、广东、福建、海南、江苏、辽宁等地。在四个单项维度上，山东在利用层排名第一，浙江在准备度和数据层排名第一，贵州在平台层排名第一。

表1　中国开放数林指数省域综合排名

地方	准备度		平台层		数据层		利用层		综合指数	总排名	开放数级
	指数	排名	指数	排名	指数	排名	指数	排名			
山东	14.93	2	15.64	2	27.51	2	16.10	1	74.18	1	✲✲✲✲✲
浙江	15.14	1	14.66	3	28.17	1	14.50	2	72.47	2	✲✲✲✲✲
贵州	8.11	4	16.10	1	19.45	3	13.30	3	56.96	3	✲✲✲✲
四川	5.84	9	14.19	4	17.51	6	9.80	4	47.34	4	✲✲✲
广西	8.53	3	12.58	5	18.76	5	2.70	10	42.57	5	✲✲✲
广东	7.58	5	11.99	7	19.01	4	3.50	5	42.08	6	✲✲✲
福建	7.03	7	7.67	10	15.77	8	3.50	5	33.97	7	✲✲
海南	5.03	10	8.65	9	17.36	7	2.50	11	33.54	8	✲✲
江苏	7.33	6	10.14	8	12.81	9	3.00	8	33.28	9	✲✲
辽宁	4.92	11	12.37	6	7.70	13	2.00	12	26.99	10	✲✲
河北	2.80	17	5.89	14	12.63	10	2.00	12	23.32	11	✲
安徽	2.95	16	5.99	13	11.57	12	2.75	9	23.26	12	✲
陕西	2.49	20	6.56	12	11.88	11	1.00	15	21.93	13	✲

地方	准备度		平台层		数据层		利用层		综合指数	总排名	开放数级
	指数	排名	指数	排名	指数	排名	指数	排名			
江西	5.94	8	6.81	11	1.25	18	3.50	5	17.50	14	☆
湖南	1.60	23	4.09	16	6.35	14	0.00	17	12.04	15	☆
宁夏	1.38	25	5.88	15	2.47	16	2.00	12	11.73	16	☆
湖北	4.61	12	1.03	17	1.09	19	0.27	16	7.00	17	☆
甘肃	1.50	24	0.52	19	4.13	15	0	17	6.15	18	☆
山西	3.46	13	0	22	0.02	21	0	17	3.48	19	☆
内蒙古	3.02	14	0	22	0	22	0	17	3.02	20	☆
黑龙江	2.50	18	0	22	0.48	20	0	17	2.98	21	☆
吉林	2.98	15	0	22	0	22	0	17	2.98	21	☆
河南	2.00	21	0.78	18	0	22	0	17	2.78	23	☆
青海	0.80	26	0.30	21	1.50	17	0	17	2.60	24	☆
云南	2.50	18	0	22	0	22	0	17	2.50	25	☆
西藏	1.70	22	0	22	0	22	0	17	1.70	26	☆
新疆	0.80	26	0.43	20	0	22	0	17	1.23	27	☆

省域开放数林指数空间分布方面，指数分值较高的地方主要集中在我国东部的山东、浙江、广东以及西部的贵州、四川和广西，这些省份成为省域优质"数木"。

（二）省域"数林匹克"指数

数据开放是一场马拉松，而不是速滑赛，不在于一个地方是否跑得早、跑得急，而在于这个地方能否跑得远、跑得久，能持续稳定地向社会提供优质数据，并坚持不懈地推动政府数据的开放利用。报告继续通过"数林匹克"四年累计分值，反映一个地方在过去四年（2019～2022 年）开放数据的持续水平。

省域"数林匹克"指数由 2019～2022 年这四年该省域的全年开放数林综合指数的分值累加而成。表 2 为 2019～2022 年省域"数林匹克"累计分值排在前十名的地方，浙江分值最高，其次是山东、贵州和广东。

表2 省域"数林匹克"累计分值（前十名）

省域	四年累计分值	排名
浙江	291.37	1
山东	247.61	2
贵州	216.92	3
广东	189.53	4
四川	164.16	5
福建	161.16	6
广西	118.40	7
海南	109.27	8
江西	100.75	9
河南	80.56	10

附录

附表1 省本级平台一览（按拼音首字母排序）

序号	省域	省本级平台名称	平台链接
1	安徽省	安徽省公共数据开放平台	http://data.ahzwfw.gov.cn:8000/dataopen-web/index
2	福建省	福建省公共数据资源统一开放平台	http://data.fujian.gov.cn/
3	甘肃省	甘肃省公共数据开放平台	http://data.gansu.gov.cn/index
4	广东省	开放广东平台	http://gddata.gd.gov.cn/
5	广西壮族自治区	广西壮族自治区公共数据开放平台	http://data.gxzf.gov.cn/portal/index
6	贵州省	贵州省政府数据开放平台	http://data.guizhou.gov.cn/home
7	海南省	海南省政府数据统一开放平台	http://data.hainan.gov.cn
8	河北省	河北省公共数据开放网	http://hebdata.hebyun.gov.cn/home
9	河南省	河南省公共数据开放平台	http://data.hnzwfw.gov.cn/
10	湖北省	湖北省公共数据开放平台	https://www.hubei.gov.cn/data/
11	湖南省	湖南政务大数据公众门户	https://data.hunan.gov.cn/etongframework-web/main.do
12	江苏省	江苏省公共数据开放平台	http://data.jszwfw.gov.cn:8118/extranet/openportal/pages/default/index.html

续表

序号	省域	省本级平台名称	平台链接
13	江西省	江西省公共数据开放平台	http://data.jiangxi.gov.cn/
14	辽宁省	辽宁省公共数据开放平台	http://data.ln.gov.cn/oportal/index
15	宁夏回族自治区	宁夏公共数据开放平台	http://opendata.nx.gov.cn/portal/index
16	青海省	青海省人民政府政务公开	http://zwgk.qh.gov.cn/
17	山东省	山东公共数据开放网	http://data.sd.gov.cn
18	陕西省	陕西省公共数据开放平台	http://www.sndata.gov.cn
19	四川省	四川公共数据开放网	http://www.scdata.net.cn/oportal/index
20	新疆维吾尔自治区	新疆维吾尔自治区政务数据开放网	http://data.xinjiang.gov.cn/index.html
21	浙江省	浙江省人民政府数据开放平台	http://data.zjzwfw.gov.cn/jdop_front/index.do

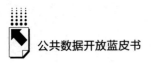

附表2 城市平台一览（按行政层级及拼音首字母排序）

序号	城市	平台名称	城市类型	平台链接
1	北京市	北京市政务数据资源网	直辖市	https://data.beijing.gov.cn/
2	重庆市	重庆市公共数据开放系统	直辖市	https://data.cq.gov.cn/rop/home
3	上海市	上海市公共数据开放平台	直辖市	https://data.sh.gov.cn/
4	天津市	天津市信息资源统一开放平台	直辖市	https://data.tj.gov.cn/
5	福建省厦门市	厦门市大数据安全开放平台	副省级城市	http://data.xm.gov.cn/opendata/index.html#/
6	广东省广州市	广州市政府数据统一开放平台	副省级城市	https://data.gz.gov.cn/
7	广东省深圳市	深圳市政府数据开放平台	副省级城市	https://opendata.sz.gov.cn/
8	黑龙江省哈尔滨市	哈尔滨市公共数据开放平台	副省级城市	http://data.harbin.gov.cn
9	湖北省武汉市	武汉政务公开数据服务网	副省级城市	https://data.wuhan.gov.cn/
10	江苏省南京市	南京市政务数据开放平台	副省级城市	http://opendata.nanjing.gov.cn/#/home
11	辽宁省沈阳市	沈阳市政务数据开放平台	副省级城市	http://data.shenyang.gov.cn/
12	山东省济南市	济南政府数据开放平台	副省级城市	http://data.jinan.gov.cn/
13	山东省青岛市	青岛公共数据开放网	副省级城市	http://data.qingdao.gov.cn
14	四川省成都市	成都市公共数据开放平台	副省级城市	http://data.chengdu.gov.cn/oportal/index
15	浙江省杭州市	杭州数据开放平台	副省级城市	http://data.hz.zjzwfw.gov.cn:8082/
16	浙江省宁波市	宁波市政府数据服务网	副省级城市	http://data.nb.zjzwfw.gov.cn/nbdata/fore/index.html
17	安徽省蚌埠市	蚌埠市信息资源开放平台	地级城市	http://www.bengbu.gov.cn/sjkf/index.html

续表

序号	城市	平台名称	城市类型	平台链接
18	安徽省亳州市	亳州市人民政府数据开放网	地级城市	http://www.bozhou.gov.cn/open-data-web/index/index.do
19	安徽省池州市	池州市人民政府数据开放	地级城市	http://www.chizhou.gov.cn/OpenData/
20	安徽省阜阳市	阜阳市公共数据开放平台	地级城市	http://www.fy.gov.cn/openData/
21	安徽省合肥市	合肥市人民政府数据开放平台	地级城市	https://www.hefei.gov.cn/open-data-web/index/index-hfs.do?pageIndex=1
22	安徽省淮北市	淮北市公共数据开放平台	地级城市	http://open.huaibeidata.cn:1123/#/index
23	安徽省黄山市	黄山市人民政府数据开放栏目	地级城市	http://www.huangshan.gov.cn/site/tpl/4653
24	安徽省六安市	六安市信息资源开放平台	地级城市	http://data.luan.gov.cn/
25	安徽省马鞍山市	马鞍山市人民政府数据开放栏目	地级城市	http://www.mas.gov.cn/content/column/4697374
26	安徽省宿州市	宿州市人民政府数据开放栏目	地级城市	https://www.ahsz.gov.cn/sjfb/index.html
27	安徽省铜陵市	铜陵市人民政府数据开放	地级城市	http://www.tl.gov.cn/sjtl/sjkf/
28	安徽省芜湖市	芜湖市政务数据开放平台	地级城市	https://data.wuhu.cn/
29	安徽省宣城市	宣城市人民政府数据开放网	地级城市	http://sjkf.xuancheng.gov.cn/index/index.do
30	福建省福州市	福州市政务数据开放平台	地级城市	http://data.fuzhou.gov.cn
31	甘肃省兰州市	兰州市政务数据开放门户	地级城市	http://data.zwfw.lanzhou.gov.cn/index
32	甘肃省陇南市	陇南市公共数据开放网	地级城市	http://data.zwfw.longnan.gov.cn/
33	甘肃省平凉市	平凉市人民政府数据开放栏目	地级城市	http://www.pingliang.gov.cn/sjkf/

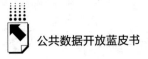

续表

序号	城市	平台名称	城市类型	平台链接
34	广东省潮州市	开放广东-潮州市	地级城市	http://gddata. gd. gov. cn/data/dataSet/toDataSet/dept/515
35	广东省东莞市	数据东莞	地级城市	http://dataopen. dg. gov. cn/
36	广东省佛山市	开放广东-佛山市	地级城市	https://gddata. gd. gov. cn/data/dataSet/toDataSet/dept/38
37	广东省河源市	开放广东-河源市	地级城市	http://gddata. gd. gov. cn/data/dataSet/toDataSet/dept/510
38	广东省惠州市	开放广东-惠州市	地级城市	https://gddata. gd. gov. cn/opdata/base/collect? chooseValue = collectForm& deptCode = 30&t = 1663134141859
39	广东省江门市	开放广东-江门市	地级城市	https://gddata. gd. gov. cn/opdata/base/collect? chooseValue = collectForm& deptCode = 47&t = 1663128595163
40	广东省揭阳市	开放广东-揭阳市	地级城市	http://gddata. gd. gov. cn/data/dataSet/toDataSet/dept/516
41	广东省茂名市	开放广东-茂名市	地级城市	http://gddata. gd. gov. cn/data/dataSet/toDataSet/dept/31
42	广东省梅州市	开放广东-梅州市	地级城市	http://gddata. gd. gov. cn/data/dataSet/toDataSet/dept/58
43	广东省清远市	开放广东-清远市	地级城市	http://gddata. gd. gov. cn/data/dataSet/toDataSet/dept/512
44	广东省汕头市	开放广东-汕头市	地级城市	http://gddata. gd. gov. cn/data/dataSet/toDataSet/dept/28
45	广东省汕尾市	开放广东-汕尾市	地级城市	http://gddata. gd. gov. cn/data/dataSet/toDataSet/dept/59
46	广东省韶关市	开放广东-韶关市	地级城市	http://gddata. gd. gov. cn/data/dataSet/toDataSet/dept/37
47	广东省阳江市	开放广东-阳江市	地级城市	http://gddata. gd. gov. cn/data/dataSet/toDataSet/dept/511
48	广东省云浮市	开放广东-云浮市	地级城市	http://gddata. gd. gov. cn/data/dataSet/toDataSet/dept/517
49	广东省湛江市	开放广东-湛江市	地级城市	http://gddata. gd. gov. cn/data/dataSet/toDataSet/dept/32

续表

序号	城市	平台名称	城市类型	平台链接
50	广东省肇庆市	开放广东-肇庆市	地级城市	http：//gddata. gd. gov. cn/data/dataSet/toDataSet/dept/518
51	广东省中山市	中山市政府数据统一开放平台	地级城市	http：//zsdata. zs. gov. cn/web/index
52	广东省珠海市	开放广东-珠海市	地级城市	https：//gddata. gd. gov. cn/opdata/base/collect？ chooseValue＝collectForm&deptCode＝40&t＝1663134292025
53	广西壮族自治区百色市	百色公共数据开放平台	地级城市	http：//bs. data. gxzf. gov. cn/
54	广西壮族自治区北海市	北海公共数据开放平台	地级城市	http：//bh. data. gxzf. gov. cn/
55	广西壮族自治区崇左市	崇左公共数据开放平台	地级城市	http：//cz. data. gxzf. gov. cn/
56	广西壮族自治区防城港市	防城港公共数据开放平台	地级城市	http：//fcg. data. gxzf. gov. cn/
57	广西壮族自治区贵港市	贵港公共数据开放平台	地级城市	http：//gg. data. gxzf. gov. cn/
58	广西壮族自治区桂林市	桂林公共数据开放平台	地级城市	http：//gl. data. gxzf. gov. cn/
59	广西壮族自治区河池市	河池公共数据开放平台	地级城市	http：//hc. data. gxzf. gov. cn/
60	广西壮族自治区贺州市	贺州公共数据开放平台	地级城市	http：//hz. data. gxzf. gov. cn/
61	广西壮族自治区来宾市	来宾公共数据开放平台	地级城市	http：//lb. data. gxzf. gov. cn/
62	广西壮族自治区柳州市	柳州市公共数据开放平台	地级城市	http：//lz. data. gxzf. gov. cn/
63	广西壮族自治区南宁市	南宁公共数据开放平台	地级城市	http：//nn. data. gxzf. gov. cn/
64	广西壮族自治区钦州市	钦州市人民政府数据开放平台	地级城市	http：//qz. data. gxzf. gov. cn/
65	广西壮族自治区梧州市	梧州公共数据开放平台	地级城市	http：//wz. data. gxzf. gov. cn/

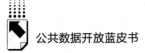

续表

序号	城市	平台名称	城市类型	平台链接
66	广西壮族自治区玉林市	玉林公共数据开放平台	地级城市	http://yl.data.gxzf.gov.cn/
67	贵州省毕节市	毕节市人民政府数据开放栏目	地级城市	http://data.guizhou.gov.cn/home
68	贵州省贵阳市	贵阳市政府数据开放平台	地级城市	https://data.guiyang.gov.cn/city/index.htm
69	贵州省六盘水市	六盘水市政府数据开放平台	地级城市	https://data.gzlps.gov.cn/home
70	贵州省黔东南苗族侗族自治州	黔东南州政府数据开放平台	地级城市	http://www.qdn.gov.cn/ztzl_5872570/sjkfzl/
71	贵州省黔南布依族苗族自治州	黔南州政府数据开放平台	地级城市	http://data.guizhou.gov.cn/home
72	贵州省黔西南布依族苗族自治州	黔西南州政府数据开放平台	地级城市	http://data.jinzhoucloud.com/home
73	贵州省铜仁市	铜仁市政府数据开放平台	地级城市	http://data.guizhou.gov.cn/home
74	贵州省遵义市	遵义市政府数据开放平台	地级城市	http://data.guizhou.gov.cn/home
75	海南省三亚市	三亚市政府数据统一开放平台	地级城市	http://dataopen1.sanya.gov.cn/
76	河北省承德市	承德市政府数据开放平台	地级城市	http://www.chengde.gov.cn/shuju/web/index
77	河北省衡水市	衡水市人民政府数据开放栏目	地级城市	http://www.hengshui.gov.cn/col/col51/index.html
78	河南省鹤壁市	鹤壁市人民政府数据开放栏目	地级城市	https://www.hebi.gov.cn/sjkf/
79	黑龙江省大庆市	大庆公共数据开放平台	地级城市	http://dataopen.daqing.gov.cn/
80	黑龙江省佳木斯市	佳木斯市政府数据开放平台	地级城市	http://data.jms.gov.cn/
81	黑龙江省双鸭山市	双鸭山市政府数据开放平台	地级城市	http://www.shuangyashan.gov.cn/NewCMS/index/html/shujupt/index.jsp
82	湖北省鄂州市	鄂州市人民政府数据开放平台	地级城市	http://www.ezhou.gov.cn/sjkf/sjkf/

续表

序号	城市	平台名称	城市类型	平台链接
83	湖北省恩施土家族苗族自治州	恩施州数据开放平台	地级城市	http://www.enshi.gov.cn/data/
84	湖北省黄冈市	黄冈市人民政府数据开放栏目	地级城市	http://www.hg.gov.cn/col/col7161/index.html
85	湖北省荆门市	荆门市人民政府数据开放平台	地级城市	http://data.jingmen.gov.cn/
86	湖北省荆州市	荆州市人民政府网数据开放栏目	地级城市	http://www.jingzhou.gov.cn/zfwsj/
87	湖北省十堰市	十堰市人民政府数据开放平台	地级城市	http://opendata.shiyan.gov.cn/
88	湖北省随州市	随州市公共数据开放平台	地级城市	http://www.suizhou.gov.cn/data/
89	湖北省孝感市	孝感市人民政府数据开放栏目	地级城市	http://www.xiaogan.gov.cn/themeList.jspx
90	湖北省宜昌市	宜昌市公共数据开放平台	地级城市	http://data.yichang.gov.cn/kf/home
91	湖南省常德市	常德市人民政府政府数据栏目	地级城市	http://dataopen.changde.gov.cn/
92	湖南省郴州市	郴州市人民政府数据开放平台	地级城市	http://www.czs.gov.cn/webapp/czs/dataPublic/index.jsp
93	湖南省娄底市	娄底市人民政府政府数据栏目	地级城市	http://nyncj.hnloudi.gov.cn/loudi/zfsj/zfsj.shtml
94	湖南省湘潭市	湘潭市政府数据开放平台	地级城市	http://www.xiangtan.gov.cn/wmh/#
95	湖南省益阳市	益阳市人民政府数据开放平台	地级城市	http://www.yiyang.gov.cn/webapp/yiyang2019/dataPublic/index.jsp
96	湖南省永州市	永州市数据开放平台	地级城市	http://www.yzcity.gov.cn/u/sjfb/cnyz/index
97	湖南省岳阳市	岳阳市人民政府、政府数据栏目	地级城市	http://www.yueyang.gov.cn/webapp/yydsj/index.jsp
98	湖南省长沙市	长沙市政府门户网站数据开放平台	地级城市	http://www.changsha.gov.cn/data/
99	吉林省辽源市	辽源市人民政府数据开放栏目	地级城市	http://www.liaoyuan.gov.cn/xxgk/sjkf/

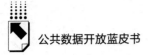

序号	城市	平台名称	城市类型	平台链接
100	江苏省常州市	常州市人民政府数据开放栏目	地级城市	http://opendata. changzhou. gov. cn/
101	江苏省淮安市	淮安市数据开放服务网	地级城市	http://opendata. huaian. gov. cn/dataopen/
102	江苏省连云港市	连云港市公共数据开放网	地级城市	http://www. lyg. gov. cn/data/
103	江苏省南通市	南通市公共数据开放网	地级城市	http://data. nantong. gov. cn/home/index. html#/home
104	江苏省苏州市	苏州市政府数据开放平台	地级城市	https://data. suzhou. gov. cn/#/home
105	江苏省宿迁市	宿迁市公共数据开放平台	地级城市	http://data. suqian. gov. cn/sjkfpt. shtml
106	江苏省泰州市	泰州市人民政府数据开放栏目	地级城市	http://opendata. taizhou. gov. cn/
107	江苏省无锡市	无锡市数据开放平台	地级城市	http://data. wuxi. gov. cn/
108	江苏省徐州市	徐州市公共数据开放平台	地级城市	http://data. gxj. xz. gov. cn/#/Home
109	江苏省盐城市	盐城市人民政府公共数据开放平台	地级城市	https://www. yancheng. gov. cn/opendata
110	江苏省扬州市	扬州市人民政府开放扬州	地级城市	http://data. yangzhou. gov. cn
111	江苏省镇江市	镇江市公共数据开放平台	地级城市	http://data. zhenjiang. gov. cn/portal/index？orgId=
112	江西省抚州市	开放抚州门户	地级城市	http://data. jxfz. gov. cn
113	江西省赣州市	赣州市政府数据开放平台	地级城市	http://zwkf. ganzhou. gov. cn/Index. shtml
114	江西省吉安市	吉安市政务数据开放平台	地级城市	http://ggfw. jian. gov. cn/
115	江西省景德镇市	景德镇市人民政府数据开放栏目	地级城市	http://www. jdz. gov. cn/sjkf/
116	江西省九江市	九江市人民政府数据开放栏目	地级城市	http://www. jiujiang. gov. cn/sjkf/

续表

序号	城市	平台名称	城市类型	平台链接
117	江西省南昌市	南昌市人民政府数据开放栏目	地级城市	http://www.nc.gov.cn/ncszf/sjkfn/2021_sjkf.shtml
118	江西省萍乡市	萍乡市数据开放平台	地级城市	http://data.pingxiang.gov.cn/
119	江西省上饶市	上饶市政府数据开放网站	地级城市	http://data.zgsr.gov.cn:2003/
120	江西省新余市	新余市数据开放平台	地级城市	http://data.xinyu.gov.cn:81/
121	江西省宜春市	宜春市数据开放平台	地级城市	http://data.yichun.gov.cn/extranet/openportal/pages/default/index.html
122	江西省鹰潭市	鹰潭市人民政府数据开放栏目	地级城市	http://www.yingtan.gov.cn/col/col26/index.html
123	内蒙古自治区阿拉善盟	阿拉善盟行政公署数据开放栏目	地级城市	http://www.als.gov.cn/col/col130/index.html
124	内蒙古自治区鄂尔多斯市	鄂尔多斯数据开放平台	地级城市	http://zwfw.ordos.gov.cn/dataOpen/index.shtml
125	内蒙古自治区乌海市	乌海市数据开放平台	地级城市	http://fgw.wuhai.gov.cn/eportal/ui?pageId=828866
126	内蒙古自治区锡林郭勒盟	公共信息资源统一开放网站	地级城市	http://www.xlgldata.gov.cn/portal/index?orgId=
127	宁夏回族自治区石嘴山市	石嘴山政府数据开放平台	地级城市	http://szssjkf.nxszs.gov.cn/
128	宁夏回族自治区银川市	银川市城市数据开放平台	地级城市	data.yinchuan.gov.cn
129	宁夏回族自治区中卫市	中卫市人民政府-数据开放	地级城市	http://www.nxzw.gov.cn/ztzl/sjkf/
130	山东省滨州市	滨州公共数据开放网	地级城市	http://bzdata.sd.gov.cn/
131	山东省德州市	德州公共数据开放网	地级城市	http://dzdata.sd.gov.cn/
132	山东省东营市	东营公共数据开放网	地级城市	http://data.dongying.gov.cn/
133	山东省菏泽市	菏泽公共数据开放网	地级城市	http://hzdata.sd.gov.cn/

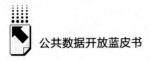

续表

序号	城市	平台名称	城市类型	平台链接
134	山东省济宁市	济宁公共数据开放网	地级城市	http://jindata.sd.gov.cn/
135	山东省聊城市	聊城公共数据开放网	地级城市	http://lcdata.sd.gov.cn/
136	山东省临沂市	临沂公共数据开放网	地级城市	http://lydata.sd.gov.cn/
137	山东省日照市	日照公共数据开放网	地级城市	http://rzdata.sd.gov.cn/
138	山东省泰安市	泰安公共数据开放网	地级城市	http://tadata.sd.gov.cn/
139	山东省威海市	威海公共数据开放网	地级城市	http://whdata.sd.gov.cn/
140	山东省潍坊市	潍坊公共数据开放网	地级城市	http://wfdata.sd.gov.cn/
141	山东省烟台市	烟台公共数据开放网	地级城市	http://ytdata.sd.gov.cn/
142	山东省枣庄市	枣庄公共数据开放网	地级城市	http://zzdata.sd.gov.cn/
143	山东省淄博市	淄博公共数据开放网	地级城市	http://zbdata.sd.gov.cn/
144	山西省大同市	大同市公共数据开放公共平台	地级城市	http://www.dt.gov.cn/Dataopen/index
145	山西省晋城市	晋城市公共数据开放网	地级城市	http://data.jcgov.gov.cn/mainController.action?goIndex&nav=1
146	山西省朔州市	朔州市政务数据开放网	地级城市	http://data.shuozhou.gov.cn/index/index.html
147	山西省阳泉市	阳泉市政府数据开放网	地级城市	http://data.yq.gov.cn/odweb/index.htm
148	山西省运城市	运城市数据开放平台	地级城市	https://sjkf.yczhcs.cn/portal/l-zh_CN/index.htm
149	山西省长治市	长治市公共数据开放平台	地级城市	http://www.changzhi.gov.cn/odweb/

序号	城市	平台名称	城市类型	平台链接
150	四川省阿坝藏族羌族自治州	阿坝州政务信息资源开放门户网	地级城市	http://data.abazhou.gov.cn/
151	四川省巴中市	巴中公共数据开放平台	地级城市	https://www.bzgongxiang.com/#/home
152	四川省达州市	达州市公共数据开放平台	地级城市	http://dazhoudata.cn/oportal/index
153	四川省德阳市	德阳市公共数据开放平台	地级城市	http://data.deyang.gov.cn/dexchange/open/? state = &app _ id = 5418910&/Home#/DataSet
154	四川省甘孜藏族自治州	甘孜藏族自治州政务信息开放网站	地级城市	http://data.gzz.gov.cn/index/index.html
155	四川省广安市	广安市数据开放网站	地级城市	http://gadata.net.cn/opendoor/base/zh-cn/code/index.html
156	四川省广元市	广元公共数据开放网	地级城市	http://data.cngy.gov.cn/open/index.html
157	四川省乐山市	乐山市人民政府数据开放门户	地级城市	https://www.leshan.gov.cn/data/#/home
158	四川省凉山彝族自治州	凉山州数据开放网站	地级城市	http://data.lsz.gov.cn/oportal/index
159	四川省泸州市	泸州市政府数据开放平台	地级城市	https://data.luzhou.cn/portal/index
160	四川省眉山市	眉山市公共数据资源开放平台	地级城市	http://data.ms.gov.cn/portal/index
161	四川省绵阳市	绵阳市人民政府数据开放栏目	地级城市	http://data.mianyang.cn/
162	四川省南充市	南充市人民政府政务信息开放	地级城市	http://www.nanchong.gov.cn/data/index/index.html
163	四川省内江市	内江市数据开放平台	地级城市	https://www.neijiang.gov.cn/neiJiangPublicData/homePage
164	四川省攀枝花市	攀枝花市政务数据开放平台	地级城市	http://data.pzhszwfw.com/oportal/index? _userLoginType = 1
165	四川省遂宁市	遂宁市人民政府网-数据开放栏目	地级城市	https://www.suining.gov.cn/data#/Home

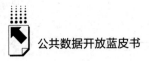

续表

序号	城市	平台名称	城市类型	平台链接
166	四川省雅安市	雅安市人民政府数据开放栏目	地级城市	https://www.yaandata.com/
167	四川省宜宾市	宜宾市政务数据资源开放门户	地级城市	http://data.jjhxxhj.yibin.gov.cn/oportal/index
168	四川省资阳市	资阳市政务数据资源开放门户	地级城市	http://data.ziyang.gov.cn/index/index.html
169	四川省自贡市	自贡市政务信息资源开放门户网	地级城市	http://sjkf.zg.gov.cn/
170	西藏自治区拉萨市	拉萨市人民政府数据开放栏目	地级城市	http://www.lasa.gov.cn/lasa/sjkf1/common_list.shtml
171	西藏自治区林芝市	林芝市人民政府数据开放	地级城市	http://www.linzhi.gov.cn/linzhi/zwgk/sjkf.shtml
172	西藏自治区那曲市	那曲市人民政府数据开放栏目	地级城市	http://www.naqu.gov.cn/xxgk/sjkf/
173	新疆维吾尔自治区博尔塔拉蒙古自治州	博尔塔拉蒙古自治州人民政府数据开放栏目	地级城市	http://www.xjboz.gov.cn/sjkf.htm
174	新疆维吾尔自治区哈密市	哈密市人民政府数据开放栏目	地级城市	http://www.hami.gov.cn/sjkf.htm
175	新疆维吾尔自治区克拉玛依市	克拉玛依市人民政府-数据开放栏目	地级城市	https://www.klmy.gov.cn/011/secondpage.html
176	新疆维吾尔自治区克孜勒苏柯尔克孜自治州	克孜勒苏柯尔克孜自治州人民政府数据开放栏目	地级城市	https://www.xjkz.gov.cn/xjkz/c101836/kzdata.shtml
177	新疆维吾尔自治区乌鲁木齐市	乌鲁木齐市政务数据开放网	地级城市	http://zwfw.wlmq.gov.cn/
178	云南省昭通市	昭通市人民政府数据开放栏目	地级城市	http://www.zt.gov.cn/OpenData.html
179	浙江省湖州市	湖州市公共数据开放平台	地级城市	http://data.huzhou.gov.cn/home
180	浙江省嘉兴市	嘉兴市公共数据开放平台	地级城市	https://data.jiaxing.gov.cn/jdop_front/index.do
181	浙江省金华市	金华市数据开放平台	地级城市	http://open.data.jinhua.gov.cn/jdop_front/index.do

续表

序号	城市	平台名称	城市类型	平台链接
182	浙江省丽水市	丽水市数据开放平台	地级城市	http://data. ls. zjzwfw. gov. cn/
183	浙江省衢州市	衢州数据开放平台	地级城市	http://data. qz. zjzwfw. gov. cn
184	浙江省绍兴市	绍兴数据开放平台	地级城市	https://data. sx. zjzwfw. gov. cn/
185	浙江省台州市	台州数据开放平台	地级城市	https://data. zjtz. gov. cn/tz/home
186	浙江省温州市	温州数据开放平台	地级城市	http://data. wz. zjzwfw. gov. cn/
187	浙江省舟山市	舟山数据开放平台	地级城市	http://data. zs. zjzwfw. gov. cn：8092/

B.2
中国公共数据开放利用报告
——城市报告（2023）

刘新萍　郑　磊　吕文增　张忻璐*

摘　要： 本报告首先介绍说明了2023年度中国公共数据开放利用城市指
数的评价指标体系、数据采集与分析方法、指数计算方法，然后
对全国已经上线政府数据开放平台的208个城市开展评价。报告
显示，德州市和杭州市的综合表现最优；在四个单项维度上，上
海市在准备度、平台层和利用层上都排名第一，德州市在数据层
排名第一。报告还通过"数林匹克"四年累计分值，反映一个
城市在过去四年（2019~2022年）开放数据的持续水平。

关键词： 公共数据开放利用　城市　开放数林指数　大数据

"中国开放数林指数"是我国首个专注于评估政府数据开放水平的专业
指数。开放数据，蔚然成林——"开放数林"意喻我国政府数据开放利用
的生态体系。开放数林城市指数将直辖市、副省级城市和地级城市，都作为
一个"空间"和"聚落"，而不仅仅是一个"层级"来进行评测，并形成
《中国公共数据开放利用报告——城市报告》（以下简称《报告》）。

---

* 刘新萍，博士，上海理工大学管理学院副教授，硕士生导师，兼任复旦大学数字与移动治理
实验室执行副主任，研究方向为数字治理、数据开放、跨部门数据共享与协同；郑磊，博
士，复旦大学国际关系与公共事务学院教授，博士生导师，数字与移动治理实验室主任，研
究方向为数字治理、政府数据开放、治理数字化转型等；吕文增，复旦大学管理学硕士，研
究方向为政府数据开放、数字治理；张忻璐，复旦大学管理学硕士，复旦大学数字与移动治
理实验室副主任，研究方向为政府数据开放。

一　城市指标体系与评估方法

（一）评估指标体系

开放数林指数邀请国内外政界、学术界、产业界 70 余位专家共同参与，组成"中国开放数林指数"评估专家委员会，以体现跨界、多学科、第三方的专业视角。专家委员会基于数据开放的基本理念和原则，立足我国政府数据开放的政策要求与地方实践，借鉴国际数据开放评估经验，构建起一个系统、专业、可操作的地方政府数据开放评估指标体系，并每年根据最新发展态势和重点难点问题进行动态调整。

近年来，社会各界对公共数据的需求日益增长，我国各级各地政府对数据开放工作的重视程度和推进力度也不断加大，全国各地政府数据开放平台数量显著增加，数据开放数量与容量也已初具规模，数据开放已成为数字政府建设的重要组成部分，"开放数据，蔚然成林"的愿景正在逐步实现。

然而，我国政府数据开放工作目前仍存在不充分、不协同、不平衡、不可持续等问题和挑战，因此，2022 年开放数林指标体系重点围绕协同联动、普惠包容、精准务实、安全保护、持续长效等基本理念和方向，对数据开放的准备度、平台层、数据层和利用层四个维度开展评估，以促进公共数据开放利用的持续推进与价值释放。具体的指标调整方向主要包括以下五个方面。

1. 枝权相连

独木不成林，只有让"数木"既因地制宜、百数齐放，又枝权相连、根系相通，才能使其成长为一片繁盛多姿的数林。因此，2022 开放数林指数特别关注各地数据开放工作的整体性和协同性，包括省域内城市平台的上线比例、省市平台间的互联互通、跨地区平台间的协同联动、开放数据法规政策体系的完备程度、不同层级间标准规范的贯彻呼应，以及数据利用促进

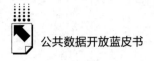

活动的省市协同与跨省联动等方面。

2.万木争荣

数据开放的目标不是锦上添花，而是雪中送炭，以降低各类市场和社会主体获取数据的门槛，使相对弱势的组织和个体也能平等获得和利用公共数据，共享公共数据开放的红利，营造万木争荣、普惠包容的公共数据开放生态，促进公共数据资源的"共同富裕"。

因此，2022开放数林指数重点关注数据开放的无歧视原则，评测各地在开放数据的过程中是否能平等对待中小企业和社会组织等各类利用主体，各类社会主体是否对开放的政府数据进行了有效利用并形成了多样化的利用成果。同时，由于数据开放的价值不仅体现在经济增长上，也体现在社会发展上，开放数林指数还特别关注能使老人、妇女、儿童、残疾人等相对弱势群体受益的公共数据的开放利用情况，以促进数字社会的包容性发展。此外，在开放主体和开放数据范围上，2022开放数林指数鼓励政府部门之外的社会主体，特别是国有企事业单位开放具有公共价值的数据，共同参与公共数据供给。

3.精耕细作

开放数林的繁茂离不开精耕细作与精准滴灌。根据"十四五"规划等国家政策文件的要求，2022开放数林指数将评测对象聚焦于企业注册登记、交通、气象、卫生四个重点领域的关键数据集，对其质量和规范进行更为深入细致的评估，以强化优质供给，激活数据价值。具体而言，在数据质量方面新增了对数据可理解性的评测；在数据规范方面，提高了对数据集描述说明真实性和丰富性的要求，新增了对数据字典的测评，并针对以上四个重点领域，评测利用开放数据所开发的服务应用与创新方案的质量和成效。

同时，2022开放数林指数在法规政策和标准规范上，聚焦于对实际工作能起到关键推动作用的制度安排和具体要求，关注政策法规中对数据开放工作设立专人专岗和专项财政预算、平台互动回复时限等方面的要求，鼓励在年度工作计划中明确列出当年计划开放的数据集名称和字段。在平台建设和运营上，提高对实用性功能的要求；在评估方法上引入了"体验官"，以加强对用户真实感受和体验的评测。

4. 遮阳挡雨

枝繁叶茂的树冠像一把绿伞，在繁荣生长的同时也遮挡了直射的阳光，保护树林中的动物不被灼伤。开放数林也要撑起一把数据的保护伞，平衡好开放利用和安全保护之间的关系，尽可能开放该开放的数据，严格管住该管住的数据，把安全贯穿数据开放和利用的全过程，避免数据"伤人"，使数林始终舒适"宜人"。

因此，2022 开放数林指数尤为关注数据开放利用全过程的安全管理，并对平台方与用户行为的规范、数据开放利用所涉及的个人和组织的合法权益的保护、用户被平台采集个人数据的知情权保障等方面也设置了相应的指标。

5. 生生不息

植数造林非一日之功，数据开放是一项长期性、持续性的工作，需要不断夯实根基、剪枝修数、培土浇水。2022 开放数林指数通过存量与增量相结合的方式考察一个地方的数据开放准备度，不仅评测相对稳定的法规政策，也评估各地每年最新制定的工作计划与方案、数字政府建设方案、政府工作报告。

同时，2022 开放数林指数注重对平台运营稳定性和开放数据目录及时更新的评测，关注数据容量的动态提升，强调互动回复的时效性，关注开放数据利用成果对于数字经济、数字社会和数字政府建设三个方面的赋能价值，使数据开放既有产出，更有成效，形成可持续的、生生不息的价值创造闭环。

鉴于以上理念和愿景，2022 中国开放数林指数（城市）指标体系共包括准备度、平台层、数据层、利用层四个维度及下属多级指标（见图1）。

（1）准备度是"数根"，是数据开放的基础，包括法规政策、标准规范、组织推进等三个一级指标。

（2）平台层是"数干"，是数据开放的枢纽，包括开放协议、发现预

图1 2022 中国开放

	权重	一级指标	权重	二级指标
层 22%	4.0%	利用促进	2.0%	创新大赛
			2.0%	引导赋能活动
	4.0%	利用多样性	1.0%	利用者多样性
			2.0%	成果形式多样性
			1.0%	成果主题多样性
	5.0%	成果数量	3.0%	有效服务应用数量
			1.0%	其他形式有效成果数量
			1.0%	成果有效率
	6.0%	成果质量	3.0%	无成果质量问题
			2.0%	服务应用质量
			1.0%	创新方案质量
	3.0%	成果价值	1.0%	数字经济
			1.0%	数字社会
			1.0%	数字政府
层 45%	9.0%	数据数量	3.0%	有效数据集总数
			6.0%	单个数据集平均容量
	7.0%	开放范围	2.0%	主题与部门多样性
			2.0%	常见数据集
			1.5%	包容性数据集
			1.5%	非政府部门来源数据集
	17.0%	关键数据集质量	4.0%	优质数据集
			8.0%	无质量问题
			5.0%	数据持续性
	8.0%	关键数据集规范	4.0%	开放格式
			3.0%	描述说明
			1.0%	单个数据集开放协议
	4.0%	关键数据集安全保护	2.0%	个人隐私数据泄露
			2.0%	失效数据未撤回
层 18%	1.5%	开放协议	0.5%	主动开示协议
			0.5%	数据开放利用权责规范
	2.5%	发现预览	0.5%	个人信息保护协议
			0.7%	开放数据目录更新及时
			1.0%	深度检索功能
			0.4%	订阅推送功能
			0.4%	数据集预览功能
	7.0%	关键数据集获取	1.5%	平台数据供给稳定性
			2.5%	无条件开放数据获取
			2.0%	有条件开放数据申请
			1.0%	未开放数据请求
	1.0%	社会数据及利用	0.5%	社会数据提交
		成果提交展示	0.25%	利用成果提交
	3.0%	使用体验	1.5%	数据发现体验
			1.5%	数据获取体验
	3.0%	互动反馈	0.5%	公布数据发布者联系方式
			1.0%	意见建议
			0.5%	数据纠错
			1.0%	权益申诉
度 15%	7.0%	法规政策	1.0%	法规政策完备
			2.5%	开放利用要求
			2.0%	安全保护要求
			1.5%	保障机制
	3.0%	标准规范	2.5%	标准规范内容
			0.5%	标准规范贯彻
	5.0%	组织推进	1.5%	主管部门与内设处室
			1.5%	重视与支持程度
			2.0%	年度工作计划与方案

指标体系（城市）

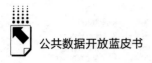

览、关键数据集获取、社会数据及利用成果提交展示、使用体验、互动反馈等六个一级指标。

（3）数据层是"数叶"，是数据开放的核心，包括数据数量、开放范围、关键数据集质量、关键数据集规范、关键数据集安全保护等五个一级指标。

（4）利用层是"数果"，是数据开放的成效，包括利用促进、利用多样性、成果数量、成果质量、成果价值等五个一级指标。

（二）评估对象

开放数林指数将直辖市、副省级城市和地级城市，都作为一个"空间"和"聚落"，而不仅仅是一个"层级"来进行评测，因为不论城市处于何种行政级别，它都是一个人口集中居住并进行生产生活的密集"空间"和"聚落"。

根据公开报道，以及使用"数据+开放""数据+公开""公共+数据""政务+数据""政府+数据""地名+数据""地名+政府数据""地名+开放数据"等关键词进行搜索，筛选截至 2022 年 10 月我国已上线的地方政府数据开放平台，并从中筛选出符合以下条件的平台：

（1）原则上平台域名中需出现 gov.cn，作为确定其为政府官方数据开放平台的依据；

（2）平台由行政级别为地级以上城市的地方政府建设和运营（不含港澳台）；

（3）开放形式为开设专门、统一的地方数据开放平台，或是在政府官网上开设专门栏目进行集中开放，由条线部门建设的开放数据平台不在评估范围内。

本次评估中，共发现符合以上条件的城市 187 个，并将上线了这些平台的城市作为评估对象。具体城市、平台名称和平台链接如 B.1 附表 2 所示。

（三）数据采集与分析方法

准备度评估主要对相关法律法规、政策、标准规范、年度工作计划与方案、新闻报道等资料进行了描述性统计分析和文本分析。搜索方法主要包括以下两种：一是在搜索引擎以关键词检索相关法规与政策文本、标准规范、年度工作计划、政府工作报告、数字政府方案以及数据开放主管部门的信息；二是在地方政府门户网站以及政府数据开放平台上通过人工观察和关键词检索采集数据。数据采集截止时间为 2022 年 11 月。

平台层评估主要采用人工观察和测试法对各地政府数据开放平台上各项功能进行观测并做描述性统计分析，并对平台的回复时效和回复质量进行评估，数据采集截止时间为 2022 年 10 月。此外，平台层还引入了"体验官"对用户在数据发现与数据获取过程中的实际体验进行评测，与人工观察同时进行。

数据层评估主要通过机器自动抓取和处理各地政府数据开放平台上开放的数据，结合人工观察采集相关信息，然后对数据进行描述性统计分析、交叉分析、文本分析和空间分析。数据采集截止时间为 2022 年 10 月。

利用层评估主要对各地政府数据开放平台上展示的利用成果进行人工观察和测试，对 2020 年以来各地开展的开放数据创新利用比赛信息进行网络检索，并对采集到的数据进行描述性统计分析。数据采集截止时间为 2022 年 10 月。

此外，为确保采集信息准确，避免遗漏，部分指标采取报告制作方自主采集和向各地征集相结合的方式。各地征集结果经过报告制作方验证后纳入数据范围。

同时，本次评估发现，个别已上线的地方平台出现下线造成数据供给中断的情况，或虽然平台仍在线，但实际上无法通过平台获取数据。

（四）指标计算方法

指数制作方基于各地在各项评估指标上的实际表现从低到高按照 0～5 分共 6 档分值进行评分，其中 5 分为最高分，相应数据缺失或完全不符合标准则分值为 0。对于连续型统计数值类数据则使用极差归一法将各地统计数据结果换算为 0~5 分区间的数值作为该项得分。

各地平台在准备度、平台层、数据层、利用层四个维度上的指数总分等于每个单项指标的分值乘以相应权重所得到的加权总和。最终，各地开放数林指数等于准备度指数、平台层指数、数据层指数、利用层指数乘以相应权重的加权平均分。城市开放数林指数计算公式如下：

$$城市开放数林指数 = \sum(准备度指标分值权重)15\% + \sum(平台层指标分值权重)18\% + \sum(数据层指标分值权重)45\% + \sum(利用层指标分值权重)22\%$$

二　城市公共数据开放概貌

截至 2022 年 10 月，我国已有 208 个省级和城市的地方政府上线了数据开放平台，其中省级平台 21 个（含省和自治区，不包括直辖市和港澳台），城市平台 187 个（含直辖市、副省级与地级行政区）。与 2021 年下半年相比，新增 15 个地方平台，其中包含 1 个省级平台和 14 个城市平台，平台总数增长约 8%。全国地级及以上政府数据开放平台数量持续增长，从 2017 年报告首次发布时的 20 个增加到 2022 下半年的 208 个，如图 2 所示。

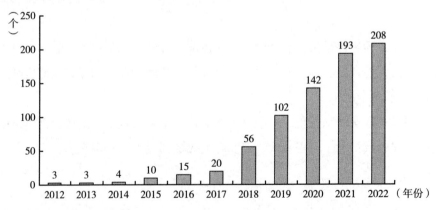

图2　2012~2022 年全国地级及以上政府数据开放平台数量

注：2022 年为截至 10 月数据。

目前，我国 55.49% 的城市（包括直辖市、副省级与地级行政区）已上线了政府数据开放平台。自 2012 年上海和北京等地率先上线数据开放平台以来，城市平台数量逐年增长，截至 2022 年 10 月已达到 187 个，如图 3 所示。各城市平台上线时间如表 1 所示。

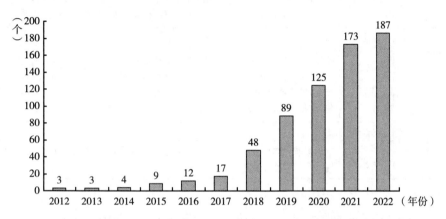

图 3 2012～2022 年城市政府数据开放平台数量

注：2022 年为截至 10 月数据。

表 1 城市政府数据开放平台上线时间一览

上线时间		地　方
2017 年及之前	直辖市	北京、上海
	副省级	广州、哈尔滨、青岛、深圳、武汉
	地　级	长沙、东莞、佛山、荆门、梅州、无锡、阳江、扬州、湛江、肇庆
2018 年	副省级	成都、济南、南京、宁波
	地　级	滨州、德州、东营、贵阳、菏泽、惠州、济宁、江门、聊城、临沂、六安、马鞍山、日照、石嘴山、苏州、泰安、铜仁、威海、潍坊、乌海、宣城、烟台、银川、枣庄、中山、珠海、淄博
2019 年	直辖市	天津
	副省级	厦门
	地　级	蚌埠、常德、常州、潮州、福州、抚州、阜阳、广元、河源、湖州、淮安、黄冈、黄山、佳木斯、揭阳、连云港、六盘水、泸州、茂名、绵阳、南宁、南通、内江、黔东南、黔南、清远、三亚、汕头、汕尾、韶关、宿迁、遂宁、泰州、徐州、雅安、永州、云浮、中卫、遵义

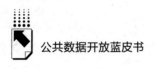
续表

上线时间		地　方
2020 年	副省级	杭州
	地级	承德、达州、防城港、赣州、甘孜、桂林、衡水、金华、九江、克拉玛依、拉萨、乐山、丽水、林芝、柳州、陇南、南昌、南充、萍乡、钦州、衢州、上饶、绍兴、双鸭山、台州、铜陵、温州、乌鲁木齐、芜湖、孝感、宜宾、宜昌、鹰潭、舟山、资阳
2021 年	直辖市	重庆
	地级	阿坝、阿拉善、巴中、百色、北海、博尔塔拉、亳州、毕节、长治、郴州、池州、崇左、大庆、大同、德阳、鄂施、广安、贵港、哈密、贺州、河池、淮北、吉安、嘉兴、景德镇、荆州、兰州、凉山、来宾、娄底、眉山、那曲、攀枝花、十堰、宿州、随州、梧州、湘潭、新余、盐城、宜春、益阳、玉林、岳阳、镇江、自贡
2022 年	副省级	沈阳
	地级	鄂尔多斯、鹤壁、合肥、晋城、克孜勒苏、辽源、平凉、黔西南、朔州、锡林郭勒、阳泉、运城、昭通

　　截至 2022 年 10 月，所有直辖市，以及广东省、广西壮族自治区、江苏省、江西省、山东省、四川省与浙江省的所有下辖城市都已上线了政府数据开放平台，形成我国最为密集的城市"开放数林"。同时，在东中部地区的安徽省、湖北省以及西南地区的贵州省等地，城市平台也不断上线，地域逐渐相连成片。然而，陕西省、青海省内的所有城市以及福建省、海南省、河南省、吉林省、辽宁省和云南省内的绝大多数城市尚未上线政府数据开放平台。

　　数据容量是指将一个地方平台中可下载的、结构化的、各个时间批次发布的数据集的字段数（列数）乘以条数（行数）后得出的数量，体现的是平台上开放的可下载数据集的数据量和颗粒度。图 4 列出了城市数据容量排名前十的地方，并反映了地方数据容量和有效数据集总数、单个数据集平均容量之间的关系。与数据集数量相比，数据容量更能体现一个地方的数据开放总量，单个数据集平均容量也更能反映一个地方开放数据集的平均水平。从图 4 中可见，德州开放的有效数据集数据容量在全国领先，而东莞、德州与杭州开放的数据集在单个数据集平均容量上高于各地。

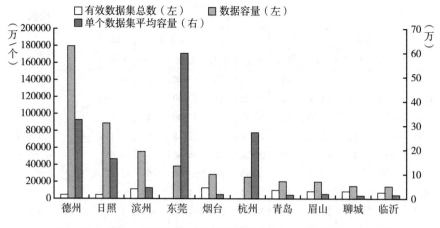

图4　前十名城市数据容量、有效数据集总数与单个数据集平均容量

三　城市开放数林指数

（一）城市开放数林指数

截至2022年10月，全国城市开放数林的指数分值、排名和等级如表2所示。德州的综合表现最优，杭州也总体表现优秀，进入第一等级"五棵数"。上海、日照、青岛、烟台、深圳、济南、潍坊与温州也表现良好，进入第二等级"四棵数"。其后是临沂、贵阳、滨州、福州、无锡等城市。相比2021年同期，德州排名大幅上升，获得"数飞猛进"单项奖。在四个单项维度上，在全国所有187个城市中，上海在准备度、平台层和利用层上都排名第一，德州在数据层排名第一。

表2　中国开放数林指数城市综合排名（前五十名）

地方	准备度		平台层		数据层		利用层		综合指数	总排名	开放数级
	指数	排名	指数	排名	指数	排名	指数	排名			
德州	7.45	3	14.18	4	35.69	1	11.10	13	68.42	1	✳✳✳✳✳
杭州	8.35	2	14.79	2	31.08	2	13.80	3	68.02	2	✳✳✳✳✳

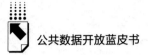

续表

地方	准备度		平台层		数据层		利用层		综合指数	总排名	开放数级
	指数	排名	指数	排名	指数	排名	指数	排名			
上海	8.73	1	15.23	1	25.00	23	15.80	1	64.76	3	✧✧✧✧
日照	5.76	13	13.74	6	30.23	3	13.20	6	62.93	4	✧✧✧✧
青岛	6.62	5	13.09	12	29.73	4	13.40	4	62.84	5	✧✧✧✧
烟台	6.00	12	12.34	17	29.00	5	12.10	9	59.44	6	✧✧✧✧
深圳	3.91	23	12.70	14	26.14	13	15.80	1	58.55	7	✧✧✧✧
济南	4.65	18	12.74	13	26.93	10	13.30	5	57.62	8	✧✧✧✧
潍坊	6.62	5	13.19	10	25.07	21	11.90	10	56.78	9	✧✧✧✧
温州	6.23	10	13.26	9	24.73	26	11.80	11	56.02	10	✧✧✧✧
临沂	6.21	11	13.12	11	23.46	36	10.50	18	53.29	11	✧✧✧
贵阳	6.31	9	11.14	29	23.79	32	10.80	16	52.04	12	✧✧✧
滨州	2.10	40	12.08	21	28.85	6	8.80	21	51.83	13	✧✧✧
福州	6.48	8	8.24	46	24.30	30	12.80	7	51.82	14	✧✧✧
无锡	3.34	27	13.94	5	23.48	35	11.00	14	51.76	15	✧✧✧
宁波	4.44	20	11.20	26	23.07	38	12.20	8	50.91	16	✧✧✧
丽水	5.52	14	12.14	19	25.76	15	7.30	26	50.72	17	✧✧✧
济宁	5.05	17	13.67	8	25.16	20	6.50	30	50.38	18	✧✧✧
台州	7.25	4	7.76	50	23.45	37	11.40	12	49.86	19	✧✧✧
威海	2.47	35	12.29	18	27.08	9	7.80	23	49.64	20	✧✧✧
东营	2.00	42	12.54	16	24.97	24	9.70	19	49.21	21	✧✧
武汉	5.07	16	12.06	22	20.13	49	11.00	14	48.26	22	✧✧
北京	4.47	19	7.87	49	25.42	19	9.40	20	47.16	23	✧✧
枣庄	2.10	40	12.09	20	25.65	16	6.80	29	46.64	24	✧✧
金华	2.59	34	10.86	34	27.13	8	5.80	32	46.38	25	✧✧
淄博	2.30	36	12.69	15	26.31	12	4.90	35	46.20	26	✧✧
广州	2.20	37	13.69	7	22.77	39	7.40	25	46.06	27	✧✧
衢州	3.18	30	11.79	25	24.80	25	4.80	36	44.57	28	✧✧
东莞	1.92	43	10.83	37	28.11	7	3.50	40	44.36	29	✧✧
遵义	1.50	44	14.55	3	20.17	48	8.00	22	44.22	30	✧✧
成都	3.25	29	10.85	35	24.51	27	5.00	34	43.61	31	✧
聊城	2.95	32	11.18	27	25.87	14	3.60	37	43.60	32	✧
天津	5.08	15	9.99	41	20.47	46	7.00	27	42.54	33	✧
贵港	3.85	24	10.84	36	25.06	22	2.60	43	42.35	34	✧
厦门	3.15	31	8.18	48	20.21	47	10.70	17	42.24	35	✧

地方	准备度		平台层		数据层		利用层		综合指数	总排名	开放数级
	指数	排名	指数	排名	指数	排名	指数	排名			
湖州	3.36	26	9.48	44	21.40	43	7.50	24	41.74	36	☆
桂林	1.45	47	11.18	27	26.88	11	2.00	45	41.51	37	☆
绍兴	2.90	33	9.91	42	21.54	42	7.00	27	41.35	38	☆
嘉兴	2.20	37	9.86	43	22.73	40	6.10	31	40.89	39	☆
泰安	0.64	49	10.89	31	25.44	18	5.60	37	40.57	40	☆
德阳	3.67	25	10.30	39	24.16	31	1.50	48	39.63	41	☆
来宾	2.20	37	11.93	23	24.46	28	1.00	49	39.59	42	☆
哈尔滨	3.92	22	11.89	24	21.18	45	2.60	43	39.59	42	☆
眉山	1.30	48	10.87	33	23.57	33	3.50	39	39.24	44	☆
佛山	3.28	28	10.99	30	21.88	41	3.00	41	39.15	45	☆
菏泽	0.50	50	10.88	32	25.57	17	2.00	45	38.95	46	☆
百色	1.50	44	10.23	40	24.39	29	2.00	45	38.12	47	☆
重庆	6.62	5	8.21	47	17.90	50	5.20	33	37.93	48	☆
南宁	4.39	21	10.83	37	21.30	44	1.00	49	37.52	49	☆
巴中	1.50	44	9.23	45	23.57	33	3.00	41	37.30	50	☆

  四个直辖市开放数林指数分值和排名如表 3 所示，上海综合表现最优，位列第一，其后依次是北京、天津和重庆。

表 3 直辖市综合排名

地方	准备度		平台层		数据层		利用层		综合指数	总排名
	指数	排名	指数	排名	指数	排名	指数	排名		
上海	8.73	1	15.23	1	25.00	2	15.80	1	64.76	1
北京	4.47	4	7.87	4	25.42	1	9.40	2	47.16	2
天津	5.08	3	9.99	2	20.47	3	7.00	3	42.54	3
重庆	6.62	2	8.21	3	17.90	4	5.20	4	37.93	4

  副省级城市开放数林指数排名前十的地方如表 4 所示，杭州综合表现最优，位列第一，青岛、深圳、济南和宁波也表现优异。

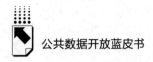
表4　副省级城市综合排名（前十名）

地方	准备度		平台层		数据层		利用层		综合指数	总排名
	指数	排名	指数	排名	指数	排名	指数	排名		
杭州	8.35	1	14.79	1	31.08	1	13.80	2	68.02	1
青岛	6.62	2	13.09	3	29.73	2	13.40	3	62.84	2
深圳	3.91	7	12.70	5	26.14	4	15.80	1	58.55	3
济南	4.65	4	12.74	4	26.93	3	13.30	4	57.62	4
宁波	4.44	5	11.20	8	23.07	6	12.20	5	50.91	5
武汉	5.07	3	12.06	6	20.13	10	11.00	6	48.26	6
广州	2.20	10	13.69	2	22.77	7	7.40	8	46.06	7
成都	3.25	8	10.85	9	24.51	5	5.00	9	43.61	8
厦门	3.15	9	8.18	10	20.21	9	10.70	7	42.24	9
哈尔滨	3.92	6	11.89	7	21.18	8	2.60	10	39.59	10

地级城市开放数林指数排名前十的城市如表5所示，德州综合表现最优，位列第一；日照、烟台、潍坊和温州等地也表现优异。

表5　地级城市综合排名（前十名）

地方	准备度		平台层		数据层		利用层		综合指数	总排名
	指数	排名	指数	排名	指数	排名	指数	排名		
德州	7.45	1	14.18	1	35.69	1	11.10	6	68.42	1
日照	5.76	8	13.74	3	30.23	2	13.20	1	62.93	2
烟台	6.00	7	12.34	7	29.00	3	12.10	3	59.44	3
潍坊	6.62	2	13.19	5	25.07	5	11.90	4	56.78	4
温州	6.23	5	13.26	4	24.73	6	11.80	5	56.02	5
临沂	6.21	6	13.12	6	23.46	10	10.50	9	53.29	6
贵阳	6.31	4	11.14	9	23.79	8	10.80	8	52.04	7
滨州	2.10	10	12.08	8	28.85	4	8.80	10	51.83	8
福州	6.48	3	8.24	10	24.30	7	12.80	2	51.82	9
无锡	3.34	9	13.94	2	23.48	9	11.00	7	51.76	10

（二）城市"数林匹克"指数

数据开放是一场马拉松，而不是速滑赛，不在于一个地方是否跑得早、跑得急，而在于这个地方能否跑得长、跑得久，能持续稳定地向社会提供优质数据，并坚持不懈地推动政府数据开放利用。报告继续通过"数林匹克"四年累计分值，反映一个地方在过去四年（2019～2022 年）开放数据的持续水平。

城市"数林匹克"累计分值由 2019～2022 年这四年该城市的全年开放数林综合指数的分值累加而成，以反映一个城市在过去四年（2019～2022 年）开放数据的持续水平。表 6 是 2019～2022 年城市"数林匹克"累计分值排在前二十名的地方，上海分值最高，其后依次是深圳、青岛、贵阳与济南，分值都在 220 分以上。

表 6　城市"数林匹克"累计分值（前二十名）

省域	四年累计分值	排名
上海	272.94	1
深圳	241.76	2
青岛	238.46	3
贵阳	233.61	4
济南	225.91	5
烟台	213.91	6
福州	205.51	7
日照	205.10	8
德州	205.03	9
潍坊	202.11	10
临沂	198.59	11
威海	197.54	12
北京	186.72	13
成都	184.75	14
滨州	180.41	15
济宁	180.39	16
杭州	178.05	17
枣庄	176.30	18
东营	175.19	19
广州	173.78	20

分 报 告
Dimensions Reports

B.3
公共数据开放准备度报告（2023）

刘新萍　王宇景　华　蕊*

摘　要： 准备度是政府数据开放工作的基础。中国公共数据开放评估中准备度的指标体系包括法规政策、标准规范、组织推进三个一级指标。依据这一指标体系，本报告对地方政府数据开放准备度的现状与水平进行了评估，运用描述性统计和文本分析方法研究了相关法律法规、政策、标准规范、年度工作计划与方案、新闻报道等，在此基础上推介了各地的标杆案例。总体来看，多数地方政府在组织保障上已具备良好基础，越来越多的地方将数据开放工作列入常态化工作任务。部分地方出台了专门针对数据开放的地方政府规章和地方标准。但全国范围内的法规政策在内容上还不够全面，标准规范也总体薄弱。

---

* 刘新萍，博士，上海理工大学管理学院副教授，硕士生导师，兼任复旦大学数字与移动治理实验室执行副主任，研究方向为数字治理、数据开放、跨部门数据共享与协同；王宇景，复旦大学国际关系与公共事务学院硕士研究生，数字与移动治理实验室研究助理，研究方向为数据开放与数字治理；华蕊，复旦大学数字与移动治理实验室研究员。

关键词： 法规政策　标准规范　组织推进　公共数据　数据开放

准备度是"数根"，是数据开放的基础。准备度的评估可以衡量地方政府开放数据的基础和所做准备的完善程度，从而为数据开放工作的落地提供更有效、更具操作性的支撑。具体而言，准备度主要从法规政策、标准规范、组织推进三个方面进行评估。

一　指标体系

准备度侧重于考察地方政府的法规政策、标准规范、组织推进对数据开放的规范引导和推动作用。但考虑到省域和城市两级政府在职责范围上的差异性，准备度的省域和城市指标体系也有差异，如表1所示，省域评估中更加强调对下辖地市数据开放工作的赋能、规范和协调作用。标准规范方面，整体新增了"标准规范贯彻"指标，关注不同层级间标准规范的贯彻呼应；省域单设了"标准规范等级"指标，鼓励由省级政府制定全省统一的地方标准。组织推进方面，要求明确主管部门与内设处室，在部门法定职责中明确对数据开放工作的重视与支持，同时强调在数字政府的相关建设方案中增加对数据开放的重视与支持程度。

表1　省域与城市准备度评估指标体系及权重

单位：%

一级指标	二级指标	省域评估权重	城市评估权重
法规政策	法规政策完备	1.0	1.0
	开放利用要求	3.0	2.5
	安全保护要求	2.5	2.0
	保障机制	1.5	1.5
标准规范	标准规范等级	1.0	/
	标准规范内容	4.5	2.5
	标准规范贯彻	0.5	0.5

一级指标	二级指标	省域评估权重	城市评估权重
组织推进	主管部门与内设处室	2.0	1.5
	重视与支持程度	2.0	1.5
	年度工作计划与方案	2.0	2.0

二　法规政策

法规政策是指对公共数据开放各个重要方面作出规范性要求的法律、行政法规、行政规章、部门规章、地方性法规、地方政府规章以及各种规范性文件，是推进公共数据开放的法制基础和重要依据。本部分对法规政策完备程度和内容进行了综合评估。其中，法规政策完备程度是指法律法规和政策文件在类型上的完备程度。法规政策内容评估是指对法规政策中关于开放利用要求、安全保护要求、保障机制等方面作出的具体规定的评估。

（一）法规政策完备

法规政策完备程度是指专门针对公共数据开放的法规政策体系的完备程度，既要有高效力等级的、约束力较强的地方性法规、地方政府规章，也要有兼顾实操性的一般规范性文件及行业领域的部门规范性文件。

法规政策方面，浙江省在法规政策体系上较为完备，制定了地方性法规《浙江省公共数据条例》、地方政府规章《浙江省公共数据开放与安全管理暂行办法》以及一般规范性文件《浙江省公共数据开放工作指引》。重庆市也形成了较为完备的法规政策体系，制定了地方性法规《重庆市数据条例》、地方政府规章《重庆市政务数据资源管理暂行办法》以及一般规范性文件《重庆市公共数据开放管理暂行办法》。

（二）开放利用要求

开放利用要求是指法规政策文件中对数据开放的范围、质量、数据获取、开放形式、社会需求回应、省市协同等方面作出要求。主要包括开放范围、数据动态更新、数据获取无歧视、开放形式多样、需求与回应、省市协同推进六个三级指标。

1. 开放范围要求

开放范围要求是指对数据开放对象、开放范围动态调整、明确开放重点三个方面作出要求。例如，在数据开放对象上，山东省以公共数据作为规制对象，制定并公开了《山东省公共数据开放办法》；在开放范围动态调整上，浙江省、重庆市分别明确了数据开放范围和开放目录动态调整机制；在明确开放重点上，杭州市在《杭州市公共数据开放管理暂行办法》中明确了重点和优先开放企业注册登记、交通、气象、卫生四个重点领域公共数据（见表2）。

表 2　部分法规政策对开放范围的规定（内容节选）

法规政策	指标内容	具体条款
《山东省公共数据开放办法》	数据开放对象	第二条　本省行政区域内的公共数据开放活动，适用本办法；涉及国家秘密的，按照有关保守国家秘密的法律、法规执行
《浙江省公共数据开放与安全管理暂行办法》	开放范围动态调整	第六条　公共数据开放主体应当积极推进公共数据开放工作，建立公共数据开放范围的动态调整机制，逐步扩大公共数据开放范围 第十条　全省公共数据开放目录以及补充目录实行年度动态调整 第十五条　公共数据开放主体应当对现有受限开放类数据定期进行评估，具备条件的，应当及时转为无条件开放类数据
《重庆市公共数据开放管理暂行办法》	开放范围动态调整	第十七条　市大数据应用发展管理主管部门应当在收到更新申请之日起5个工作日内审核、更新公共数据开放目录，并同步更新公共数据开放责任清单 第十八条　数据开放主体应当在市大数据应用发展管理主管部门的指导下建立公共数据开放责任清单动态调整机制，对尚未开放的公共数据进行定期评估，及时申请更新公共数据开放目录，不断拓展开放广度和深度，提高开放质量

法规政策	指标内容	具体条款
《杭州市公共数据开放管理暂行办法》	明确开放重点	第十五条 重点领域开放 公共数据开放主体应当根据本地区经济社会发展情况,重点和优先开放下列公共数据: (一)与公共安全、公共卫生、城市治理、社会治理、民生保障等密切相关的数据; (二)自然资源、生态环境、交通出行、气象等数据; (三)与数字经济发展密切相关的行政许可、企业公共信用信息等数据; (四)其他需要重点和优先开放的数据。 确定公共数据重点和优先开放的具体范围,应当坚持需求导向,并征求有关行业组织、企业、社会公众和行业主管部门的意见

2. 数据动态更新要求

数据动态更新要求是指对数据动态更新和及时维护作出要求,以提升数据质量,确保数据的准确性、及时性。例如,《浙江省公共数据开放与安全管理暂行办法》明确了应当根据开放目录明确的更新频率及时更新和维护的要求;《贵阳市政府数据资源管理办法》明确了行政机关应当对本机关编制的政府数据资源目录、共享目录、开放目录和政府数据进行动态维护管理的要求,以确保数据真实、准确、完整和及时(见表3)。

表3 部分法规政策对数据动态更新的规定(内容节选)

法规政策	具体条款
《浙江省公共数据开放与安全管理暂行办法》	第十九条 公共数据开放主体应当按照有关标准和要求,对开放的公共数据进行清洗、脱敏、脱密、格式转换等处理,并根据开放目录明确的更新频率,及时更新和维护
《贵阳市政府数据资源管理办法》	第十三条 行政机关应当对本机关编制的政府数据资源目录、共享目录、开放目录和政府数据进行动态维护管理,每年至少开展一次全面维护,确保数据真实、准确、完整和及时

3. 数据获取无歧视要求

数据获取无歧视要求是指在法规政策中明确规定数据开放应当平等对待各

类申请主体，不得对中小企业和社会组织等利用主体设置歧视性要求。例如，《浙江省公共数据开放与安全管理暂行办法》第十六条明确了对于受限类公共数据，公共数据开放主体应当向社会公平开放，不得设定歧视性条件（见表4）。

表4　部分法规政策对数据获取无歧视的规定（内容节选）

法规政策	具体条款
《浙江省公共数据开放与安全管理暂行办法》	第十六条　公共数据开放主体应当向社会公平开放受限类公共数据，不得设定歧视性条件；公共数据开放主体应当向社会公开已获得受限类公共数据的名单信息

4. 开放形式多样要求

开放形式多样是指除依托数据开放平台进行数据开放外，是否探索诸如授权运营等其他形式的数据开放。《浙江省公共数据条例》规定了适用于授权运营模式的公共数据以及要求（见表5）。

表5　部分法规政策对开放形式多样的规定（内容节选）

法规政策	具体条款
《浙江省公共数据条例》	第三十五条　县级以上人民政府可以授权符合规定安全条件的法人或者非法人组织运营公共数据，并与授权运营单位签订授权运营协议。禁止开放的公共数据不得授权运营。 授权运营单位应当依托公共数据平台对授权运营的公共数据进行加工；对加工形成的数据产品和服务，可以向用户提供并获取合理收益。授权运营单位不得向第三方提供授权运营的原始公共数据。 授权运营协议应当明确授权运营范围、运营期限、合理收益的测算方法、数据安全要求、期限届满后资产处置等内容。 省公共数据主管部门应当会同网信、公安、国家安全、财政等部门制定公共数据授权运营具体办法，明确授权方式、授权运营单位的安全条件和运营行为规范等内容，报省人民政府批准后实施

5. 需求与回应要求

需求与回应要求是指法规政策中应当明确对开放主体回应利用主体的需求反馈和意见建议等作出要求。如《贵州省政府数据共享开放条例》规定

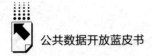

了政府数据提供部门对数据开放申请应及时回应，对不完整或者有错误的政府数据应当及时补充、校核和更正；同时，政府部门应收集公众对政府数据开放的意见建议并改进工作（见表6）。

6. 省市协同推进要求

省市协同推进是指对省级政府与下辖地市间数据开放工作的整体性和协同性作出要求，包括开放目录整合、省市平台联通两个方面，这一指标仅在省域层面进行评价。如广东省对省市公共数据开放目录整合和省市平台联通作出了规定和要求（见表7）。

表6　部分法规政策对需求与回应的规定（内容节选）

法规政策	具体条款
《贵州省政府数据共享开放条例》	第二十五条　政府数据提供部门收到数据开放申请时，能够立即答复的，应当立即答复。数据提供部门不能立即答复的，应当自收到申请之日起15个工作日内予以答复。如需要延长答复期限的，应当经数据提供部门负责人同意并告知申请人，延长的期限最长不得超过15个工作日。数据提供部门同意政府数据开放申请的，通过政府数据开放平台及时向申请人开放，并明确数据的用途和使用范围；不同意开放的，应当说明理由 第二十六条　申请人申请开放政府数据的数量、频次明显超过合理范围的，数据提供部门可以要求申请人说明理由。数据提供部门认为理由不合理的，告知申请人不予处理；数据提供部门认为理由合理的，应当及时向申请人开放 第二十七条　县级以上人民政府及其大数据主管部门应当定期通过政府数据开放平台或者其他渠道加强政府数据开放的宣传和推广，收集公众对政府数据开放的意见建议，改进政府数据开放工作 第三十七条　建立政府数据使用反馈机制。使用政府数据的单位或者个人对获取的政府数据发现不完整或者有错误的，可以向数据提供部门反馈，数据提供部门应当及时补充、校核和更正

表7　广东省关于省市协同推进的具体规定

法规政策	具体条款
《广东省公共数据管理办法》	第三十三条　公共管理和服务机构应当按照省公共数据主管部门要求，将审核后开放的公共数据通过省政务大数据中心推送到数据开放平台。 地级以上市人民政府及其有关部门、县级人民政府及其有关部门不得再新建数据开放平台，已建成运行的开放平台应当与省数据开放平台进行对接

（三）安全保护要求

安全保护要求是指对数据全生命周期安全管理、社会主体权益保护做出要求。

1. 全生命周期安全管理

全生命周期安全管理是指对数据开放前、开放中、开放后的全周期安全管理作出要求，包括开放前数据审查、开放中安全管控、开放后行为处理三个方面。

在开放前数据审查上，《山东省公共数据开放工作细则（试行）》和《宁波市公共数据管理办法》都对公共数据开放前的审查作出了具体要求；在开放中安全管控上，《浙江省公共数据开放与安全管理暂行办法》和《上海市公共数据开放暂行办法》都对预警机制和应急管理作出了详细规定；在开放后行为处理上，《上海市公共数据开放暂行办法》对开放后行为处理的方式与措施都作出了详细规定（见表8）。

表8　部分法规政策对全生命周期安全管理的规定（内容节选）

法规政策	指标内容	具体条款
《山东省公共数据开放工作细则（试行）》	开放前数据审查	第九条　数据开放流程 公共数据开放主体开放数据应当通过下列流程： （一）公共数据开放主体依托一体化大数据平台，编制数据目录，匹配数据资源，进行安全审查，确定脱敏规则，提交开放数据。 （二）县级以上公共数据开放主管部门依托一体化大数据平台对提交的开放数据进行规范性审查。审查通过的，应当通过开放平台发布，并为公共数据开放主体提供开放数据资源的数据脱敏相关技术支撑；审查未通过的，应当反馈并说明理由、意见，公共数据开放主体应当根据反馈意见对目录和数据进行规范后，重新提交开放数据。 第二十二条　安全保障 公共数据开放主体应当制定并落实公共数据开放安全保护制度，在公共数据开放前进行安全审查和安全风险评估，依法对有条件开放数据进行安全追踪

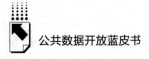
续表

法规政策	指标内容	具体条款
《宁波市公共数据管理办法》	开放前数据审查	第二十四条　市大数据主管部门应当会同行政机关和公共服务单位建立公共数据开放审查机制,数据经审查后通过开放平台统一开放。 第三十二条　大数据主管部门、行政机关和公共服务单位应当按照国家、省、市相关法律、法规和规定,对拟开放的公共数据进行安全风险评估,涉及国家秘密、商业秘密和个人隐私的公共数据不得向社会开放,不得侵害国家利益、社会公共利益和公民、法人及其他组织的合法权益
《浙江省公共数据开放与安全管理暂行办法》	开放中安全管控	第二十八条　公共数据开放主体应当对受限开放类公共数据的开放和利用情况进行后续跟踪、服务,及时了解公共数据利用行为是否符合公共数据安全管理规定和开放利用协议,及时处理各类意见建议和投诉举报。 第三十四条　公共数据开放主体应当按照国家和省有关规定完善公共数据开放安全措施,并履行下列公共数据安全管理职责: (一)建立公共数据开放的预测、预警、风险识别、风险控制等管理机制; (二)制定公共数据开放安全应急处置预案并定期组织应急演练; (三)建立公共数据安全审计制度,对数据开放和利用行为进行审计追踪; (四)对受限开放类公共数据的开放和利用全过程进行记录。省公共数据、网信主管部门应当会同同级有关部门制定公共数据开放安全规则。 第三十五条　公民、法人和其他组织认为开放的公共数据侵犯其商业秘密、个人隐私等合法权益的,有权要求公共数据开放主体中止、撤回已开放数据。 公共数据开放主体收到相关事实材料后,应当立即进行初步核实,认为必要的,应当立即中止开放;并根据最终核实结果,分别采取撤回数据、恢复开放或者处理后再开放等措施,有关处理结果应当及时告知当事人。 公共数据开放主体在日常监督管理过程中发现开放的公共数据存在安全风险的,应当立即采取中止、撤回开放等措施
《上海市公共数据开放暂行办法》	开放中安全管控	第三十七条(预警机制) 建立公共数据开放安全预警机制,对涉密数据和敏感数据泄漏等异常情况进行监测和预警。 第三十八条(应急管理) 指导数据开放主体制定安全处置应急预案、定期组织应急演练,确保公共数据开放工作安全有序

续表

法规政策	指标内容	具体条款
《上海市公共数据开放暂行办法》	开放后行为处理	第二十八条 （违法违规行为处理） 数据利用主体在利用公共数据的过程中有下列行为之一，市经济信息化部门应当会同市大数据中心和数据开放主体对其予以记录： （一）违反开放平台管理制度； （二）采用非法手段获取公共数据； （三）侵犯商业秘密、个人隐私等他人合法权益； （四）超出数据利用协议限制的应用场景使用公共数据； （五）违反法律、法规、规章和数据利用协议的其他行为。 对存在前款行为的数据利用主体，市大数据中心和数据开放主体应当按照各自职责，采取限制或者关闭其数据获取权限等措施，并可以在开放平台对违法违规行为和处理措施予以公示

2. 社会主体权益保护

社会主体权益保护是指对数据开放利用所涉及的自然人、法人或者非法人组织的合法权益保护作出要求。例如，《浙江省公共数据条例》明确规定了"自然人、法人或者非法人组织认为开放的公共数据侵犯其合法权益的，有权向公共管理和服务机构提出撤回数据的要求"。

（四）保障机制

保障机制是指对数据开放工作的人员、资金和考核评估等方面的保障支撑作出要求，包括专人专岗、专项财政预算、纳入年度考核等内容。例如，在专人专岗方面，《天津市公共数据资源开放管理暂行办法》提及要建立数据开放专人专岗管理制度；在专项财政预算上，《浙江省公共数据开放与安全管理暂行办法》和《上海市公共数据开放暂行办法》对资金保障作出了明确要求；在纳入年度考核上，《贵州省政府数据共享开放条例》和《重庆市公共数据开放管理暂行办法》对数据开放工作的考核评价进行了规定（见表9）。

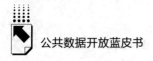

表9 部分法规政策对保障机制的规定（内容节选）

法规政策	指标内容	具体条款
《天津市公共数据资源开放管理暂行办法》	专人专岗	第三十条 资源提供单位应加强公共数据资源开放工作的组织保障,明确牵头负责开放工作的内设机构,建立专人专岗管理制度,并向市互联网信息主管部门及时报送、更新相关内设机构和人员名单
《浙江省公共数据开放与安全管理暂行办法》	专项财政预算	第三条 县级以上人民政府应当加强对公共数据开放、利用和安全管理的领导和协调,将公共数据开放、利用和安全管理纳入国民经济和社会发展规划体系,所需经费列入本级财政预算
《上海市公共数据开放暂行办法》	专项财政预算	第四十条(资金保障) 行政事业单位开展公共数据开放所涉及的信息系统建设、改造、运维以及考核评估等相关经费,按照有关规定纳入市、区两级财政资金预算
《贵州省政府数据共享开放条例》	纳入年度考核	第三十八条 省人民政府大数据主管部门制定政府数据共享开放工作考核评价标准。县级以上人民政府应当根据考核评价标准,每年对本级行政机关、下级人民政府数据共享目录和开放目录的维护管理、数据采集与更新、数据共享开放、数据使用、数据开发利用效果等情况进行考核评价,定期通报评价结果并纳入年度目标考核;还可以委托第三方对政府数据共享开放的程度和效果进行评估,结果向社会公布
《重庆市公共数据开放管理暂行办法》	纳入年度考核	第五条 将公共数据开放管理工作纳入本级政府目标考核 第四十条 市大数据应用发展管理主管部门每年对公共数据开放、利用等工作情况进行评价。评价结果作为全市各级各部门相关工作目标考核的重要依据

三 标准规范

标准规范制定是指为公共数据开放制定了标准规范和操作指南,包含标准规范等级、标准规范内容和标准规范贯彻三个二级指标。

（一）标准规范等级

标准规范等级是指对已经出台的数据标准或平台标准的等级进行评估。等级包含地方标准、普通规范与指引两类。江西省、广东省、贵州省等地制定了有关数据开放的地方标准（见表10）。

表 10　各地有关数据开放的地方标准

地方	标准名称	标准号
江西省	《政务数据开放平台技术规范》	DB36/T 1098—2018
广东省	《电子政务数据资源开放数据技术规范》	DB44/T 2110—2018
广东省	《电子政务数据资源开放数据管理规范》	DB44/T 2111—2018
贵州省	《政府数据　数据开放工作指南》	DB52/T 1406—2019
贵州省	《政府数据　开放数据核心元数据》	DB52/T 1407—2019
贵州省	《政府数据　开放数据质量控制过程和要求》	DB52/T 1408—2019
贵州省	《大数据开放共享安全管理规范》	DB52/T 1557—2021
山东省	《公共数据开放　第1部分:基本要求》	DB37/T 3523.1—2019
山东省	《公共数据开放　第3部分:开放评价指标体》	DB37/T 3523.3—2019
福建省	《公共信息资源开放　数据质量评价规范》	DB35/T 1952—2020
四川省	《四川省公共数据开放技术规范》	DB51/T 2848—2021

（二）标准规范内容

标准规范内容是指在标准规范中对数据更新、分级分类、应用成果展示与提交、互动交流以及开放许可授权协议作出了规定。

1. 数据更新

数据更新要求是指在标准规范中明确了确保数据得到及时并持续更新等内容。如《山东省公共数据开放技术规范》规定"应依据更新周期及时对公共开放数据进行更新，可依据5.12更新周期元数据的描述判断是否符合数据及时性的要求。"

2. 分级分类

分级分类规则是指对数据的分级分类作出规定。如《上海市公共数据开放分级分类指南（试行）》《福建省公共数据资源开放分级分类指南（试行）》对数据开放分级分类的规定详细清晰，涉及开放数据分级分类的定义、原则、方法以及分类编码等。

3. 应用成果展示与提交

应用成果展示与提交规定了数据开放平台应提供应用成果的提交与展示

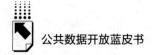

等功能。如《山东省公共数据开放技术规范》明确了数据开放平台应向社会集中展现用户利用平台上开放的数据后产生的各类数据利用成果以及应用或成果（见图1）。

4.6.1 应用成果列表页

在数据开放平台中，能够从领域和成果类型对应用成果分类进行筛选展现。

能够通过应用成果名称关键词进行检索。

应用成果的前台访问以列表形式进行展现，在列表页展现应用成果的摘要信息，包括：应用成果名称、应用发布者、所属领域、描述、查看次数、下载次数等，具有收藏和分享的快速入口。

4.6.2 应用成果详细页

各应用成果详细页提供应用成果详情展示。

提供接口的收藏、纠错功能。

提供对本应用成果的评分和评论操作功能。

4.6.3 成果提交

在个人中心中，用户可以提交自己基于开放数据开发的应用成果。

可选择服务应用、传播产品、创新方案和研究成果等类型分别上传。

填写应用名称、标签、所属领域、开发团队、基于的数据集、成果截图、成果简介描述等，提交上传后审核即可上架。

图1 《山东省公共数据开放技术规范》对应用成果
提交与展示的规定

4. 互动交流

互动交流是指规定了数据开放平台应提供与用户之间的交互功能。如《山东省公共数据开放技术规范》规定了政府数据开放平台提供的功能应便于用户与开放网站建设方进行双向沟通，如表 11 所示。

表 11　《山东省公共数据开放技术规范》对互动交流的规定

内容	具体条款
互动交流	4.9　互动交流 互动交流是指政府数据开放平台提供的功能便于用户与开放网站建设方进行双向沟通，针对具体开放网站提交评价，提出数据请求和向平台提供建议反馈等 4.9.1　数据需求功能 数据请求功能使用户可以在平台上提出其希望开放的数据，这一功能有助于数据提供方获知社会的数据需求 4.9.2　建议反馈功能 数据开放平台开设建议反馈功能向用户采集建议，包括问卷调查和填写文字性的咨询建议等方式 4.9.3　数据纠错功能 数据纠错功能是指用户可以向平台提出其发现的特定数据集存在的错误，有助于数据提供方提高开放数据的准确性
互动评论	5.4.1　评论、评分审核 平台应提供评论与纠错的审核功能，当前台用户提交了评论之后，评论并不会立即显示在前台页面，而是会先显示在后台的审核页面，管理员可以点击查看用户的评论，若管理员觉得用户的评论不适合展现在前台，可以直接删除或修改用户的评论。如果管理员觉得评论可以展现在前台，就可以点击审核通过按钮，审核通过之后，评论就可以展现在前台，可以被普通用户看到 5.4.2　纠错审核 系统的前台提供了纠错功能，当用户提交纠错信息后，后台管理员可以在后台看到用户提交的错误信息，管理员可以点击修改按钮，直接查看对应信息的修改界面，查看是否存在用户所说的错误，如果存在用户所说的错误，就可以直接修改

资料来源：《山东省公共数据开放技术规范》。

5. 开放许可授权协议

开放许可授权协议是指在标准规范中规定了数据开放平台应提供明确充分的数据开放许可协议，并在协议中保障用户免费获取、不受歧视、自由利用和分享数据的权利。如浙江和山东在其标准规范中对开放许可授权协议作出了规定:《浙江省公共数据开放技术规范》规定了每个数据集要配置单独的数据集协议,如图2所示;山东省在《山东省公共数据开放技术规范》中规定了数据开放许可授权协议的呈现方式和包含的权利内容,如图3所示。

5.3.14 数据集协议配置

每个数据集都可以配置单独的数据集协议,数据集协议里面要规定数据的使用范围、使用期限、法律依据、使用者和数据提供者双方的权利、义务等。

图2 《浙江省公共数据开放技术规范》对数据集协议的规定

4.3.4 数据使用许可协议

按照国家标准GB/T 38664.2—2020《信息技术大数据政务数据开放共享 第2部分:基本要求》"开放平台应提供明确充分的数据开放许可授权协议,保障用户免费获取、不受歧视、自由利用和分享数据的权利,授权条款可包含在开放平台的免责条款或用户协议中"相关要求,各数据目录详细页除提供数据基本信息展示、数据预览、数据下载、API服务、互动交流等功能外,明确数据使用许可协议。

协议以三种方式呈现:一是数据目录详细页展示,数据使用许可协议位于数据目录名称下方;二是数据下载点击弹框,点击下载文件,弹出"使用许可"页面,用户阅读"山东公共数据开放平台数据使用许可"后即可下载数据;三是数据服务详细页展示,数据使用许可协议位于数据服务名称下方。

协议内容包括概述、数据责任主体权利及义务、数据利用主体权利及义务、违约条款等内容,说明数据责任主体保障数据质量、响应需求的义务,明确数据利用主体免费获取、不受歧视、自由利用和分享数据的权利和保障数据安全的义务。

图3 《山东省公共数据开放技术规范》对开放许可授权协议的规定

（三）标准规范贯彻

标准规范贯彻主要考查不同层级间标准规范的贯彻呼应，包括省对国家标准的贯彻、地市对省标准的贯彻。

四　组织推进

组织推进是指开放数据的组织保障与实施推进情况。包括主管部门与内设处室、重视与支持程度、年度工作计划与方案三个下辖指标。

（一）主管部门与内设处室

主管部门与内设处室是指应当设置协调力度较强的部门作为数据开放工作的主管部门，并设立专门针对公共数据开放工作的内设处室，公开其在数据开放方面的法定职责，包括主管部门层级和内设处室两个下辖指标。

政府数据开放工作主管部门的相对行政层级对其推动工作的力度和效果至关重要，如浙江省和广东省等地的公共数据开放主管部门为省政府办公厅管理的省政府机构，重庆市的公共数据开放主管部门为市政府直属机构，广州市的公共数据开放主管部门是市政府工作部门，这样的主管部门设置有利于数据开放工作的开展，如表 12 所示。

表 12　政府数据开放主管部门及其职能

主管部门名称	机构类别	上级主管部门
浙江省大数据发展管理局	部门管理机构	浙江省人民政府办公厅
广东省政务服务数据管理局	部门管理机构	广东省人民政府办公厅
重庆市大数据应用发展管理局	政府直属机构	重庆市人民政府
广州市政务服务数据管理局	政府工作部门	广州市人民政府

　　内设处室是指设置专门负责数据开放工作的机构，公开其在数据开放方面的法定职责。贵州、杭州等多地专门规定了数据开放相关内设处室的职责内容。比如贵州省规定了大数据发展管理局数字资源管理处与数据共享开放相关的职责内容，如图4所示；杭州市规定了数据资源管理局内设机构数据资源与安全处在主要职能中与数据开放相关的工作内容，如图5所示。

(三)数据资源管理处

承担统筹数据资源建设和管理有关工作;统筹政务信息系统整合及数据共享 开放 ，指导政务大数据、信息化重大项目建设方案编制;承担省级政务大数据、信息化建设方案审核;指导监督政府部门、重点行业的重要数据资源安全保障工作。

图4　贵州省大数据发展管理局数字资源管理处职责

市数据资源局>内设机构

基本信息	领导班子	内设机构	直属单位

内设机构名称：	数据资源与安全处
主要职能：	统筹数据资源及相关基础设施建设管理，负责全市政务数据和公共数据资源的目录制定、归集治理、共享 开放 应用服务等工作。负责落实"最多跑一次"改革支撑体系建设，推动政务信息系统流程优化再造。组织协调市政府系统智慧电子政务项目和数据资源基础设施的建设、管理和绩效评估。组织实施全市政务数据和公共数据的安全保障工作，指导全市社会数据安全保障体系建设。
单位地址：	杭州市上城区解放东路18号市民中心
岗位负责人：	齐同军
邮政编码：	310016
联系电话：	0571-85250412

图5　杭州市数据资源管理局内设机构与职责

（二）重视与支持程度

　　重视与支持是指在地方政府工作报告以及数字政府领域相关方案中对数据开放工作作出安排，包括地方政府工作报告和数字政府方案两个下辖指标。政府工作报告主要考核各地方政府是否将数据开放工作写入地方政府工作报告，如日照市在2022年《日照市政府工作报告》中提出要"推动数字政府建设先行，实施数字政府强基工程，加强公共数据开放利用"。

　　数字政府方案主要考核各地在其数字政府领域的各种方案中是否对数据开放工作进行了部署和安排，如安徽省在《安徽省"数字政府"建设规划

（2020~2025 年）》中，对数据开放的具体推动措施规定得较为具体、详细；杭州市在《杭州市数字政府建设"十四五"规划》中明确了数据开放工作的具体推进措施，如表 13 所示。

表 13　部分法规政策对重视与支持程度的规定（内容节选）

法规政策	具体条款
《安徽省"数字政府"建设规划（2020~2025 年)》	推进数据资源开放利用。省市统筹推进公共数据资源开放平台建设,围绕重点领域,依法有序向社会开放公共数据资源。推动各部门制定数据开放目录、开放计划和开放规则,明确开放范围和领域。完善数据开放管理体系、审核机制和考核机制,明确主体责任,确保开放目录和数据及时更新,在确保数据安全的前提下,稳步推进政务数据集中授权开放及社会化利用,探索规范的数据市场化流通、交换机制
《杭州市数字政府建设"十四五"规划》	大力推进数据开放。制定政务数据开放管理细则,加快完善数据开放平台。围绕医疗健康、普惠金融、科创金融、企业登记、市场监管、社会保障、交通运输、气象等重点领域,探索分行业、分场景的可控"点单式"数据开放机制,优先开放民生密切相关、社会迫切需要、经济效益明显的公共数据。探索公共数据与社会数据的双向开放、融合共享及应用创新,培育新兴数字企业。以数据开放为重点赋能社会化数字应用,积极组织杭州数据开放应用大赛。探索多元主体参与公共数据资源开发利用和服务价格形成机制

（三）年度工作计划与方案

年度工作计划与方案指制定并向社会公开当年政府数据开放工作的实施细则或年度计划，包括数据集开放计划和计划完成时间两个下辖指标。

1. 数据集开放计划

数据集开放计划是指各地方在数据开放年度工作计划与方案中，列明当年度计划开放的数据集。如浙江下辖多个地市制定了 2022 年度公共数据开放清单，并在清单中明确了数据来源、数据字段、开放属性、更新时间等具体内容，其中杭州市的 2022 年公共数据开放重点清单在数据集更新频率上较高，如图 6 所示。

杭州市2022年公共数据开放重点清单

编号	新增开放数据目录名称	数源单位	数据摘要	重点领域分类	数据项名称	开放属性	更新频率	计划开放实施时间
40	公交车GPS数据信息	市城投集团	公交车GPS数据信息，包括：车牌号、纬度、经度、运营类型、记录时间、业务时间、车载机编号、线路名称、GPS速度	交通运输	车牌号	受限开放	实时	6月底前
					纬度	受限开放		
					经度	受限开放		
					运营类型	受限开放		
					记录时间	受限开放		
					业务时间	受限开放		
					车载机编号	受限开放		
					线路名称	受限开放		
					GPS速度	受限开放		
					单位所属行业	受限开放	每日	
					实际居住地	受限开放		
					核查类别	受限开放		
					单据类型	受限开放		
					备注	受限开放		
					户口所在地	受限开放		
					户籍属地	受限开放		
					工作单位	受限开放		
					特定救助对象	受限开放		
					实际居住地居住时间	受限开放		

图 6　杭州市 2022 年公共数据开放重点清单

2. 计划完成时间

完成时间是指在年度工作计划与方案中应列明各项工作计划完成的时间，如《山东省直部门（单位）公共数据开放 2022 年度工作计划》明确了各项工作的完成时间，如图 7 所示。

（三）推动数据优质高效开放

1.明确年度公共数据开放重点。6月底前，实现社会关切、需求强烈的市场监管、自然资源、教育、生态环境、气象等重点领域数据深度开放。11月底前，推动卫生健康、就业、交通、行政许可、行政处罚、企业公共信用信息等数据资源开放。

2.扩大数据开放范围。5月底前，按照“开放为原则，不开放为例外”的要求，组织省直有关部门（单位）编制本部门（单位）2022年度公共数据开放清单，明确目录名称、开放属性、开放条件、开放方式、更新频率、计划开放时间等要素，优先开放数据容量大的数据目录，有序推进其他数据目录开放，逐步扩大公共数据开放范围。组织省直有关部门（单位）分别于5月15日、11月15日前将计划上半年和下半年开放的公共数据资源进行开放。省直部门（单位）公共数据开放计划详见《山东省省直部门（单位）公共数据开放清单》（见附件）。

3.提升开放数据质量。组织省直有关部门（单位）开展数据安全自查和排查整改，对已开放的数据资源，按照承诺的更新频率及时更新，做好数据规范和核验，保证数据时效性、准确性、通用性，并及时登录省公共数据开放平台，关注本领域公共数据开放的社会需求，回应公民、法人和其他组织对公共数据的开放需求，确保开放数据资源优质高效。4月、10月，各集中开展一次开放数据质量核查工作。

（四）促进公共数据开发利用

1.鼓励支持公共数据开发利用。组织开展数创沙龙活动、公共数据开放“高校行”活动等，明确专题领域需求，推动高频需求优质数据集开放，促进开放数据应用。6月底前，完成山东省第三届数据应用创新创业大赛初赛、决赛；11月底前，启动第四届大赛有关工作，鼓励和引导各类社会主体参与公共数据深度开发利用，对优秀参赛团队、典型应用案例等进行宣传激励和孵化服务。组织省直有关部门（单位）加强已开放相关公共数据开发利用等方面的宣传，引导公共数据需求组织或个人规范高效利用数据，创造更多价值。

图 7　《山东省直部门（单位）公共数据开放 2022 年度工作计划》

杭州市在《杭州市公共数据开放 2022 年度工作要点》中，明确了各项工作的完成时间，如图 8 所示。

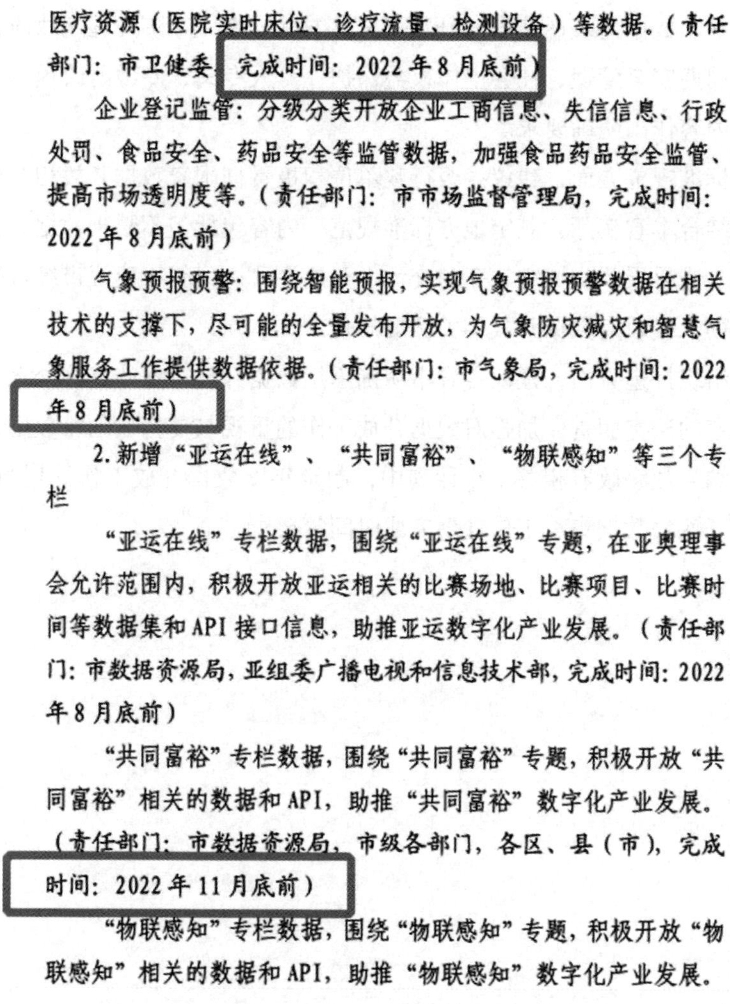

医疗资源（医院实时床位、诊疗流量、检测设备）等数据。（责任部门：市卫健委，完成时间：2022 年 8 月底前）

企业登记监管：分级分类开放企业工商信息、失信信息、行政处罚、食品安全、药品安全等监管数据，加强食品药品安全监管、提高市场透明度等。（责任部门：市市场监督管理局，完成时间：2022 年 8 月底前）

气象预报预警：围绕智能预报，实现气象预报预警数据在相关技术的支撑下，尽可能的全量发布开放，为气象防灾减灾和智慧气象服务工作提供数据依据。（责任部门：市气象局，完成时间：2022 年 8 月底前）

2. 新增"亚运在线"、"共同富裕"、"物联感知"等三个专栏

"亚运在线"专栏数据，围绕"亚运在线"专题，在亚奥理事会允许范围内，积极开放亚运相关的比赛场地、比赛项目、比赛时间等数据集和 API 接口信息，助推亚运数字化产业发展。（责任部门：市数据资源局，亚组委广播电视和信息技术部，完成时间：2022 年 8 月底前）

"共同富裕"专栏数据，围绕"共同富裕"专题，积极开放"共同富裕"相关的数据和 API，助推"共同富裕"数字化产业发展。（责任部门：市数据资源局，市级各部门，各区、县（市），完成时间：2022 年 11 月底前）

"物联感知"专栏数据，围绕"物联感知"专题，积极开放"物联感知"相关的数据和 API，助推"物联感知"数字化产业发展。

图 8 　《杭州市公共数据开放 2022 年度工作要点》

五　报告建议

在法规政策方面，建议各地提高开放数据法规政策体系的完备程度，制定针对政府数据开放的地方性法规、地方政府规章或者规范性文件，以及按行业领域制定部门规范性文件。在法规政策内容上，建议对开放范围、数据

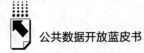

动态更新、数据无歧视获取、开放形式多样、需求与回应、省市协同推进、全生命周期安全管理、社会主体权益保护、专人专岗、专项财政预算、年度考核等内容作出明确要求。

在标准规范方面，建议省级行政单位积极贯彻国家数据开放相关标准规范，并结合本省实际，制定地方标准规范，内容包括但不限于数据更新、分级分类、成果展示与提交、互动交流、开放许可协议等；建议市级行政单位积极贯彻上级政府数据开放相关标准规范。

在组织推进方面，建议各省市明确承担数据开放工作的具体处室，公开相应处室的法定职责。加强对数据开放工作的重视与支持，如将数据开放工作明确纳入数字政府相关工作计划中，制定年度数据开放工作计划与方案，明确拟开放的数据集、工作计划完成时间等要求。

B.4
公共数据开放平台层报告（2023）

张 宏*

摘 要： 平台的建设与运营是推动政府数据开放的重要组成部分。中国公共数据开放评估中平台层的指标体系包括平台关系、开放协议、发现预览、关键数据集获取、社会数据及利用成果提交展示、使用体验和互动反馈等一级指标。与往期评估相比，平台层对指标体系进行了调整，突出了对平台运营规范、用户体验以及未来方向的关注。依据新的指标体系，本报告通过人工观察与测试的方法对各地方政府数据开放平台进行了评估并介绍了各个指标的优秀案例或整体情况供各地参考。结果显示，多数地方政府数据开放平台的功能建设和基础体验已经取得了明显进步，但优质而持续的运营维护仍是各地平台需要在未来努力完善的方向。

关键词： 政府数据 数据开放 大数据 公共数据

平台层是"数干"，是数据开放的枢纽。在政府数据开放的过程中，平台提供了连接数据供给侧和利用端的通道，是各方开放和获取数据、展示利用成果以及实现有效协同的重要载体。具体而言，平台层主要从平台关系、开放协议、发现预览、关键数据集获取、社会数据及利用成果提交展示、使用体验和互动反馈等方面进行评估。

---

* 张宏，复旦大学国际关系与公共事务学院博士研究生，数字与移动治理实验室研究助理，研究方向为政府数据开放、数字治理。

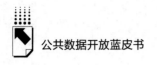

一　指标体系

延续了之前对省域平台和城市平台的差异化定位，本期报告仍然对两者的评估指标进行了差异化处理，如表1所示。一方面，省域平台和城市平台的评估均重视平台在帮助用户有效获取和利用数据上的核心作用和实际表现。另一方面，与城市平台相比，对省域平台的评估还在一级指标中包含了平台关系，关注省域内平台的互联互通以及平台间的跨区域协同。

表1　省域与城市平台层评估指标体系及权重

单位：%

一级指标	二级指标	省域评估权重	城市评估权重
平台关系	省域整体性	1.5	—
	区域协同性	0.5	—
开放协议	主动明示协议	0.25	0.25
	数据开放利用权责规范	0.75	0.75
	用户个人信息保护	0.5	0.5
发现预览	开放数据目录及时更新	0.7	0.7
	深度搜索功能	1.0	1.0
	订阅推送功能	0.4	0.4
	数据集预览功能	0.4	0.4
关键数据集获取	平台数据供给稳定性	1.5	1.5
	无条件开放数据获取	2.5	2.5
	有条件开放数据申请	2.0	2.0
	未开放数据请求	1.0	1.0
社会数据及利用成果提交展示	社会数据提交	0.5	0.5
	利用成果提交	0.25	0.25
	利用成果展示	0.25	0.25
使用体验	数据发现体验	1.5	1.5
	数据获取体验	1.5	1.5
互动反馈	公布数据发布者联系方式	0.5	0.5
	意见建议	1.0	1.0
	数据纠错	0.5	0.5
	权益申诉	1.0	1.0

与往期评估指标体系相比，平台层主要进行了以下调整。

一是新增了开放协议一级指标，完善的开放协议是平台与用户之间就数据的开放、利用等方面达成的"契约"，为各方行动的规范和权益的维护提供了基本的保障，能使得开放数据的推进更具有确定性和可持续性。

二是新增了使用体验一级指标，直接从用户的主观感受角度对数据发现和数据获取的体验进行评估。平台建得怎么样、有没有用、好不好用，用户比管理方更有发言权。不同于以往评估中主要源于客观、专业视角的指标，这一指标在实际操作中引入了"体验官"，要求其以用户的身份在使用平台后对自己的真实感受分别进行反馈。

三是对部分指标的局部调整，包括取消了部分达标率已经很高的指标的评估，结合往年评估结果新增一些体现新方向或需要特别注意的指标（如社会数据提交和平台数据供给稳定性），并提高了一些指标的要求（如在对开放数据目录评估的基础上强调及时更新，在搜索功能评估的基础上强调支持全文的深度搜索）。

二 平台体系

平台体系是指省级平台与下辖地市平台以及省外平台之间的关系，包括省域整体性和区域协同性两个二级指标。

1.省域整体性

省域整体性是指省域内平台有效整合并保持地市平台的特色性，通过地市上线率（省域内已上线政府数据开放平台的地市占下辖地市总数的比例）、省市整合度（省级平台中提供有效链接的地市平台数占省域内已上线地市平台总数的比例）、账号互通性（省域内可通过省级或国家统一账号登陆的地市平台数占省域内已上线地市平台总数的比例）以及地市特色性（省域内地市平台在栏目、功能设置等方面能够保持自身特色）四个方面进行评估。

截至 2022 年 10 月，广东省、广西壮族自治区、江苏省、江西省、山东省、四川省与浙江省所有地市均已上线了政府数据开放平台，实现了省域内地市平台的全覆盖，表明开放数据的理念已经在这些行政区域内部得到较为广泛的认同和落实，为进一步的协同和整合奠定了基础。

广东省、广西壮族自治区、贵州省、山东省、四川省与浙江省平台提供了所有已上线地市平台的有效链接并在平台首页进行集中展示，用户点击各地市平台的对应链接便可直接进行跳转访问。以山东省为例，如图 1 所示。

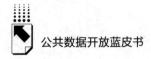

图 1　山东省平台的地市平台链接

资料来源：山东省公共数据开放网，https：//data.sd.gov.cn/portal/index。

广东省、广西壮族自治区、辽宁省、山东省与浙江省等省域内所有地市平台均提供通过统一的身份认证系统进行登录的功能，使得用户可以在省域内的平台之间实现"无感"切换，避免重复注册和登录带来的不便。以山东省为例，如图 2 所示。

贵州省、四川省、浙江省等省域内地市平台保持了自身一定的特色和独立性，在平台架构、功能设置、运营维护等方面避免了全省"千篇一律"的状况，为地市平台的个性化创新保留了空间，也便于灵活响应和满足各地数据利用者的差异化需求。

2.区域协同性

区域协同性是指省级平台通过设置区域数据专题等形式与省外平台进行协同。广东省平台在推进粤港澳大湾区数据开放、四川省与重庆市平台在推进川渝数据开放等方面进行了规划和探索，但目前尚未取得实质性的进展。

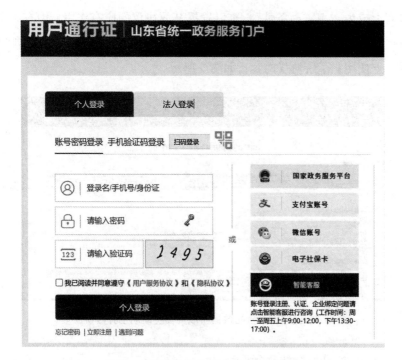

图2 山东省内平台统一身份认证系统

资料来源：山东公共数据开放网，https：//zwfw. sd. gov. cn/JIS/front/
login. do？uuid = kSwamUM s12k2&gotourl = http% 3A% 2F% 2Fdata. sd. gov. cn%
2Fportal%2Findex。

三 开放协议

开放协议是指平台公开了开放协议并在协议中对用户和平台的权利、义务等进行了规定，包括主动明示协议、数据开放利用权责规范、用户个人信息保护等三个二级指标。

1. 主动明示协议

主动明示协议是指平台主动向用户明确、公开展示开放协议。如果平台将开放协议"隐藏"得很深或者根本不向用户公开，甚至默认用户打开平台就意味着其在未查看协议的情况下就同意了协议的内容，将使得开放协议

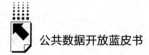

在事实上成为"单方面条款",难以发挥开放协议的应有作用。山东省平台在数据获取页面主动明示开放协议,用户在确认阅读开放协议之后才能获取数据,方便用户了解协议内容,如图3所示。

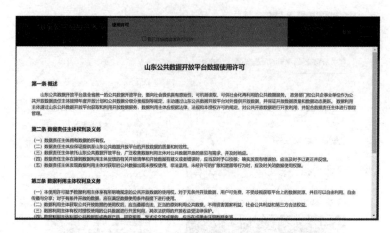

图3 山东省平台在数据获取页面主动明示开放协议

资料来源:山东省公共数据开放网,https://data.sd.gov.cn/portal/catalog/9a85eca6f5ad4baa85cb420ce06760ec。

2. 数据开放利用权责规范

数据开放利用权责规范是指开放协议中对数据的开放和利用相关的权责进行了规范,主要涉及非歧视性开放、开放利用规范的差异化以及限制用户滥用数据等方面的要求。

贵州省平台开放协议明确规定非歧视性开放原则,承诺向用户提供非歧视、包容、公平的开放数据,有利于保障开放数据的互惠性,如图4所示。

用户权利

1.您可以对自己拥有的个人资料享有随时查看、更新、补充、修改、请求删除及请求停止平台处理及利用的权利。

2.您享有对获取的政府"完全开放"数据,不受歧视的享有免费访问、获取、使用的权利。

3.您有对获取的政府"完全开放"数据有不受限制的进行商业、和非商业性利用的权利。

4.您可对获取的政府"完全开放"数据不受限制的进行自由传播、分享的权利。

5.您可以通过电子邮件或本平台数据申请功能(该建议功能全部内容可能是完全公开的)提出请求,经本平台核实后,平台会参考相关服务意见进行修改完善。

图4 贵州省平台开放协议明确规定非歧视性开放原则

资料来源:贵州省政府数据开放平台,http://data.guizhou.gov.cn/service-terms。

山东省平台开放协议对不同分级或分类数据的提供、获取和利用等分别作出规范，有利于在平台供给数据等环节兼顾规范性与灵活性，如图 5 所示。

第三条 数据利用主体权利及义务

（一）本使用许可赋予数据利用主体享有所明确规定的公共开放数据的使用权。对于无条件开放数据，用户可免费、不受歧视获取平台上的数据资源、并且可以自由利用、自由传播与分享；对于有条件开放的数据，应在满足数据使用条件前提下进行使用。
（二）数据利用主体获取公共开放数据的使用权后，应当遵循合法、正当的原则利用公共数据，不得损害国家利益、社会公共利益和第三方合法权益。
（三）数据利用主体有权对授权使用的公共数据进行开发利用，其依法获得的开发收益受法律保护。
（四）数据利用主体利用公共数据形成数据产品、研究报告、学术论文等成果的，应当在成果中注明数据来源。
（五）数据利用主体应定期向数据责任主体反馈数据利用情况，配合数据责任主体进行数据跟踪管理。
（六）数据利用主体必须依法依规使用公共开放数据，对于有条件开放的数据，未经数据责任主体授权，不得滥用、复制、传播数据。
（七）对于有条件开放的数据，数据利用主体利用过程中，应采取必要的安全保障措施，保障公共开放数据安全并接受有关部门的监督检查。
（八）对于有条件开放的数据，数据利用主体主体资格发生变化时，应向提供方重新提出使用申请。

图 5　山东省平台开放协议对数据开放利用进行差异化规范

资料来源：山东省公共数据开放网，https：//data. sd. gov. cn/portal/catalog/9a85eca6f5ad4baa85cb420ce06760ec。

山东省平台开放协议明确要求限制用户的潜在不当利用行为，以对国家安全、公共利益、商业秘密、个人隐私等进行保护，有利于限制数据开放的潜在风险，保障其持续稳定推进，如图 6 所示。

第四条 违约条款

数据利用主体在利用公共开放数据的过程中有下列行为之一，将被限制或取消数据使用权限，情节严重者，应依据有关法律法规追究其法律责任。
（一）违反山东公共数据开放平台管理制度；
（二）采用非法手段获取公共开放数据；
（三）侵犯商业秘密、个人隐私等他人合法权益；
（四）超出数据授权使用许可限制的应用场景使用公共开放数据；
（五）违反法律、法规、规章和数据授权使用许可的其他行为。

图 6　山东省平台开放协议对用户滥用数据进行限制

资料来源：山东省公共数据开放网，https：//data. sd. gov. cn/portal/catalog/9a85eca6f5ad4baa85cb420ce06760ec。

3. 用户个人信息保护

用户个人信息保护是指开放协议中明确告知用户其个人信息被采集的范围、用途、保护措施以及用户查看、修改、请求删除个人信息的权利。由于我国在安全等方面的政策要求，数据开放平台的用户在从平台上获取数据的同时往往也会在平台上留下自己的个人信息，平台有必要充分保护这部分信息的安全并保障用户的知情权。贵州省平台在开放协议中对用户个人信息保护的相关内容进行了明确告知，如图 7 所示。

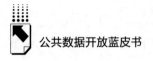

个人信息

当您在平台进行用户注册登记、定制服务、参加调查等有关活动时，在您的同意并确认下，平台会通过注册表格要求您提供一些个人资料，包括但不限于：姓名、性别、身份证号码、电话、电子邮箱地址、职业、教育程度等。用户必须保证提供的资料真实、准确、有效和完整，并随时更新登记资料，否则，平台有权取消用户登记或拒绝提供相应的服务。

信息使用

用户向平台提供的个人信息将可能用于下列用途：

1. 核实用户身份，并提供相应的服务；
2. 通过发送电子邮件或以其他方式，告知用户相关信息；
3. 执行用户的指示、回应用户或以该用户名义提出的查询、建议或举报内容；
4. 用于用户在提供信息时时特别指定的目的，例如参与网上调查、意见征集、发表评论等；
5. 用于编制有关平台使用的流量统计数据；
6. 其他促使平台管理或服务改进的用途。

信息安全

平台将采用相应的技术措施和严格的管理制度，对您所提供的个人资料进行严格的管理和保护，防止个人资料丢失、被盗用或遭窜改。为保护个人信息，必要时本平台会委托专业技术人员对所述资料进行相应处理，并将处理安排及时通知您，若您未在通知规定的时间内主动明示反对，平台会推定您已同意。如因不可抗力或计算机病毒感染、黑客攻击等特殊原因，导致所存储的用户信息被破坏、泄密并受到损失的，本平台将采取必要措施尽力减少用户的损失，但本平台对此不承担任何责任。

用户权利

1. 您可以对自己拥有的个人资料享有随时查看、更新、补充、修改、请求删除或请求停止平台处理及利用的权利。
2. 您有对获取的政府"完全开放"数据，不受歧视的享有免费访问、获取、使用的权利。
3. 您有对获取的政府"完全开放"数据不受限制的进行商业、和非商业性利用的权利。
4. 您有对获取的政府"完全开放"数据不受限制的进行自由传播、分享的权利。
5. 您可以通过电子邮件或本平台数据申请功能（该建议功能全部内容可能是完全公开的）提出请求，经本平台核实后，平台会参考相关服务意见进行修改完善。

图7　贵州省平台开放协议对个人信息的保护

资料来源：贵州省政府数据开放平台，http：//data. guizhou. gov. cn/privacy；贵州省政府数据开放平台，http：//data. guizhou. gov. cn/service-terms。

四　发现预览

发现预览是指政府数据开放平台以便捷的方式帮助用户发现数据，并在用户获取数据前，提供数据集部分内容的预览功能，包括开放数据目录及时更新、深度搜索功能、订阅推送功能和数据集预览功能四个二级指标。

1. 开放数据目录及时更新

开放数据目录及时更新是指平台提供可下载并及时更新的所有已开放数据资源的完整目录。开放数据目录可对数据开放平台上所有数据资源进行集中而简要地展示和介绍，便于用户快速了解平台开放数据的整体情况。上海市平台提供了可下载的开放数据目录，其中列举了数据资源提供部门、数据集 ID、数据资源名称、数据领域、开放条件、浏览量、下载量、接口调用量、数据资源内容描述、数据资源类型、数据资源状态、更新频率、开放属性、首次发布日期和最近更新日期等信息，如图 8 所示。

2.深度搜索功能

深度搜索功能是指平台对数据集和利用成果提供可有效就标题、摘要或数据内容进行搜索的功能。深度搜索功能可使用户按照自己的需求对平台提供的资源进行深度检索，以快速定位有价值的数据集或利用成果。上海市平台提供了具备多种筛选项的高级搜索功能，筛选项包括资源类型、数据领域、数据提供部门、开放属性等，除了数据集之外还支持对利用成果的搜索，有利于用户对自己所需的资源在全平台范围内进行快速查找。此外，除了数据集和文件资源标题中的关键词之外，也支持用户输入数据项和参数等部分的关键词进行搜索，例如以"委托"为关键词进行搜索的结果中包含了标题中没有"委托"字样但数据说明中有"委托"字样的数据集，从而实现更深度的搜索，如图 9 所示。

3.订阅推送功能

订阅推送功能是指平台在用户订阅的数据集更新时为其提供推送更新的功能和服务。广东省平台提供了数据集订阅推送功能，用户可分别订阅自己感兴趣的数据集，平台为用户推送数据更新，帮助其及时追踪最新数据，如图 10 所示。

4.数据集预览功能

数据集预览功能是指平台在用户获取无条件开放数据和有条件开放数据之前，提供数据集的部分内容供其预览。数据集预览功能可使用户在获取数据之前查看数据集的部分内容，从而大致判断该数据集的质量或者价值，以避免申请无用数据等带来的额外成本。目前，多数地方平台仅针对无条件开放数据提供了预览功能，而杭州市平台则提供了覆盖无条件开放数据和有条件开放数据的预览功能，用户在数据集详情页面便可查看前 10 条数据的具体内容，如图 11、图 12 所示。

数据资源提供部门	数据集ID	数据资源名称	数据资源所属领域	开放条件	浏览量	下载量	接口调用量	数据资源内容描述	数据资源类型	数据资源源状态	更新频率	开放属性	首次发布日期	最近更新日期
上海市统计局	AC500020150	1978年以来t	城市建设	无条件开放&.8	106696	55307	0	1978年以来上海t主t	数据产品	已发布	每年	无条件开放	2020-01-02	2023-05-23 12:11:03
上海市教育委员会	AA40020140	上海市普通高校	教育科技	无条件开放&.8	101582	63728	1447	统计本市普通高等学校数量	数据产品	已发布	每年	无条件开放	2021-01-19	2022-12-29 00:10:59
上海市文化和旅游局	AC90020160	上海旅游统计t文化t网	文化休闲	无条件开放&.8	39161	23226	0	旅游院监督管理平台监出售	数据产品	已发布	每年	无条件开放	2016-01-14	2022-10-14 17:39:44
上海市文化和旅游局	AC90020160	上海旅游统计t文化t网	文化休闲	无条件开放&.8	33559	20514	0	旅游院监督管理平台均出售	数据产品	已发布	每年	无条件开放	2016-01-15	2022-10-14 17:35:36
上海市文化和旅游局	AC90020160	上海旅游统计t文化t网	社会发展	无条件开放&.8	31930	19640	0	入境外国人及主要客源事	数据产品	已发布	每年	无条件开放	2016-01-14	2022-10-14 17:38:28
上海市统计局	AC51020130	统计年鉴数据	社会发展	无条件开放&.8	28301	3975	1	提供t（上海市t年鉴）	数据产品	已发布	每年	无条件开放	2013-01-28	2020-01-02 18:15:19
上海市文化和旅游局	AB70020140	上海各类博物馆	文化休闲	无条件开放&.8	25979	13006	0	提供上海各类博物馆t	数据产品	已发布	每年	无条件开放	2012-12-31	2022-10-13 16:26:42
上海市科学技术委员会	AA500020150	2019-2022高新技	经济建设	无条件开放&.8	24808	10726	0	高新技术企业t年度t	数据产品	已发布	静态数据	无条件开放	2012-11-19	2023-03-03 21:02:02
上海市水务局	AB60020123	各主要取水口水质	资源环境	无条件开放&.8	24525	16748	0	各主要取水口水质经济t	数据产品	已发布	静态数据	无条件开放	2012-12-07	2022-02-24 10:58:58
上海市水务局	AB900020150	上海t中小规区公	资源环境	无条件开放&.8	24349	8890	420	市属公共t水大规区企业t	数据产品	已发布	静态数据	无条件开放	2015-10-30	2021-11-01 17:44:46
上海市交通委员会	AH100020160	城市道路信息	道路交通	无条件开放&.8	19392	7910	1256	全t城市道路t的空间信息	数据产品	已发布	每月	无条件开放	2021-05-12	2021-11-11 10:50:54
上海市文化和旅游局	AD41020120	二手房t售出t	民生服务	无条件开放&.8	19047	9360	0	对一手房t增及t信息t	数据产品	已发布	静态数据	无条件开放	2016-10-28	2023-02-08 16:09:15
上海市商务委员会	AB60020150	上海t菜篮工	民生服务	无条件开放&.8	18807	2979	0	全t公共t获取t	数据产品	已发布	静态数据	无条件开放	2012-11-22	2023-02-10 17:10:19
上海市文化和旅游局	AB610020150	上海国家非物质	文化休闲	无条件开放&.8	18482	2061	0	上海市非遗工程t等t	数据产品	已发布	每年	无条件开放	2016-01-15	2022-09-27 11:04:38
上海市公安局	AA70020130	派出所基本落t	社会安全	无条件开放&.8	18465	15804	0	旅游社团t院旅游组团入	数据产品	已发布	每年	无条件开放	2021-05-11	2022-10-28 15:53:30
上海市经济和信息化委	AG800020140	电力t基础t平台t	资源环境	无条件开放&.8	18110	8064	0	上海t院t站t出t所t	数据产品	已发布	每年	无条件开放	2014-11-07	2023-01-04 17:10:04
上海市统计局	2e90ef351d	住房t平台t信息	社会发展	无条件开放&.8	17852	7534	0	本日最高t使用t	数据产品	已发布	每天	无条件开放	2016-11-07	2023-01-04 17:10:04
上海市统计局	AC90020160	上海t统计t文化t网	文化休闲	无条件开放&.8	17160	467	619	住房t社t会信息t包括t	数据产品	已发布	每天	无条件开放	2016-01-15	2022-09-23 16:26:23
上海市公安局	AC90020160	上海t院t信息t	社会安全	无条件开放&.8	16997	15059	0	旅游社团t t旅游t	数据产品	已发布	每年	无条件开放	2016-01-15	2022-10-14 17:41:19
上海市公安局	AC50020120	历年t散t	社会安全	无条件开放&.8	16512	14586	0	旅游t的t状t，探t入t	数据产品	已发布	每年	无条件开放	2021-05-31	2023-09-28 11:58:54
上海市住房和城乡建设	AC500020120	全社会t用t量	社会发展	有基础的t院t	15991	4498	0	提供t1978年t以来t	数据产品	已发布	每年	有条件开放	2014-11-07	2022-09-30 15:04:02
上海市住房和城乡建设	AA70020140	房屋t建院t信息t规度	道路交通	无条件开放&.8	15386	7309	0	全社会t用t量t的所t	数据产品	已发布	不定期更新	有条件开放	2021-05-11	2022-01-05 17:29:09
上海市生态环境局	AA70020150	地表水t况t	道路交通	无条件开放&.8	14880	6913	0	内容t院t院t的t	数据产品	已发布	不定期更新	无条件开放	2014-12-29	2022-10-28 16:44:30
上海市国有资产监督管	AC40020150	上海t院t况t状t	社会安全	无条件开放&.8	13963	5158	0	上海市t t上院t动力t	数据产品	已发布	每年	无条件开放	2020-01-02	2023-06-07 15:55:56
上海市经济和信息化委	AB00020122	上海t院t民生t建设t	民生服务	无条件开放&.8	13307	2945	0	上海t准t况t监t所t	数据产品	已发布	每年	无条件开放	2012-12-07	2023-03-07 09:22:47
上海市经济和信息化委	AC30020150	上海t院t况t经济t建设t	经济建设	无条件开放&.8	13293	7181	0	上海t院t况t平t单t	数据产品	已发布	静态数据	无条件开放	2015-10-22	2022-02-18 17:30:25
上海市公安局	AC500020150	历久人口t普查t	社会发展	无条件开放&.8	13045	4155	0	上海t历次t况t的t况t	数据产品	已发布	不定期更新	无条件开放	2014-11-07	2022-10-08 10:00:49
上海市住房和城乡建设	AG800020140	t业t建设	工业园区	无条件开放&.8	12999	4680	0	上海市工业园区的t信况t	数据产品	已发布	每年	无条件开放	2015-10-22	2022-09-30 15:04:02
上海市公安局	AA70020100	摄像头t记t t业t情数据	民生服务	无条件开放&.8	12852	5232	0	上海t公安t像头t的t	数据产品	已发布	不定期更新	有条件开放	2021-05-11	2017-12-09 17:29:09
上海市水务局	AB90020140	区t水厂t行政t	资源环境	无条件开放&.8	12474	4819	0	区t水况t院t业t企业t	数据产品	已发布	不定期更新	无条件开放	2014-12-29	2023-06-07 15:35:56
上海市统计局	AC10020150	项目t刊t	经济建设	无条件开放&.8	11785	4057	0	内容t状t院t上海市t	数据产品	已发布	每季度	无条件开放	2020-01-02	2023-04-06 16:11:01
上海市住房和城乡建设	AD40020120	房院t工程t建院t	城乡建设	无条件开放&.8	11710	5125	57	保障t院t工程t信息t	数据产品	已发布	每年	无条件开放	2015-07-23	2022-03-01 16:44:51
上海市交通委员会	AH100020150	公交线路t院t	道路交通	无条件开放&.8	11509	3077	0	上海市公交线路t的t上t	数据产品	已发布	不定期更新	无条件开放	2014-11-07	2023-02-03 14:29:44
上海市国有资产监督管	AG800020140	重点中央t产t经济t建设	经济建设	无条件开放&.8	11203	3723	0	重点中央t产t企业t的t	数据产品	已发布	不定期更新	无条件开放	2017-12-14	2020-01-02 18:15:19
上海市交通委员会	2e90ef3603	城市t轨院t道路t	道路交通	无条件开放&.8	11126	30	0	城市t轨院t增t信息t	数据集	已发布	每月	有条件开放	2012-12-14	2020-01-02 18:15:19
上海市卫生健康委员会	AA70020160	一手房t院t变t管理度t	卫生健康	无条件开放&.8	10943	1350	169	对一手房t盘及t成交t情数据	数据产品	已发布	每月	无条件开放	2012-11-22	2023-09-30 02:36:48
上海市经济和信息化委	AB800020160	全市t院t机构t	卫生健康	无条件开放&.8	10905	5063	0	统计t院t状t机构t、t	数据产品	已发布	静态数据	无条件开放	2020-05-02	2022-10-28 16:15:00
上海市经济和信息化委	2e90ef4f4603	电动自行车t院t道路交通	道路交通	无条件开放&.8	10841	104	0	获取电动自行车t目录t况t	数据产品	已发布	静态数据	有条件开放	2017-12-25	2022-10-28 16:15:00
上海市交通委员会	2e90ef35a9	快速路院t短院t道路交通	道路交通	无条件开放&.8	10765	19	0	快速路院t短院t信息t	数据集	已发布	即时	有条件开放	2017-12-14	2020-01-02 18:15:19

图 8 上海市平台的开放数据目录

资料来源：上海市公共数据开放平台，https://data.sh.gov.cn/view/data-resource/index.html。

图9 上海市平台的深度搜索功能

资料来源：上海市公共数据开放平台，https：//data. sh. gov. cn/view/data-resource/index. html。

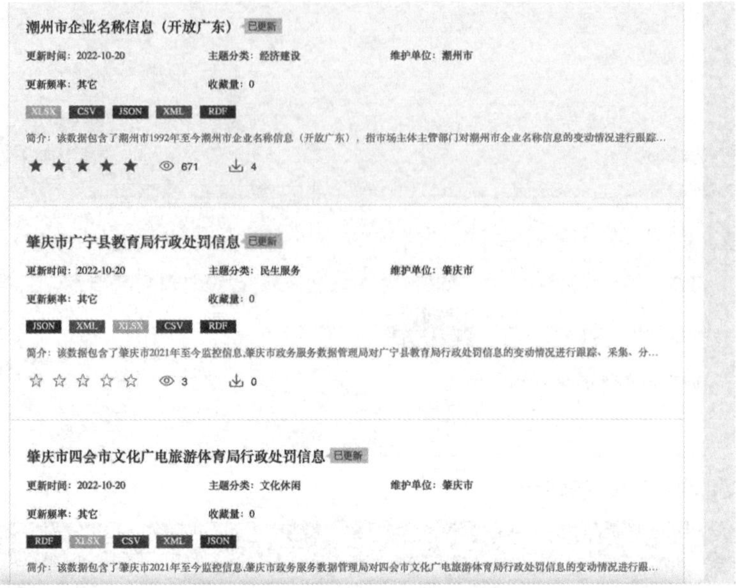

图 10　广东省平台的订阅推送功能

资料来源：“开放广东”全省政府数据统一开放平台门户网站，https：//gddata. gd. gov. cn/personal。

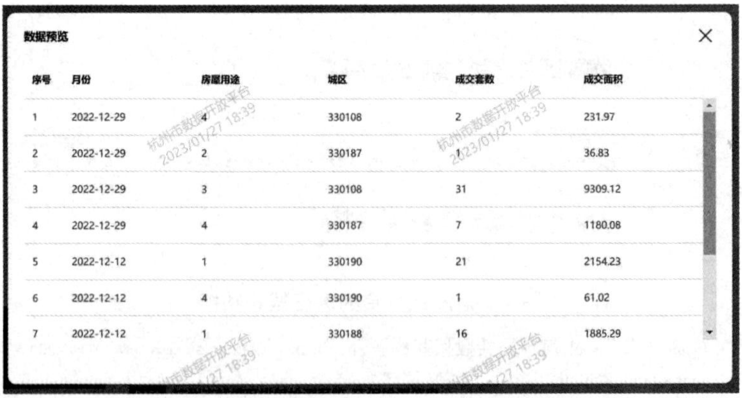
数据预览

序号	月份	房屋用途	城区	成交套数	成交面积
1	2022-12-29	4	330108	2	231.97
2	2022-12-29	2	330187	1	36.83
3	2022-12-29	3	330108	31	9309.12
4	2022-12-29	4	330187	7	1180.08
5	2022-12-12	1	330190	21	2154.23
6	2022-12-12	4	330190	1	61.02
7	2022-12-12	1	330188	16	1885.29

图 11　杭州市平台的无条件开放数据预览功能

资料来源：杭州市数据开放平台，https：//data. hangzhou. gov. cn/dop/tpl/dataOpen/dataList. html？source_ type=DATA。

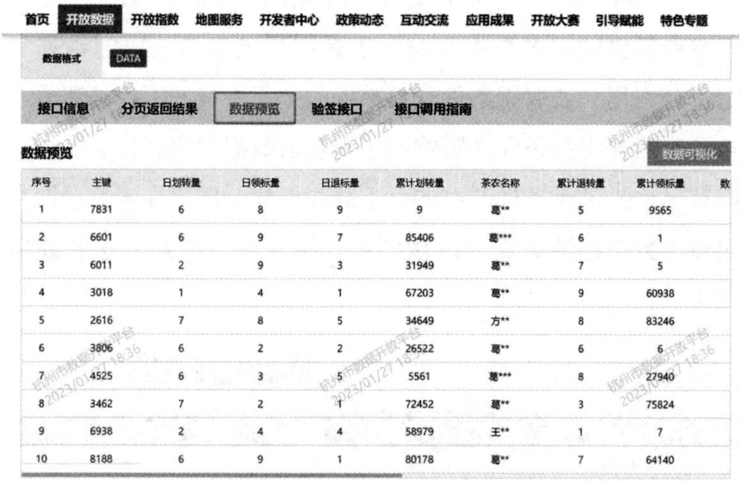

序号	主键	日划转量	日领标量	日退标量	累计划转量	茶农名称	累计退转量	累计领标量	数
1	7831	6	8	9	9	葛**	5	9565	
2	6601	6	9	7	85406	葛***	6	1	
3	6011	2	9	3	31949	葛**	7	5	
4	3018	1	4	1	67203	葛**	9	60938	
5	2616	7	8	5	34649	方**	8	83246	
6	3806	6	2	2	26522	葛**	6	6	
7	4525	6	3	5	5561	葛***	8	27940	
8	3462	7	2	1	72452	葛**	3	75824	
9	6938	2	4	4	58979	王**	1	7	
10	8188	6	9	1	80178	葛**	7	64140	

图 12　杭州市平台的有条件开放数据预览功能

资料来源：杭州市数据开放平台，https：//data. hangzhou. gov. cn/dop/tpl/dataOpen/apiDetail. html? source_ id = 81788&source_ type = API&source_ type_ str = B。

五　关键数据集获取

关键数据集获取是指平台提供了便于用户获取目标关键数据集的功能和服务，包括平台数据供给稳定性、无条件开放数据获取、有条件开放数据申请和未开放数据请求四个二级指标。

1. 平台数据供给稳定性

平台数据供给稳定性是指平台可稳定访问而不会出现频繁维护或下线的情况。目前，多数地方平台都能维持较为稳定的数据供给，但也有部分平台存在无法访问、网站崩溃等问题。

2. 无条件开放数据获取

无条件开放数据获取是指平台提供便于用户获取无条件开放类数据集的功能和服务。

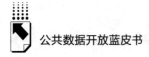
在"开放为常态，不开放为例外"原则的指导下，无条件开放数据已成为多数平台提供的主要数据类型，也是用户最容易获取的数据类型。然而，部分平台在用户获取无条件开放数据的过程中设置了登录账号、实名认证以及申请理由等限制条件，影响了用户获取数据的便利性。

上海市平台提供无条件开放的可下载数据集，用户在未登录账号的情况下，通过点击数据详情页面的链接便可直接获取，提升了获取数据的便利度，如图 13 所示。

图 13　上海市平台可直接获取的无条件开放数据

资料来源：上海市公共数据开放平台，https：//data. sh. gov. cn/view/detail/index. html？type＝cp&&id＝AC5002015050&&dataset ＿ name＝1978％E5％B9％B4％E4％BB％A5％E6％9D％A5％E4％BD％8F％E5％AE％85％E6％8A％95％E8％B5％84％E5％92％8C％E7％AB％A3％E5％B7％A5％E5％BB％BA％E7％AD％91％E9％9D％A2％E7％A7％AF。

3. 有条件开放数据申请

有条件开放数据申请是指平台提供便于用户获取有条件开放类数据集的功能和服务，包括列明开放数据集的条件、条件的非歧视性、提供申请渠道以及及时回复并公开数据申请结果等方面。

除了无条件开放数据之外，部分政府数据对数据安全和处理能力的要求较高、时效性较强或者需要持续供给，各平台通常将这类数据列入有条件开放范围，用户申请时需要满足某种准入条件。

山东省平台在有条件开放数据集详情页面提供了"目录申请"功能，用户在选择申请的资源后，需要填写申请人姓名、联系电话、联系邮箱、申请事由、使用时间、应用场景等必填信息，并可上传安全保障措施、应用场景附件、安全管理组织架构说明、企业安全管理规范、安全管理人员信息、对接系统安全与评级、系统对接方案、相关证明材料等附件，如图 14 所示。山东省平台还在互动交流栏目下对外公开了用户的申请结果，包括资源名称、申请者（已匿名化处理）、申请时间、申请理由、申请状态、审核部门、审核时间和回复内容等信息，如图 15 所示。

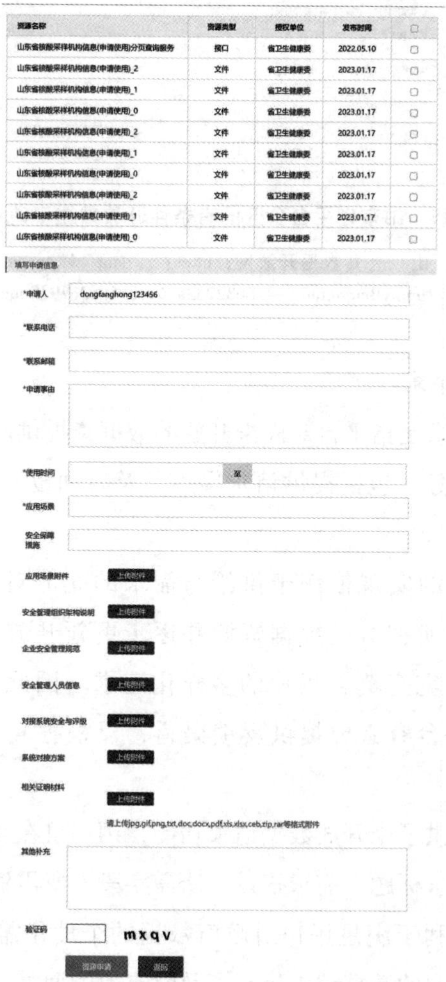

图 14　山东省平台的有条件开放数据申请功能

资料来源：山东公共数据开放网，https：//data. sd. gov. cn/portal/catalog/f829668078654b9abe99 cc89221bd50d/apply。

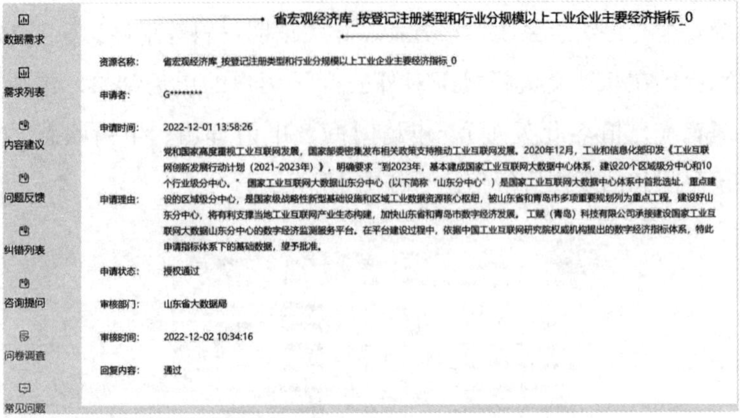

图 15　山东省平台公开的有条件开放数据申请结果

资料来源：山东公共数据开放网，https：//data. sd. gov. cn/portal/interact/
dataApplyDetail？ applyBatchnum＝e4166322a2ae44eba5da2c7920bde386。

4. 未开放数据请求

未开放数据请求是指平台对尚未开放的数据集提供便于用户进行数据开放请求的功能和服务，包括提供请求渠道、及时回复并公开请求和回复等方面。

开放数据价值的实现依赖于供给与需求的充分对接。目前，尽管各地方政府正在梳理所拥有的数据资源并逐步更新开放目录，但平台的数据开放范围仍难以完全覆盖用户的多样化需求。因此，针对用户未被满足的数据需求，平台有必要提供反馈渠道，以根据真实需求确定开放数据调整方向。

贵州省平台提供了未开放数据请求功能，用户可在互动中心栏目下提交数据需求，包括需求标题、需求描述、所需字段、所需资源类型和可提供数据部门等内容，有利于满足用户对政府数据的个性化需求，如图 16 所示。贵州省平台还对用户的数据请求进行了及时有效的回复，并对外公开了用户请求和平台回复，如图 17、图 18 所示。

图 16　贵州省平台的未开放数据请求功能

资料来源：贵州省政府数据开放平台，http：//data. guizhou. gov. cn/information/active-center。

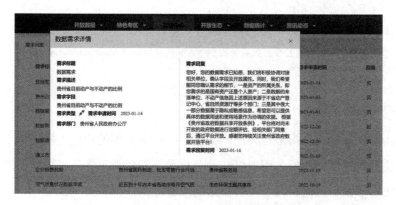

图 17　贵州省平台对未开放数据请求的回复

资料来源：贵州省政府数据开放平台，http：//data. guizhou. gov. cn/information/active-center。

六　社会数据及利用成果提交展示

社会数据及利用成果提交展示是指平台提供社会数据和利用成果提交功能，并集中展示用户利用平台上开放的数据所产生的各类数据利用成果，包括社会数据提交、利用成果提交、利用成果展示三个二级指标。

需求列表	需求申请		
所需数据资源	可提供数据部门	申请人	申请时间
贵州省2016-2018年市场监管局食品…	贵州省市场监督管理局	宋**	2023-09-26
贵州省2012-2022结婚和离婚登记概况	贵州省统计局	高**	2023-09-21
贵州省近3-5年高速公路交通事故历…	贵州省交通运输厅	邹**	2023-09-14
新能源汽车数量	贵州省道路运输局	于**	2023-09-13
黔西市黄粑生产经营企业数	黔西市市场监督管理局	曾**	2023-09-11
铜仁市餐饮外卖商户数量	铜仁市市场监督管理局	席**	2023-09-04
新能源汽车数量	贵州省公安厅交通管理局	于**	2023-08-24
贵州省一般公共预算支出决算分类…	贵州省财政厅	陈**	2023-08-18
测试	电子证照基础信息库(已停用)	丰**	2023-08-10
新能源汽车保有及占比数据	贵州省公安厅交通管理局	于**	2023-07-30
贵阳市农药经营企业信息	贵阳市农业农村局	陈**	2023-07-29
贵阳市小额贷款公司信息	贵阳市金融办	陈**	2023-07-29

共107条 < 1 2 3 4 5 6 … 9 > 前往 1 页

图18 贵州省平台公开的未开放数据请求和平台回复

资料来源：贵州省政府数据开放平台，http：//data. guizhou. gov. cn/information/active-center。

1. 社会数据提交

社会数据提交是指平台为用户提供上传社会数据的功能。杭州市平台提供了社会数据提交功能，用户可在社会目录编制栏目下将其采集、整理的数据提交给平台，从而扩大了平台数据的来源范围，如图19所示。

2. 利用成果提交

利用成果提交功能是指平台为利用者提供上传数据利用成果的功能。除了协助用户获取数据资源之外，平台还承担着汇集基于开放数据的利用成果的功能，以服务于数据资源的开发利用活动，因而需要为数据利用者提供提交利用成果的渠道。

德州市平台在数据应用栏目下为利用者提供了上传应用的功能，支持提交移动 app、网页应用、分析报告、小程序、创新方案、可视化应用等类型的成果，开发者填写所需信息经审核通过即可成功上传，如图20所示。

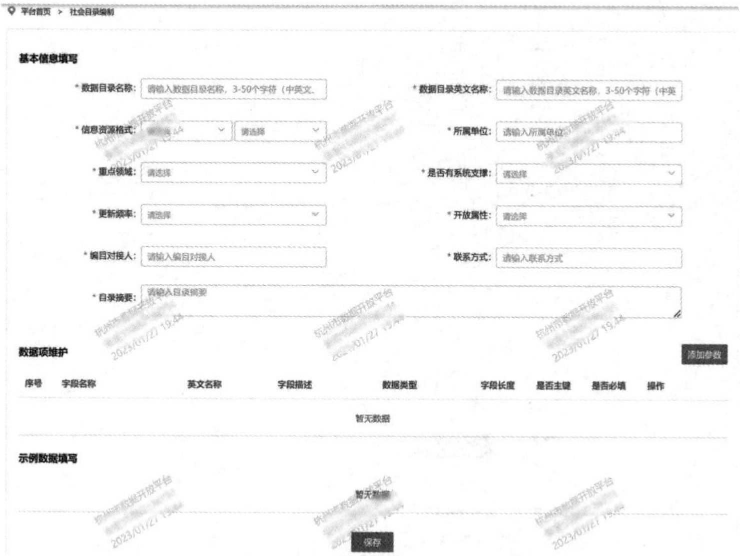

图 19　杭州市平台的社会数据提交功能

资料来源：杭州市数据开放平台，https://data.hangzhou.gov.cn/dop/tpl/dataOpen/catalogSave.html。

3. 利用成果展示

利用成果展示是指平台具有展示多种类型、多种来源的数据利用成果的功能，通过利用成果类型和利用成果来源两个方面进行评估。

在平台上展示基于开放数据进行开发而产生的利用成果，有利于促进用户了解开放数据的利用产出情况，同时提高利用成果的"曝光度"，推动数据开放与利用生态的完善，保障开放数据资源价值的充分发掘。

德州市平台在数据应用栏目下提供了应用成果展示功能，集中展示了移动应用、web 应用、分析报告、小程序、创新方案、可视化应用等类型的成果，用户可浏览或体验已展示的利用成果，如图 21 所示。

德州市平台在应用简介页面提供了数据集名称、数据提供部门和开发利用者等信息项，其中展示的数据集均可通过链接直接跳转到对应的数据集详情页面，便于用户了解利用成果的来源信息，如图 22 所示。

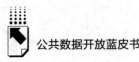

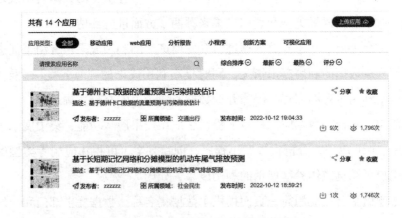

图20 德州市平台的利用成果提交功能

资料来源：德州市公共数据开放网，http：//dzdata.sd.gov.cn/dezhou/application/upload。

共有 14 个应用 　　　　　　　　　　　　　　　　　　　　　　　上传应用

应用类型： 全部　移动应用　web应用　分析报告　小程序　创新方案　可视化应用

请搜索应用名称　　　　　　　　　　　　综合排序　最新　最热　评分

基于德州卡口数据的流量预测与污染排放估计　　　　　分享　收藏
描述：基于德州卡口数据的流量预测与污染排放估计
发布者：zzzzzz　所属领域：交通出行　发布时间：2022-10-12 19:04:33
　　　　　　　　　　　　　　　　　　　　9次　1,796次

基于长短期记忆网络和分摊模型的机动车尾气排放预测　　　分享　收藏
描述：基于长短期记忆网络和分摊模型的机动车尾气排放预测
发布者：zzzzzz　所属领域：社会民生　发布时间：2022-10-12 18:59:21
　　　　　　　　　　　　　　　　　　　　1次　1,746次

图21 德州市平台展示的利用成果类型

资料来源：德州市公共数据开放网，http：//dzdata.sd.gov.cn/dezhou/application/。

图 22　德州市平台展示的利用成果来源

资料来源：德州市公共数据开放网，http：//dzdata. sd. gov. cn/dezhou/application/ c5df8bf2af7541b3a9f823bd82ce702f。

七　使用体验

使用体验是指用户在平台使用过程中的主观体验评价，主要包括数据发现体验（用户在平台上寻找所需数据过程中的主观体验）和数据获取体验（用户在平台上获取所需数据过程中的主观体验评价）两个方面，由"体验官"对各个平台实际使用后进行评价。如图 23 所示，根据"体验官"在各平台评估中的反馈，无条件开放数据是最受关注的数据类型；在平台上常见的登录、搜索（检索）、预览、申请（审批、审核）、下载等环节的功能中，申请、登录和下载对用户体验影响最为显著；在用户对平台及服务的评价中，清晰（模糊）、便捷（烦琐）、可用、稳定等是最为关键的几个维度。

具体到各个平台的不足与亮点，"体验官"的反馈经整理后如图 24 所示。除了基本的数据发现功能与数据获取功能，平台的整体运营和数据供给状况也对用户体验有着显著的影响。按照各个要素的反馈量从高到低进行排序，各地平台的不足与亮点表现在整体体验、数据获取功能、数据供给和数据发现功能四个方面。其中，整体体验包括账户体验、平台稳定性和平台设计；数据获取功能包括获取便利度和获取有效性；数据供给包括数据信息、数据格式、数据质量和数据数量及类型；数据发现功能依次包

图23 各地平台使用体验反馈关键词

不足

整体体验	数据获取功能	数据供给	
			-数据格式- 只有单个或少数数据格式（23）
-账户体验- 无法注册、认证或登录（51），注册或实名认证流程烦琐（28），反复要求登录或提交信息（8）		-数据信息- 命名不清晰（11），描述信息缺失或不清晰（40）	-数据质量- 数据集空白或损坏（15），数据乱码（2）
			数据数量及类型 没有数据（5），完整件开放数据很少（3）
-平台设计- 跳转逻辑不合理（19）、页面显示不完善（8）、版块或栏目重复（2）、功能指引缺失或不明确（2）	-获取便利性- 需要登录或实名认证（79）、数据申请流程繁琐（34），申请审核慢（24）	**数据发现功能**	
-平台稳定性- 平台无法访问（24），平台页面卡顿或崩溃（45）	-获取有效性- 无法获取（34），个人用户无法获取有条件开放数据（10）	-数据搜索- 入口不显眼（2），功能失效（3），高级搜索缺失（58）	-数据预览- 功能缺失或失效（25），需要登录（2）
			分类导航 分类不准确（4）

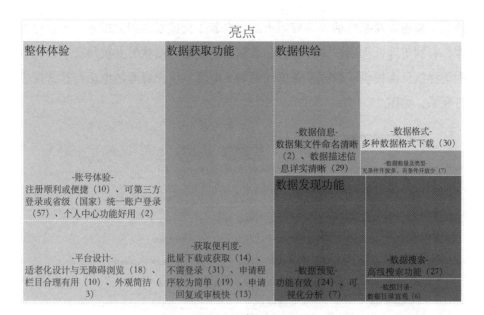

图24 各地平台使用体验的不足与亮点

括数据搜索、数据预览、数据目录。值得注意的是，平台稳定性、获取有效性、数据质量、分类导航四项均只出现在不足中，而没有"体验官"在亮点中提及。但这并不意味着全国没有地方平台在这些方面表现良好，而是说明这些方面已经成为默认需要做好的基本维度。在这些维度达到高水平并不一定会为用户带来惊喜，但如果出现严重的问题则会对用户体验造成极为不利的影响。

八 互动反馈

互动反馈是指平台提供便于用户与平台、数据提供方进行互动反馈的功能和服务，包括公布数据发布者联系方式、意见建议、数据纠错和权益申诉四个二级指标。

1. 公布数据发布者联系方式

公布数据发布者联系方式是指平台提供数据集发布者的联系方式，包括

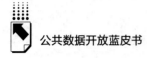

地址、邮箱和联系电话等。有需求的用户若能直接联系到数据发布者进行交流，有利于降低沟通成本并改善开放数据的供需对接状况。杭州市平台在数据集详情页面提供了数据发布部门的联系电话，用户可通过电话与其直接进行联系，如图25所示。

资源代码	MF77Z/20210421114713528...	更新周期	每日	资源格式	数据库-MySQL
发布部门	杭州市·市审管办	数据单位地址	解放东路18号市民中心H座	联系电话	0571-85085035
数据领域	其他	下载量	8	访问量	135
开放等级	登录开放	数据范围	本市	服务分类	政府资源管理
数据更新时间	2023-01-21 18:03:32	目录发布时间	2023-01-13 09:09:57	数据量	27564
所属区县	杭州市	评分/评价次数	0	行业分类	公共管理、社会保障和社会组织
主题分类	无	数据使用协议	查看	数据字典	下载

图25 杭州市平台提供的数据发布者联系方式

资料来源：杭州市数据开放平台，https：//data. hangzhou. gov. cn/dop/tpl/dataOpen/dataDetail. html？source ＿ id＝79734&source ＿ type＝DATA&source ＿ type＿ str＝A&version＝2&source＿ code＝MF77Z/20210421114713528016。

2. 意见建议

意见建议是指平台为用户提供提交意见或建议的功能和服务，对收到的意见建议进行及时有效的回复，并公开意见建议和回复。平台的功能设置、日常运营等状况对用户的使用体验有较大影响，也关系到数据开放与利用的效果，而使用者比管理方更能发现实际运行中的问题，因而平台有必要为用户的意见建议反馈提供渠道。

日照市平台提供了意见建议功能，用户在选择建议类型并填写标题、描述等信息后便可提交建议，对平台的功能和数据等方面的不足进行反馈，帮助平台改善服务质量，如图26所示。日照市平台在日常运营中也对用户的意见建议进行了及时有效的回复，并在建议列表中对外公开了用户意见建议和平台回复，如图27、图28所示。

内容建议

建议类型	○ 功能方面　○ 数据方面
标题	请输入标题
描述	请输入描述
验证码	8ex4

提交

图26　日照市平台的意见建议功能

资料来源：日照公共数据开放网，http：//rzdata.sd.gov.cn/rizhao/interact/suggestion/。

「标题」增加社会数据提交功能

描述：希望能增加社会数据提交功能，方便第三方提交自己拥有的数据

「管理员」

您好，已收到您的建议，平台会对您的意见进行评估，并确认可行性。目前来看平台确实缺少此类功能，数据提交权限的开放意味着数据治理将更加复杂，并且可能会导致数据质量的下降，还需进一步斟酌

图27　日照市平台对意见建议的回复

资料来源：日照公共数据开放网，http：//rzdata.sd.gov.cn/rizhao/u/mysuggest。

建议列表　　　　　　　　　　　　　　　请输入关键词　🔍

「标题」首页设置　　　　　　　　　　　　　2022-10-18 22:27:48

描述：建议数据开放网首页体现日照特色。

「管理员」　　　　　　　　　　　　　　　2022-10-19 15:49:24

这位朋友您好，您的意见已收悉。日照公共数据开放网为山东公共数据开放网的子站点，首页页面展示方面，为全省统一规划设计，体现开放网山东统一品牌理念。感谢您的意见建议，我们也会综合考量，推动日照公共数据开放网后续版面设计等优化提升。

「标题」增加社会数据提交功能　　　　　　　2022-08-17 22:09:39

描述：希望能增加社会数据提交功能，方便第三方提交自己拥有的数据

「管理员」　　　　　　　　　　　　　　　2022-08-29 19:27:28

您好，已收到您的建议，平台会对您的意见进行评估，并确认可行性。目前来看平台确实缺少此类功能，数据提交权限的开放意味着数据治理将更加复杂，并且可能会导致数据质量的下降，还需进一步斟酌

「标题」建议增加权益申诉功能　　　　　　　2022-05-12 15:53:43

描述：建议增加权益申诉功能

「管理员」　　　　　　　　　　　　　　　2022-05-12 16:09:57

谢谢您的建议，我们将积极采纳，建立更加完善的数据功能机制。感谢您的支持。

图28　日照市平台公开的意见建议和平台回复

资料来源：日照公共数据开放网，http：//rzdata.sd.gov.cn/rizhao/interact/suggestion/。

3. 数据纠错

数据纠错是指平台为用户提供对数据集进行纠错的功能和服务，对收到的数据纠错意见进行及时有效的回复，并公开纠错和回复。平台开放的数据集可能在数据内容的准确性、完整性、时效性等方面存在缺陷或错误，不利于进一步开发利用甚至会对利用者产生误导，因而平台有必要为利用者设置数据纠错的反馈渠道。

贵州省平台提供了数据纠错功能，用户在数据集详情页面点击纠错，便可针对特定数据集存在的问题进行反馈，帮助平台提升数据质量，如图 29 所示。贵州省平台在日常运营中也对用户的数据纠错进行了及时有效的回复，并对外公开了用户纠错和平台回复，包括纠错标题、纠错内容、纠错数据名称、纠错提交时间、纠错回复和纠错回复时间等，如图 30、图 31 所示。

图 29 贵州省平台的数据纠错功能

资料来源：贵州省政府数据开放平台，http：//data. guizhou. gov. cn/open-data/cb7ead18-16fa-4a57-9838-f77ecef5384a。

图 30 贵州省平台对数据纠错的回复

资料来源：贵州省政府数据开放平台，http：//data. guizhou. gov. cn/information/active-center。

数据纠错

纠错标题	纠错数据名称	纠错内容	纠错提交时间	回复
数据标题	1、部门收支总体情况表	是否应在数据名称前表明为组织部…	2022-10-17	查看
数据太没更新了	政策法规	本数据只更新到2018年，太没更新…	2022-10-15	查看
联系方式	瓮安县2022年企业变更信息	数据未标明数据提供方联系方式	2022-10-15	查看
数据无法下载	遵义市民政局2022年部门预算及"三公"经费预算信息	点击下载后显示页面连接错误	2022-10-15	查看
2022年6月贵州省全金融机构各项…	2022年6月贵州省全金融机构各项存贷款情况	这个应该是 2022年5月份的数据。	2022-08-15	查看
返回{"message":"no Route matched …	二级注册建造师执业资格注册信息	http://data.guizhou.gov.cn:8000/open3…	2022-08-12	查看
数据太老旧	城乡居民生活水平	仍是19年的数据，可以及时更新吗	2021-11-09	查看
数据预览	医疗器械使用单位信息	能否提供数据预览功能，能够在不…	2021-11-03	查看
数据分析	企业环境行为信用评价信息	可增加数据可视化功能	2021-10-27	查看
数据更新	重点企业监督性监测结果	提高更新频率	2021-10-27	查看
数据未更新	全省户籍人口	数据过于老旧，没有进行更新	2021-10-27	查看
下载之后无法使用	50-科技实用技术和职业林农技能培训	下载之后无法使用	2021-10-26	查看

共 28 条 ‹ 1 2 3 › 前往 1 页

图 31　贵州省平台公开的数据纠错和平台回复

资料来源：贵州省政府数据开放平台，http：//data. guizhou. gov. cn/information/active-center。

4. 权益申诉

权益申诉是指平台为用户提供对权益侵害行为进行申诉的功能和服务，并对收到的申诉进行及时有效的回复。尽管多数平台对数据安全问题进行了关注，但实际操作过程中仍可能发生因数据脱敏不足等因素而对用户在商业秘密或个人隐私等方面的权益造成侵害的情况。一旦发生权益侵害事件，若处理不当可能会引发较为严重的问题，因而平台有必要为用户提供权益申诉和救济渠道，并及时处理相关问题。

贵州省平台提供了权益申诉功能：当用户认为开放数据侵犯其商业秘密、个人隐私等合法权益时，可以通过权益申诉功能向开放主体提交相关证据材料。开放主体依据用户提交的证据材料进行核实，根据核实结果分别采取撤回数据、处理后开放、恢复开放等措施，并将处置结果告知用户，如图 32 所示。贵州省平台在日常运营中也对用户提出的申诉进行了及时有效的回复，有利于保障公众的合法权益，如图 33 所示。

九　报告建议

在平台关系方面，建议推动省域内地市积极上线政府数据开放平台并支

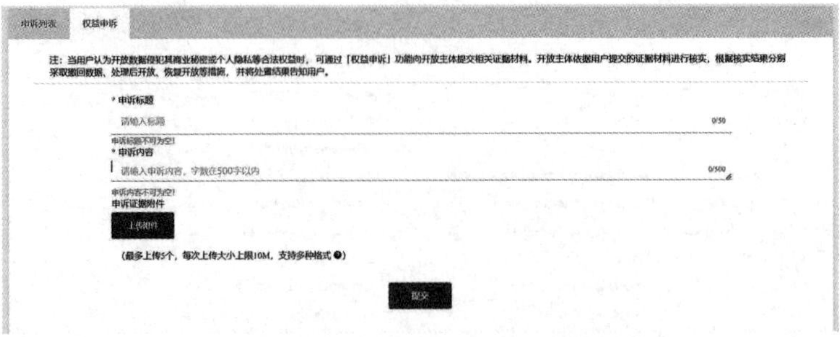

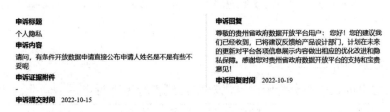

图 32　贵州省平台的权益申诉功能

资料来源：贵州省政府数据开放平台，http：//data.guizhou.gov.cn/information/active-center。

申诉标题
个人隐私
申诉内容
请问，有条件开放数据申请直接公布申请人姓名是不是有些不妥呢
申诉证据附件
-
申诉提交时间　2022-10-15

申诉回复
尊敬的贵州省政府数据开放平台用户：您好！您的建议我们已经收到，已将建议反馈给产品设计部门，计划在未来的更新对平台各项信息展示内容做出相应的优化改进和隐私保障。感谢您对贵州省政府数据开放平台的支持和宝贵意见！
申诉回复时间　2022-10-19

图 33　贵州省平台对权益申诉的回复

资料来源：贵州省政府数据开放平台，http：//data.guizhou.gov.cn/information/active-center。

持其保持自身特色；推进地市平台使用统一和便捷的身份认证系统，实现省域内的"无感"漫游；在省级平台提供地市平台的链接，探索区域数据专题等跨区域数据协同开放形式。

在开放协议方面，建议向用户主动明示协议内容，对不同级别和类型数据的开放利用进行差异化的规范，加强用户个人信息保护，充分保障其知情权。

在发现预览方面，建议提供及时更新、可下载的开放数据目录，提供覆盖数据集和利用成果的深度搜索功能，为用户订阅的数据提供更新推送功能，并支持无条件开放数据和有条件开放数据的预览。

在关键数据集获取方面，建议保障平台数据供给的稳定性，扩大无条件开放数据可直接获取的范围，开通有条件开放数据申请功能并列明申请条

件，对用户的有条件开放数据申请和未开放数据请求进行及时有效的回复并公开相关信息。

在社会数据及利用成果提交展示方面，建议设置社会数据提交功能，为开发者提供多种类型的开放数据利用成果的提交入口，展示多种利用成果和利用成果的多种来源信息。

在互动反馈方面，建议公布数据发布者的联系电话，对用户的意见建议和数据纠错进行及时有效的回复并公开相关信息，提供权益申诉功能并对用户的权益申诉进行及时有效的回复。

B.5

公共数据开放数据层报告（2023）

吕文增[*]

摘　要： 数据的数量与质量是政府数据开放工作的重要组成部分。2022
中国地方政府公共数据开放评估中数据层的指标体系包括数据数
量、开放范围、关键数据集质量、关键数据集规范与关键数据集
安全保护共五个一级指标。其中，省域评估指标体系侧重于反映
省级政府整合统筹地市数据以及对下辖地市数据开放工作的赋能
效果，而城市评估指标体系更看重数据本身。依据这一指标体
系，报告通过机器自动抓取和处理各地政府数据开放平台上开放
的数据，结合人工观察采集相关信息，对各地方政府数据开放平
台上的数据进行了评估并介绍了各个指标的全国总体情况与优秀
案例供各地参考。报告发现，全国数据层总体开放不足，尤其是
应开放高容量数据集，注重提高单个数据集的容量，在确保开放
数据规范与安全的前提下扩大开放范围，提升数据质量，保持稳
定更新频率。

关键词： 数据数量　数据开放　数据质量　数据规范　数据安全

数据层是"数叶"，是数据开放的核心。政府数据开放工作的核心就是
在保障安全的前提下，持续开放数量更多、质量更高、规范更好、内容更丰
富的公共数据给社会利用，尤其是针对国家政策中有要求、市场需求较大的

---

* 吕文增，复旦大学管理学硕士，研究方向为政府数据开放、数字治理。

重点领域的数据。具体而言，数据层主要从数据数量、开放范围、关键数据集质量、关键数据集规范与关键数据集安全保护等方面进行评估。

一　指标体系

数据层在省域与城市两个层面的评估指标体系保持整体一致，均重视两级地方政府所开放的数据在数量、范围、质量、规范和安全保护方面的要求，同时权重的差异体现了省域和城市两级政府所侧重的工作方向的差异，如表1所示。相较而言，省域指标既考察省本级开放的数据，也注重发挥省级政府对省内下辖地市的赋能、规范和协调作用，以及整合全省数据开放的效果，例如整合各地市相同类型的数据，协调统一各地市按照统一的要求开放数据，包括开放格式、元数据标准、数据项一致性等方面的规范，因此指标体现的是全省范围内的整体水平。城市作为一个"空间"和"聚落"，是开放数据的主体，城市指标侧重的是城市本级所开放数据的产出，省市两级指标权重详见表1。

表1　省域、城市数据层评估指标体系及权重

单位：%

一级指标	二级指标	省域评估权重	城市评估权重
数据数量	有效数据集总数	2.0	3.0
	单个数据集平均容量	5.0	6.0
开放范围	主题与部门多样性	1.5	2.0
	非政府部门来源数据	1.0	1.5
	常见数据集	2.0	2.0
	包容性数据集	1.5	1.5
关键数据集质量	优质数据集	4.0	4.0
	无质量问题	9.0	8.0
	数据持续性	4.0	5.0
关键数据集规范	开放格式	2.0	4.0
	描述说明	4.0	3.0
	单个数据集开放协议	1.0	1.0
关键数据集安全保护	个人隐私数据泄露	1.5	2.0
	失效数据未撤回	1.5	2.0

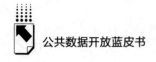

二　数据数量

数据数量是指地方政府数据开放平台上开放的有效数据集的数量和容量。有效数据集总数用于评测省域与各城市数据开放平台上实际开放的、能被用户真正获取的数据集总数，包括无条件和有条件开放的数据。

有些地方平台宣称所开放的数据集总数很多，但用户实际能够获取的数据有限，甚至少部分平台无法提供有效的功能帮助用户获取数据，用户申请的有条件开放的数据也无法得到答复或反馈，平台长期处于无人维护的状态，这些平台提供的有效数据集数量十分有限。

单个数据集平均容量用于评测平台上无条件开放的数据集的容量高低的平均水平，在准确性得以保障的前提下，高容量的数据集的数据利用价值更高。部分地方平台上开放的条数少、数据项少的数据占比较高，单个数据集容量很低，而有些地方虽然平台上开放的数据集总数不多，但多数数据集有大量的条数与丰富的数据项，数据利用价值较高。

（一）有效数据集总数

数据集是由数据组成的集合，通常以表格形式出现，每一列代表一个特定变量，每一行则对应一个样本单位。有效数据集总数是指平台上开放的真实有效的数据集的数量。

有效数据集是剔除了平台上无效数据之后的总数。无效数据主要指平台上无法获取数据集、虚假数据集和重复数据集三类。无法获取数据集包括平台上无条件开放的数据未提供数据文件给用户下载或无法调用接口、文件无法下载或下载后无法打开、即使能打开但内容为空等情况；虚假数据是指数据内容无法识别与使用，如无实际作用的符号与数字；重复数据是指标题、主题等元数据相同的多个数据集重复出现，此种情况下多个重复数据只算一个有效数据集。

省域评估体系中，有效数据集总数指标分为省本级有效数据集总数和省域有效数据集总数，前者是为了促进省本级开放更多数据集，后者是包含省域内所有城市所开放的有效数据集总数，以考量省本级促进全省范围内各地市数据开放的效果。图 1 是截至 2022 年底省域有效数据集总数前十的地方，山东全省开放的有效数据集总数最多，达到 13 万多个，远超其他地方，其后依次是四川、广东、浙江等地，省域间差距较大。

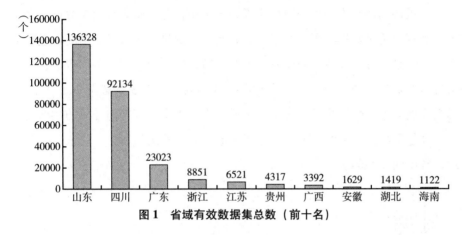

图 1 省域有效数据集总数（前十名）

图 2 是截至 2022 年底城市有效数据集总数前十的地方，城市间差距较小，烟台开放的有效数据集总数最多，其次是北京、滨州、济宁、泰安、枣庄、青岛与乐山，都开放了 1 万余个有效数据集，有效数据集总数较多的地方主要集中在山东省内。

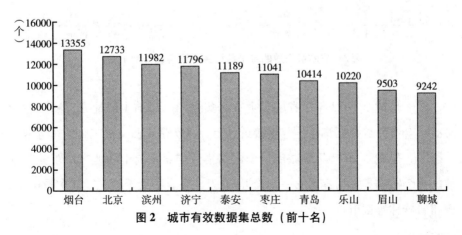

图 2 城市有效数据集总数（前十名）

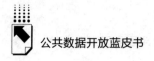
（二）单个数据集平均容量

单个数据集平均容量是指平均每个无条件开放的有效数据集的数据容量。数据容量是指将一个平台上可下载的、结构化的有效数据集的字段数（列数）乘以条数（行数）后得出的数据量。

省域评估体系中，单个数据集平均容量指标分为省本级单个数据集平均容量和省域单个数据集平均容量，前者是为了促进省本级开放更高容量数据集，后者是统计全省范围内所有地市开放数据的单个数据集平均容量，以考量省本级促进全省范围内各地市数据开放的效果。图 3 是截至 2022 年底省本级开放的单个数据集平均容量前十的地方，山东省直部门开放的数据集的平均容量最高，达到约 120 万，远超其他地方，其次是浙江、广东、海南等地，省域间差距较大。

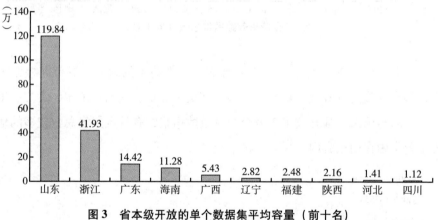

图 3　省本级开放的单个数据集平均容量（前十名）

图 4 是截至 2022 年底省域单个数据集平均容量前十的地方，浙江省域最高，全省开放数据集平均容量接近 8 万，其次是广西、山东、广东等地。

图 5 是截至 2022 年底城市单个数据集平均容量前十的地方，东莞市开放的单个数据集平均容量第一，接近 70 万，在全国处于领先，其次是杭州、德州、桂林等城市。

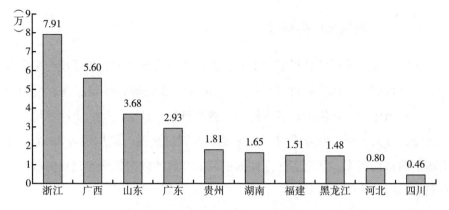

图4　省域开放的单个数据集平均容量（前十名）

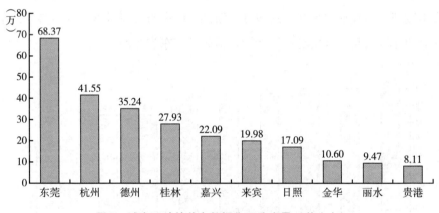

图5　城市开放的单个数据集平均容量（前十名）

三　开放范围

开放范围是指平台上开放的数据集在数据主题、参与政务部门与社会主体、常见数据集以及包容性数据集方面的丰富程度。公共数据开放应当不断扩大数据的主题领域、参与部门与社会主体范围，开放更多公益性、包容性数据。开放范围指标主要包含主题与部门多样性、非政府部门来源数据集、常见数据集与包容性数据集四个指标。

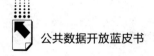
（一）主题与部门多样性

主题与部门多样性是指平台上开放的数据集所涉及的主题领域与来源部门的丰富程度。主题多样性评测平台上开放的数据集在经贸工商、交通出行、机构团体、文化休闲、卫生健康、教育科技、社会民生、资源环境、城建住房、公共安全、农业农村、社保就业、财税金融、信用服务 14 个基本主题上的覆盖程度。部门多样性评测平台上开放的数据集所覆盖到的政府行政职能部门的比例。

截至 2022 年下半年，广西、山东、四川、浙江等省域，以及北京市、上海市、武汉市、厦门市、贵阳市等城市提供的主题领域最为丰富。图 6 是省本级部门多样性排名前十的地方，浙江、山东与贵州省本级部门参与数据开放的比例最高，其次是广西壮族自治区、广东省与四川省。

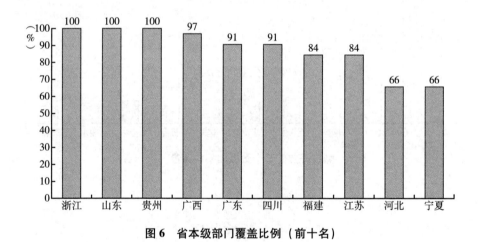

图 6　省本级部门覆盖比例（前十名）

图 7 是城市中参与数据开放的职能部门占比前十的地方，这些城市所有行政职能部门均已参与数据开放。

（二）非政府部门来源数据集

非政府部门来源数据集是指平台上开放了来自国企、事业单位、民企外

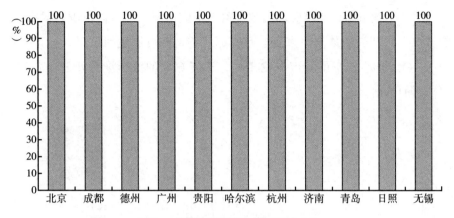

图7 城市部门覆盖比例（前十名）

说明：11个城市并列满分。

企与社会组织等社会主体提供的数据集。政务部门（党委、人大、政府、政协、法院、检察院）与人民团队（工青妇团、残联、学联、台联、工商联、红十字会、贸易促进会、工商业联合会等）不在该指标考察范围内。

图8是截至2022年下半年，省级平台非政府部门多样性排名前十的地方，浙江、山东、贵州、广西与四川开放的数据来自多个非政府部门，类型最为丰富，但最多只覆盖国企与事业单位两种类型，缺少来自民企外企与社会组织的数据。

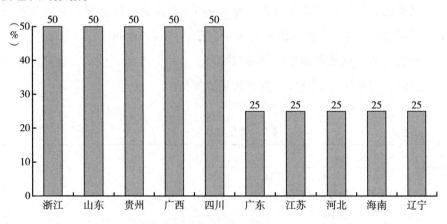

图8 省级平台非政府部门类型覆盖比例（前十名）

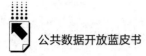
图 9 是城市平台非政府部门类型覆盖率的情况，在全国范围内只有 2% 的城市平台开放的数据中来自非政府部门类型的占比达到 75%，而 16% 的城市占比 50%，22% 的城市占比 25%，达到 60% 的城市没有开放非政府部门来源的数据。

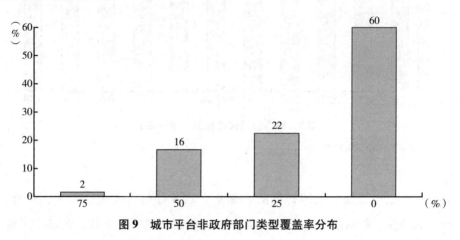

图 9　城市平台非政府部门类型覆盖率分布

（三）常见数据集

常见数据集是全国各地方普遍开放的数据集清单，用于评测地方平台上开放的数据集在常见数据集上的覆盖程度。报告对在评地区平台上开放的所有数据集的名称进行了文本分析，梳理出 17 类各地平台上常见的开放数据集，详见表 2。目前在省本级平台中，广东、广西、贵州、山东、四川与浙江等开放了所有常见数据集；在城市平台中北京、上海、成都、杭州、哈尔滨、济南、青岛等城市开放了所有常见数据集。

表 2　常见数据集一览

序号	常见数据集名称
1	企业注册登记数据
2	行政许可处罚
3	预决算
4	建设规划项目

序号	常见数据集名称
5	医疗机构、价格、医保药品、医保诊疗
6	食品生产经营抽检
7	学校名录、师生评优、教育收费
8	旅游景区、企业、接待人数、服务质量投诉
9	建筑企业资质、建筑物、专业人员
10	农产品价格、补贴、农业机械证照、安监
11	科技项目、计划、成果
12	药品生产经营、价格、购用、质监
13	环境监测、影响评价
14	道路运输企业、从业人员、交通执法
15	车辆、公路、桥梁基础数据
16	公交站点、线路、排班、时刻表、路段路况数据
17	空气质量、雨量、河道水情、水质监测

（四）包容性数据集

包容性数据集是指平台上开放的与老人、妇女儿童、残疾人等弱势人群相关的公共数据。开放更多种类包容性数据能够帮助利用者使用此类数据开发适用于这些人群的产品与服务。表 3 为全国各地方政府已经开放的包容性数据集。

表 3　包容性数据集一览

序号	人群	数据集名称
1	残疾人	残障人员名单、补助信息、工伤等级、辅助器发放
2		残疾人家庭无障碍改造、无障碍工程、社区、图书馆等设施
3		残疾人康复、鉴定机构、残疾医疗救助机构
4	老年人	高龄老人名单、优待证登记信息、健康体检信息
5		健康服务中心、照料中心、养老机构、教育机构
6		城乡低保失能老年人护理补贴发放名单、贫困老人失能评估
7	妇女儿童	救助机构、妇幼保健院、幼儿园、妇女两癌免费检查定点单位
8		留守妇女、困难儿童、病残儿医学鉴定、儿童健康管理
9		妇女儿童维权来访信息、救助信息、生活费发放等

序号	人群	数据集名称
10	困难人员	贫困户、贫困人口、特困人员、低保人员
11	港澳台胞	港澳商务备案、港澳台办件登记、旅游交流合作
12		台港澳企业信息

截至 2022 年下半年，全国包容性数据集开放情况如图 10 与图 11 所示。省本级开放的包容性数据集覆盖面最广的地方是贵州省，其后依次是河北、浙江、广西、江苏等省与自治区；城市开放的包容性数据集覆盖面最广的地方是德州、青岛、济宁、威海、菏泽、遵义等城市。

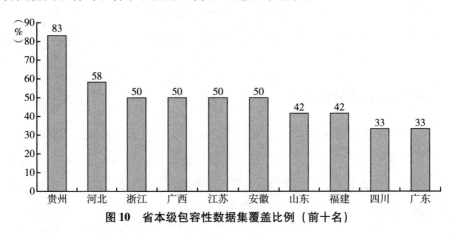

图 10　省本级包容性数据集覆盖比例（前十名）

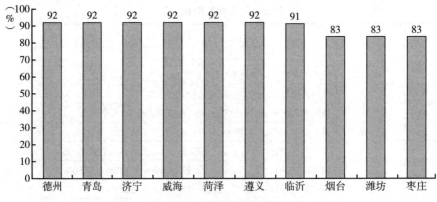

图 11　城市包容性数据集覆盖比例（前十名）

四　关键数据集质量

关键数据集质量是指平台在四个重点数据领域（企业注册登记、交通、气象、卫生）开放的数据集的可获取性、可理解性、完整性、颗粒度和时效性。数据集质量用于评测政府开放数据的质量高低与可持续性，包括优质数据集、无质量问题与数据持续性三个指标。优质数据集用于发现与评价平台上开放的高容量数据与接口；质量问题是负面指标，用于发现与评测不利于数据利用的问题数据；数据持续性是平台持续开放与更新数据的水平。数据质量评测的最终目的是希望促进平台持续开放与更新高质量数据，减少问题数据的比例，提升数据质量。高质量的数据有利于释放政府开放数据的价值，赋能数字经济与数字社会的发展。

（一）优质数据集

优质数据集包含高容量数据、高整合度数据以及优质 API 三个指标。

高容量数据集是指平台上开放的数据容量较大的数据集。本文对在评地区平台上四个重点数据领域所有可下载的数据集按照数据容量进行排序，选出各领域容量排名居于前 1% 的数据集作为高容量数据集。表 4~表 11 分别是截至 2022 年下半年，省本级和城市地方政府数据开放平台在四个重点数据领域开放的数据容量最高的前十位数据集列表，这些数据集普遍具有较多的条数、字段数和下载量。

表 4　省本级前十个高容量企业注册登记数据集一览

序号	地方	数据集名称	行	列	数据容量
1	山东	山东省企业、农民专业合作社年度报告公示信息	17975293	35	629135255
2	山东	山东省个体工商户年度报告信息	34909119	7	244363833
3	山东	山东省企业登记基本信息	5376433	40	215057320
4	山东	抽检抽查信息	16208927	12	194507124

序号	地方	数据集名称	行	列	数据容量
5	山东	山东省个体工商户经营者信息	16136253	12	193635036
6	山东	山东省个体工商户登记信息	13066863	10	130668630
7	山东	山东省企业登记出资信息	8529761	11	93827371
8	山东	山东省企业注册登记备案	5679493	16	90871888
9	浙江	"互联网+监管"举报信息数据标准表	866737	19	16468003
10	浙江	食品生产经营登记证	637022	18	11466396

表5　省本级前十个高容量交通运输数据集一览

序号	地方	数据集名称	行	列	数据容量
1	山东	省内网约车车辆基本信息表	366290	29	10622410
2	浙江	企业或者车辆风险预警信息	160508	26	4173208
3	河北	省桥梁信息	44716	90	4024440
4	浙江	浙江省企业投资项目信息	92904	40	3716160
5	广东	广东省交通运输道路运输企业信用信息	495875	7	3471125
6	广东	广东省公路桥梁基础信息（国、省、县道）	107949	24	2590776
7	浙江	中华人民共和国道路运输从业人员从业资格证版式文件	465484	4	1861936
8	浙江	车辆出险数据信息	66157	26	1720082
9	浙江	渔业船舶检验证书（海事局）	45023	30	1350690
10	广东	营运客车信息	128943	9	1160487

表6　省本级前十个高容量气象数据集一览

序号	地方	数据集名称	行	列	数据容量
1	山东	山东省空气质量监测信息	865934	15	12989010
2	福建	公众气象预报	10000	92	920000
3	浙江	气象灾害预警信号信息	61916	12	742992
4	福建	气象预警信息	10000	31	310000
5	山东	山东省各地市天气实况	10000	16	160000
6	山东	山东省48小时空气质量预报信息	16324	7	114268

序号	地方	数据集名称	行	列	数据容量
7	山东	全省高速公路路况—异常天气信息	1736	17	29512
8	浙江	天气预报信息	8344	2	16688
9	广西	月气温及降水	2828	5	14140
10	山东	山东省灾害性天气预警信号	1532	7	10724

表7　省本级前十个高容量卫生数据集一览

序号	地方	数据集名称	行	列	数据容量
1	广东	餐饮服务从业人员健康证明查询	1067992	4	4271968
2	山东	电子证照-山东省医师执业证	333659	8	2669272
3.	浙江	行政处罚行为信息（新）	116137	22	2555014
4	山东	电子证照-山东省护士执业证	406537	5	2032685
5	广西	德保县医疗保障局全县医保已缴信息表	231482	6	1388892
6	广西	金秀县城乡医保缴费信息	100000	8	800000
7	山东	山东省执业医师注册信息	248902	3	746706
8	山东	护士注册信息	248902	3	746706
9	广东	零售药店基本信息	70680	8	565440
10	广西	乐业县疫苗接种清单	46528	12	558336

表8　城市前十个高容量企业注册登记数据集一览

序号	地方	数据集名称	行	列	数据容量
1	滨州	法人库_企业登记基本信息	668807	193	129079751
2	滨州	法人库_个体工商户基本信息	1153530	80	92282400
3	东莞	工商行政许可公示信息	5182226	17	88097842
4	桂林	桂林市市场监督管理局个体年报基本信息	1072582	28	30032296
5	桂林	桂林市市场监督管理局企业年报基本信息	482236	46	22182856
6	烟台	开放数据_投资人及出资信息	1048359	15	15725385
7	东莞	涉企信息_行政许可信息	1048072	15	15721080
8	烟台	开放数据_企业登记基本信息	529056	25	13226400
9	滨州	法人库_企业资质信息	165990	78	12947220
10	德州	企业登记信息	747138	17	12701346

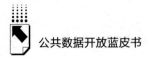

表 9　城市前十个高容量交通数据集一览

序号	地方	数据集名称	行	列	数据容量
1	德州	齐河县_公交实时信息表_齐河县慧通公共交通有限公司	26196966	32	838302912
2	日照	出租车走航空气质量数据	38299293	12	459591516
3	日照	日照市公交 GPS 位置数据	4037767	9	36339903
4	杭州	拥堵路口信号方案信息	949822	23	21845906
5	金华	港航船舶基本信息	350951	35	12283285
6	嘉兴	嘉兴港区智慧停车订单信息	413213	23	9503899
7	丽水	公交线路站点关联信息	979865	8	7838920
8	淮北	公交点位	300000	23	6900000
9	杭州	道路运输经营许可证信息	88882	49	4355218
10	滨州	违章案件信息	63576	58	3687408

表 10　城市前十个高容量气象数据集一览

序号	地方	数据集名称	行	列	数据容量
1	日照	日照市扬尘监测信息	93481643	3	280444929
2	德州	未来 10 天天气预报信息	20317191	6	121903146
3	贵阳	贵阳市雨水算子信息	491194	23	11297462
4	杭州	台风实况信息	833563	12	10002756
5	金华	河道水情信息	729801	9	6568209
6	贵阳	贵阳市雨水井盖信息	184642	29	5354618
7	德州	查询德州站点雨量数据	297280	12	3567360
8	杭州	杭州市 24 小时逐小时预报信息	80092	12	961104
9	杭州	淳安县 24 小时逐小时预报信息	80013	12	960156
10	杭州	桐庐县 24 小时逐小时预报信息	79801	12	957612

表 11　城市前十个高容量卫生数据集一览

序号	地方	数据集名称	行	列	数据容量
1	日照	定向数据_数创大赛_医保大数据	6394238	15	95913570
2	德州	陵城区人口健康档案信息	4395589	7	30769123
3	厦门	厦门医疗保障医保范围医保目录	268580	33	8863140

序号	地方	数据集名称	行	列	数据容量
4	德州	参保人员的参保信息	702430	12	8429160
5	临沂	临沂市医疗情况（三级医院）	554939	13	7214207
6	河池	东兰县已参加城乡基本医疗保险人员信息表	510714	14	7149996
7	武汉	武汉市职工综合医疗互助给付记录表	137679	51	7021629
8	德州	分娩登记孩子表	397187	12	4766244
9	武汉	武汉市职工住院医疗互助给付记录表	103293	41	4235013
10	临沂	临沂市医疗情况（社区医院）	315385	13	4100005

高整合度数据集是指省级政府整合省域内各地市内容相同或相近的数据集，用一个数据集覆盖各地市数据，数据容量高、整合程度好。如图12是截至2022年下半年省本级开放的高整合度数据集数量情况，山东和浙江提供了较多的高整合度数据集，在省域中保持领先，其后依次是广东、海南等地。

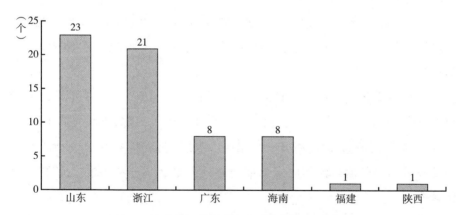

图12 省本级开放的高整合度数据集数量情况

优质API是指平台上可获取、可调用、至少每天更新、数据容量较高的API接口。API接口适用于提供实时动态的高容量数据，以促进高价值数据的开发与利用。截至2022年下半年，浙江省平台提供了多个优质API接口（见表12），城市未有入选的接口。

表 12　省本级优质 API 接口一览

序号	地方	优质 API 接口名称
1	浙江省	车辆出险数据信息
2	浙江省	降水量信息
3	浙江省	市场主体信息（含个体）

（二）无质量问题

无质量问题是指平台上没有在可获取性、可理解性、完整性等方面存在质量问题的数据集。这些质量问题是基于报告对全国开放数据质量测评后归纳总结的出现情况较为普遍且不利于用户使用的主要问题。

1. 可获取性

可获取性是指平台上用户可有效获取开放数据集。影响平台数据可获取性的问题主要是无效数据与限制型 API。

无效数据是指在无条件开放数据集中，出现包含但不限于平台未提供可获取的数据文件、文件无法打开或打开后无内容、重复数据、生硬格式转化数据等情况的数据。

生硬格式转化是指平台将非结构化的 DOC、PDF 等文件生硬地转化成 XLS、CSV、XML 等可机读格式。如图 13 所示，该数据集是将 DOC 格式的文本数据放入 XLS 格式的文件中，实际上语料文本是非结构化数据，具有利用价值，但不应当以此类格式开放，属于生硬格式转化的问题数据。

限制型 API 是指平台对于无条件开放的、数据容量较小、更新频率低的数据集仅提供了通过 API 接口获取一种方式，而未提供下载获取的方式。如图 14 所示，该数据集属于无条件开放的数据，数据容量小、更新频率低，但在平台上仅提供接口申请调用，不提供下载获取的方式，属于限制型 API。

图 13　某平台上生硬格式转化数据集内容

图 14　某平台上限制型 API

2. 可理解性

可理解性是指平台上开放数据集的标题和内容能够被理解。影响平台数据可理解性的问题主要是标题不清或过于复杂、内容不可理解。

标题不清或过于复杂是指数据集名称表述不够清晰或文字过长过于复杂。图 15 是某平台开放的数据集，其标题名称过于复杂，可读性低，难以理解，且数据的简介和标题完全相同，未起到解释说明的作用。

内容不可理解是指平台开放的数据集的条目与数据项无法被用户理解。图 16 是某平台开放的内容不可理解数据，其中一个数据项内容全是 0，用户无法理解，也无法使用。图 17 的数据缺少表头数据项名称，用户无法获知数据的颗粒度与属性。

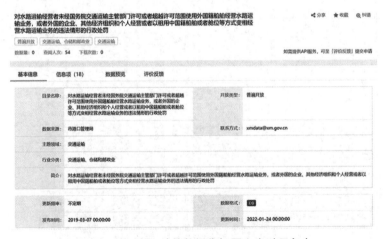

图 15　某平台开放的数据集标题文字过于复杂

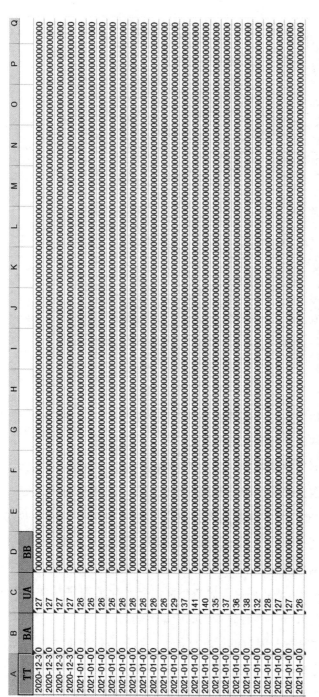

图 16　某平台开放的内容不可理解数据

	A	B	C	D	E	F
1	1.301E+11	1	11	00:00.0	241.988	
2	1.301E+11	1	11	00:00.0	248.383	
3	1.301E+11	1	11	00:00.0	257.143	
4	1.301E+11	1	11	00:00.0	281.32	
5	1.301E+11	1	11	00:00.0	262.592	
6	1.301E+11	1	11	00:00.0	278.757	
7	1.301E+11	1	11	00:00.0	271.628	
8	1.301E+11	1	11	00:00.0	274.605	
9	1.301E+11	1	11	00:00.0	269.122	
10	1.301E+11	1	11	00:00.0	265.711	
11	1.301E+11	1	11	00:00.0	240.638	
12	1.301E+11	1	11	00:00.0	234.635	
13	1.301E+11	1	11	00:00.0	230.763	
14	1.301E+11	1	11	00:00.0	231.723	
15	1.301E+11	1	11	00:00.0	204.833	
16	1.301E+11	1	11	00:00.0	217.854	
17	1.301E+11	1	11	00:00.0	204.939	
18	1.301E+11	1	11	00:00.0	212.797	
19	1.301E+11	1	11	00:00.0	211.147	
20	1.301E+11	1	11	00:00.0	223.325	
21	1.301E+11	1	11	00:00.0	251.707	
22	1.301E+11	1	11	00:00.0	250.694	
23	1.301E+11	1	11	00:00.0	225.503	
24	1.301E+11	1	11	00:00.0	234.355	
25	1.301E+11	1	11	00:00.0	244.781	
26	1.301E+11	1	11	00:00.0	291.72	
27	1.301E+11	1	11	00:00.0	265.715	

图 17　某平台开放的数据表缺少表头数据项名称

3. 完整性

完整性是指平台上开放数据集内容的完整程度。影响平台数据完整性的问题主要有高缺失、低容量与碎片化。

高缺失数据集是指数据集中有 60% 以上的空缺数据，此类数据的空缺率远超正常的数据缺失情况，有用的数据不多，不利于用户开发利用。如图18 所示，该数据集大多数数据项为空白（无数据），只有个别数据项有数据，缺失数据超过 60%，属于高缺失数据集。

碎片化数据集是指按照时间、行政区划、政府部门、批次等被人为分割的数据集。如图 19 是某平台上旅游景区的碎片化数据集，该数据按照不同层级的来源部门拆分，具有碎片化的质量问题。

低容量数据是指非因数据量本身稀少，而是因颗粒度过大等因素造成的数据条数在三行或三行以内的数据集。图 20 是某平台上开放的行政许可类数据，只有一条许可信息，远少于实际情况，存在质量问题，属于低容量数据。

企业行政处罚信息								
旅游状态	公示期限	罚款金额	没收金额	处罚有效期	公示截止期	处罚机关代码	数据来源单位	数据来源单位代码
旅游								
旅游								
旅游								
旅游								
旅游								
旅游								
旅游								
旅游								
旅游								
旅游								
旅游								
旅游								
旅游								
旅游								
旅游								
旅游								
旅游								
旅游								
旅游								
旅游								
旅游								
旅游								

图 18 某平台上高缺失数据集

齐河县A级旅游景区基本信息
描述：齐河县A级旅游景区名称 地址 等级
来源部门：　　　县　领域：文化休闲　发布时间：2020-12-31　更新时间：2020-12-31
csv
分享　收藏
下载 5　浏览 139次

A级旅游景区名录
描述：A级旅游景区名录,包括景区名称、所在地、等级等信息
来源部门：　　　　　领域：　　发布时间：2020-12-25　更新时间：2020-12-25
rdf xml csv json xls
分享　收藏
下载 17　浏览 171次

A级旅游景区信息
描述：包含武城县A级旅游景区信息
来源部门：　　　县　领域：　　发布时间：2020-12-25　更新时间：2020-12-25
rdf xml csv json
分享　收藏
下载 9　浏览 197次

A级旅游景区、旅游特色村信息
描述：A级旅游景区、旅游特色村的相关情况
来源部门：　　　　领域：　　发布时间：2020-12-25　更新时间：2020-12-25
rdf xml csv json xls
分享　收藏
下载 7　浏览 101次

图 19 某平台上碎片化数据集

行政许可决定书文号 东发证 [2017] 36号	项目名称 东莞东莞社区禧行政义数据	审核类别 行政许可	许可内容	行政相对人名称 东莞市车陂派出所备案授权有限公司	行政相对人代码_1(统一社会信用代码) 914419000883435636 无	行政相对人代码_2(组织机构代码) 无	行政相对人代码_3(工商登记码) 无	行政相对人代码_4(税务登记号) 无	行政相

图 20 某平台上低容量数据集

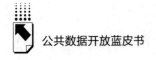

（三）数据持续性

数据持续性是指平台能够持续新增数据集，更新已开放数据集，并留存历史数据集。数据开放不是一蹴而就的，需要持续运维，数据持续性评测有助于促使地方政府在平台持续开放更多数据集并对已开放数据进行稳定更新，从而保障数据能够源源不断向社会供给，有利于促进数据价值的持续释放。该指标主要包含数据容量更新与历史数据留存。

数据容量更新是指基于平台上四个重点领域中无条件开放的可下载数据集的容量变化对平台数据集进行更新，主要包含动态更新与数据容量逐年递增两个测评指标。

动态更新是指平台在 2021 年开放的存量数据集中，在 2022 年数据容量发生增长的数据集数量占比。图 21 是截至 2022 年下半年，省本级动态更新数据的比例，浙江和山东省本级动态更新的数据比例较高，两地平台约半数的数据能够及时更新，其后是福建、广西、贵州和四川，剩余省份未能对数据进行持续更新，数据更新总体不足。图 22 是截至 2022 年下半年，城市动态更新的数据集比例的分布情况，德州市有 79% 的存量数据发生了更新，为所有城市中最高，其后是杭州、上海、菏泽、东莞、烟台等地，然而全国范围内多数城市对已开放的数据集持续更新比例较低。

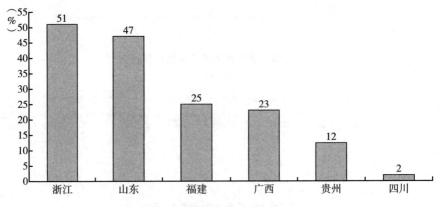

图 21　省本级动态更新数据比例

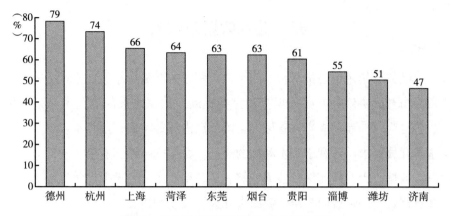

图 22　城市动态更新数据比例（前十名）

历史数据留存是指平台留存了历史上不同时间发布的多个批次的数据，使用户可获取和利用。"数据东莞"平台对开放数据持续更新并留存历史数据，还提供时间筛选功能帮助用户获取所需历史版本数据（见图23）。

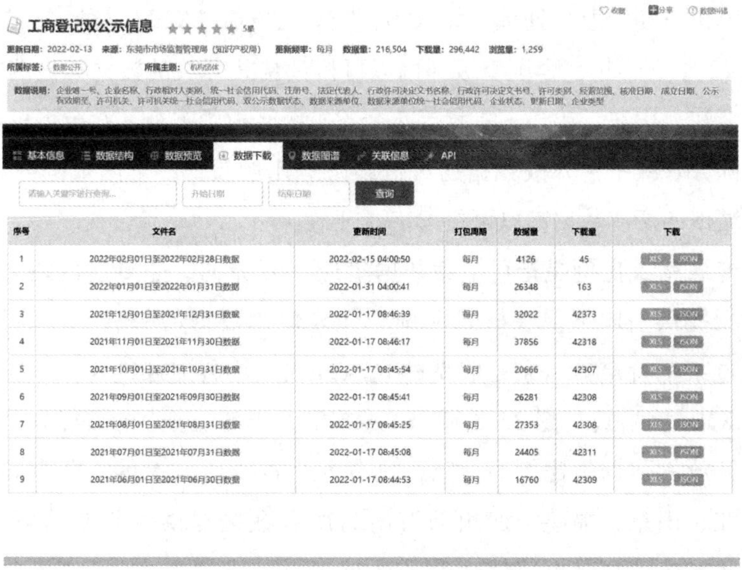

图 23　"数据东莞"平台对开放数据持续更新并留存历史数据

资料来源：数据东莞网站，http：//dataopen. dg. gov. cn/。

117

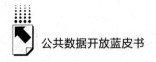

五　关键数据集规范

关键数据集规范是指平台上四个重点领域的开放数据集在格式标准、描述说明与开放协议等方面的规范和完善程度。数据开放的规范不是自立山头、各自为政，而是应当在省域与全国范围内统筹协调，使其符合统一、满足基本开放要求、有利于开发利用的规范。数据规范评测有助于规范地方政府开放数据行为，从而保障数据能够满足利用要求。关键数据集规范主要包含开放格式、描述说明与单个数据集开放协议三个指标。

（一）开放格式

开放格式是指平台上无条件开放数据集的格式标准，包括可机读格式、非专属格式、RDF 格式和 API 开放性四个指标。

数据集应以可机读格式开放，可机读格式比例是指开放数据的格式应当能被计算机自动读取与处理，如 XLS、CSV、JSON、XML 等格式。图 24 是截至 2022 年下半年，全国省级部门以可机读格式开放的数据集比例的分布情况，浙江、山东、福建、贵州等 7 个省本级开放数据全部符合可机读格式标准，部分省级平台开放数据的可机读格式比例较低。全国范围内近 86% 的在评城市的所有数据都以可机读格式开放。

非专属格式比例是指可下载数据集应以开放的、非专属的格式提供，任何数据提供主体不得在格式上排除他人使用数据的权利，以确保数据无须通过某个特定（特别是收费的）软件或应用程序才能访问，如 CSV、JSON、XML 等格式。图 25 是截至 2022 年下半年，全国省级部门以非专属格式开放的数据集比例的情况，只有 8 个省级地区提供了非专属格式，其中浙江、山东、福建、四川与海南为所有数据提供了非专属格式，广西、河北与广东平台也能够为部分数据提供非专属格式。只有约 67% 的在评城市的所有数据都以非专属格式开放，全国范围内以非专属格式开放程度稍显不足。

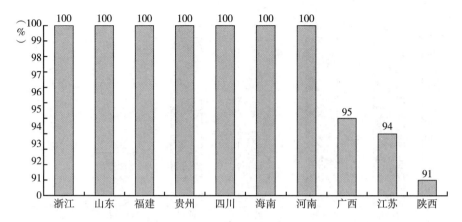

图 24 省本级部门开放数据可机读格式比例（前十名）

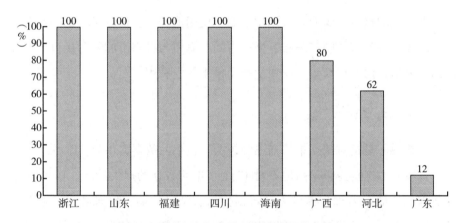

图 25 省本级部门开放数据非专属格式比例

RDF 格式比例是指采用 RDF 格式发布数据集的比例。图 26 是截至 2022 年下半年，全国省级部门以 RDF 格式开放的数据集比例的情况。只有 6 个省级地区提供了 RDF 格式，其中浙江、山东、福建与四川省级平台能够为所有省直部门开放数据提供 RDF 格式，其后是广西与广东。仅有约 47% 的在评城市能够为所有数据提供 RDF 格式，全国范围内以 RDF 格式开放程度存在明显短板。

API 开放性是指申请与调用 API 接口的难易程度。目前全国范围内各地

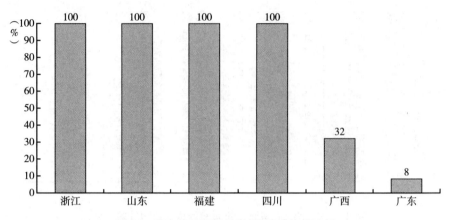

图26 省本级部门开放数据 RDF 格式比例

平台上提供的接口，既能有效调用数据，使用流程与复杂度又较低的情况较少。总体来说省域中的广东省、城市中的上海市与贵阳市的平台接口开放性较高，使用方法流程简单，调用便捷，便于开发利用。

（二）描述说明

描述说明是指对数据集的描述与说明，包括元数据提供与 API 说明。

基本元数据覆盖率是指地方对 12 个基本元数据的提供情况。12 个基本元数据包括数据名称、提供方、数据主题、发布日期、数据格式、更新日期、数据摘要、开放属性、关键字、更新周期、数据项信息、数据量。全国范围内部分地方能够提供基本的元数据，省域中山东省、浙江省、四川省、广东省等省份提供的元数据字段最为丰富，如图 27 是浙江省提供的元数据项，内容较为丰富。城市中约 67% 的在评城市平台能够提供所有基本元数据项，多数地方能够通过元数据为数据集提供基本的描述说明。

API 描述规范包括基本调用说明与使用操作指南两种形式。基本调用说明是指提供了调用接口的基本说明，包括请求地址、请求参数与返回参数等信息。使用操作指南是指提供了详细的 API 接口使用方法与流程。省域中浙江省为接口提供了详尽的使用说明（见图 28），城市中上海、杭州、武

图 27　浙江省提供了字段丰富的元数据

资料来源：浙江省人民政府数据开放平台，http://data.zjzwfw.gov.cn/。

汉、贵阳（见图 29）等地平台除了提供基本调用说明，还提供调用指南进行详细说明。

数据项一致性是省域评估指标，是指省域所辖各地市所开放的四个领域的关键数据集之间数据项的一致程度，强调内容相同的数据集应当以相同的数据项与颗粒度来开放，便于利用者融合使用各地区的数据。图 30 是截至 2022 年下半年在重点领域开放的关键数据集数据项一致性比例前十的地方，四川、贵州与山东的数据项一致性达到 40% 以上，其后依次是浙江、广西、江苏、广东等，总体上省域内各地市开放的相同数据的数据项一致性仍然有较大不足。

图28　浙江省平台提供的接口描述

资料来源：浙江省人民政府数据开放平台，http：//data. zjzwfw. gov. cn/。

图29　贵阳市平台提供的接口描述

资料来源：贵阳市政府数据开放平台，http：//data. guizhou. gov. cn/ guiyang/home。

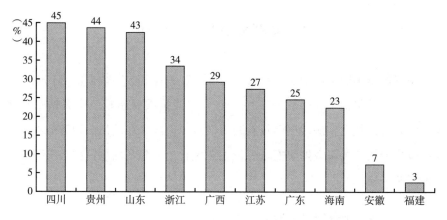

图 30　省域关键数据集数据项一致性比例（前十名）

（三）单个数据集开放协议

单个数据集开放协议是指平台对不同类型的数据集应当提供差异化的开放协议，以协调不同场景下各数据提供者与使用者等角色之间的权利义务关系。全国在评省域与城市中尚无优秀案例，如图 31 所示，深圳市对核酸采样点等个别数据提供了开放授权的说明，但未以协议形式做出明确规定。

图 31　深圳市平台个别数据集授权说明

资料来源：深圳市政府数据开放平台，https：//opendata.sz.gov.cn/。

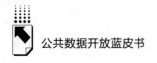
六　关键数据集安全保护

关键数据集安全保护是指平台对个人隐私数据和失效数据应当作安全保护。个人隐私包括个人生活安宁权、个人生活情报保密权、个人通信保密权；同时有些数据在法律层面具有时效性，个人隐私和超出法律有效期的数据不应当开放。关键数据集安全保护主要包含个人隐私数据泄露与失效数据未撤回两个指标。

（一）个人隐私数据泄露

个人隐私数据泄露是指平台开放数据内容涉及未经脱敏的个人隐私数据，如个人电话、详细住址、完整身份证、社保缴纳金额等信息。图32是某地方平台开放的"行政检查行为数据"，其中包含了完整的个人姓名和身份证号，属于个人隐私数据，此类数据项不应当未做脱敏处理直接开放。目前各地方政府都很重视开放数据安全保护，极少出现个人隐私数据泄露问题。

（二）失效数据未撤回

失效数据未撤回主要评测失信被执行人数据是否在法律有效期内，如超过有效期应当予以撤回。依据《最高人民法院关于公布失信被执行人名单信息的若干规定》失信被执行人不良信息应当在五年内删除。该指标以此为依据评测各地平台开放的失信被执行人数据，若发现此类数据开放时间超过了五年，那么只有及时撤回才能保护失信人的法律权益。图33是某地方平台开放的失信人数据，其中发布时间为2015年，已经超过了五年有效期，此类失信人数据不应开放，平台应及时撤回。截至2022年下半年，全国19%的省级平台以及13%的在评城市平台未及时撤回失效数据，数据安全保护仍需加强。

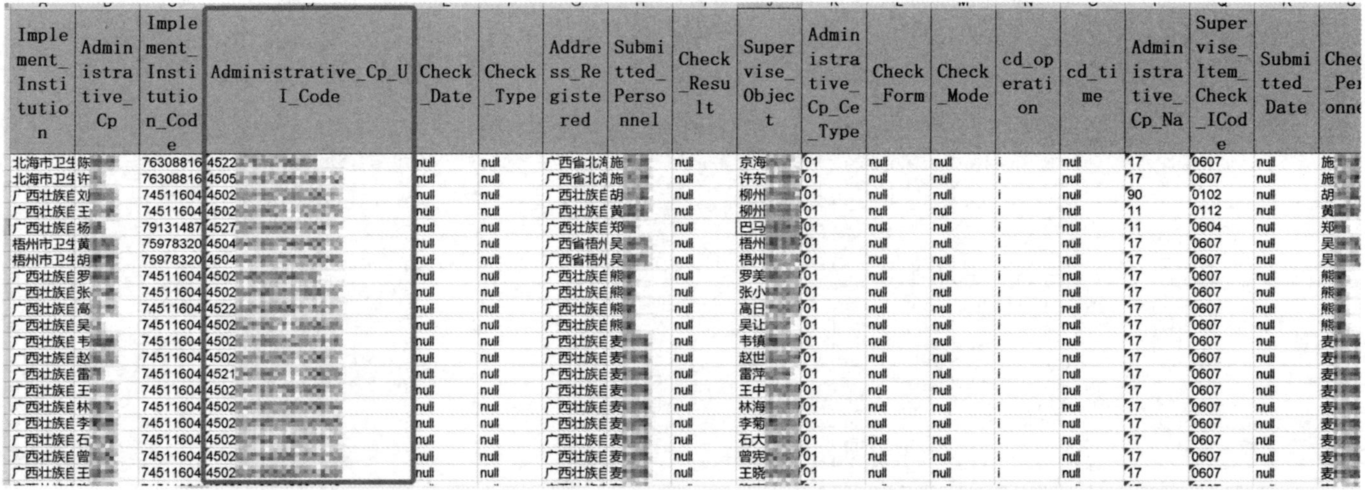

Implement_Institution	Administrative_Cp	Implement_Institution_Code	Administrative_Cp_UI_Code	Check_Date	Check_Type	Address_Registered	Submitted_Personnel	Check_Result	Supervise_Object	Administrative_Cp_Ce_Type	Check_Form	Check_Mode	cd_operation	cd_time	Administrative_Cp_Na	Supervise_Item_Check_ICode	Submitted_Date	Chec_Per onne
北海市卫生	陈	76308816	4522	null	null	广西省北海	施	null	京海	01	null	null	i	null	17	0607	null	施
北海市卫生	许	76308816	4505	null	null	广西省北海	施	null	许东	01	null	null	i	null	17	0607	null	施
广西壮族自	刘	74511604	4502	null	null	广西壮族自	胡	null	柳州	01	null	null	i	null	90	0102	null	胡
广西壮族自	王	74511604	4502	null	null	广西壮族自	黄	null	柳州	01	null	null	i	null	11	0112	null	黄
广西壮族自	杨	79131487	4527	null	null	广西壮族自	郑	null	巴马	01	null	null	i	null	11	0604	null	郑
梧州市卫生	黄	75978320	4504	null	null	广西省梧州	吴	null	梧州	01	null	null	i	null	17	0607	null	吴
梧州市卫生	胡	75978320	4504	null	null	广西省梧州	吴	null	梧州	01	null	null	i	null	17	0607	null	吴
广西壮族自	罗	74511604	4502	null	null	广西壮族自	熊	null	罗美	01	null	null	i	null	17	0607	null	熊
广西壮族自	张	74511604	4502	null	null	广西壮族自	熊	null	张小	01	null	null	i	null	17	0607	null	熊
广西壮族自	高	74511604	4522	null	null	广西壮族自	熊	null	高日	01	null	null	i	null	17	0607	null	熊
广西壮族自	吴	74511604	4502	null	null	广西壮族自	熊	null	吴让	01	null	null	i	null	17	0607	null	熊
广西壮族自	韦	74511604	4502	null	null	广西壮族自	麦	null	韦镇	01	null	null	i	null	17	0607	null	麦
广西壮族自	赵	74511604	4502	null	null	广西壮族自	麦	null	赵世	01	null	null	i	null	17	0607	null	麦
广西壮族自	雷	74511604	4521	null	null	广西壮族自	麦	null	雷萍	01	null	null	i	null	17	0607	null	麦
广西壮族自	王	74511604	4502	null	null	广西壮族自	麦	null	王中	01	null	null	i	null	17	0607	null	麦
广西壮族自	林	74511604	4502	null	null	广西壮族自	麦	null	林海	01	null	null	i	null	17	0607	null	麦
广西壮族自	李	74511604	4502	null	null	广西壮族自	麦	null	李菊	01	null	null	i	null	17	0607	null	麦
广西壮族自	石	74511604	4502	null	null	广西壮族自	麦	null	石大	01	null	null	i	null	17	0607	null	麦
广西壮族自	曾	74511604	4502	null	null	广西壮族自	麦	null	曾宪	01	null	null	i	null	17	0607	null	麦
广西壮族自	王	74511604	4502	null	null	广西壮族自	麦	null	王晓	01	null	null	i	null	17	0607	null	麦

图 32　某平台开放的数据涉及个人隐私泄露

说明:平台上公开的完整数据,在本书中为避免隐私泄露,作隐藏处理。

XB	NL	QYFRXM	ZXFY	DYID	DYMC	ZRRHQYFR	ZXYJWH	ZCZXYJDW	FLSXWSQDDYW	BZXRDLXQK	SXBZXRJTQX	FBSJ	LASJ	YLXBF	WLX
男	44		市任E	674	山东	0	(2014)任E	市任E		全部未履行	其他有履	2015-05-08 00:00:00	2015-04-1		
男	40		市任E	674	山东	0	(2013)	市市E		全部未履行	其他有履	2015-04-30 00:00:00	2015-04-1		
女	38		市任E	674	山东	0	(2013)	任城E		全部未履行	其他有履	2015-04-30 00:00:00	2015-04-1		
男	50		市任E	674	山东	0	(2013)	市市E		全部未履行	其他有履	2015-07-03 00:00:00	2015-04-1		
男	42		市任E	674	山东	0	(2013)	任城E		全部未履行	其他有履	2015-09-30 00:00:00	2015-04-1		
女	49		市任E	674	山东	0	(2013)	任城E		全部未履行	其他有履	2015-07-03 00:00:00	2015-04-1		
男	46		市任E	674	山东	0	(2013)	王城E		全部未履行	其他有履	2015-07-03 00:00:00	2015-04-1		
男	47		市任E	674	山东	0	(2013)	王城E		全部未履行	其他有履	2015-09-30 00:00:00	2015-04-1		
男	50		市任E	674	山东	0	(2010)任E	任任E		部分未履行	违反财产	2017-02-14 00:00:00	2015-04-1	24000元	26000
男	33		市任E	674	山东	0	(2010)任E	任任E		部分未履行	违反财产	2017-02-14 00:00:00	2015-04-1	240000元	26000
男	32		市任E	674	山东	0	(2014)任E	任E		全部未履行	其他有履	2015-05-08 00:00:00	2015-04-1		
男	30		高新E	674	山东	0	(2014)	省E		全部未履行	其他有履	2015-05-29 00:00:00	2015-04-2		
男	53		高新E	674	山东	0	(2014)	省E		全部未履行	其他有履	2015-05-29 00:00:00	2015-04-2		
男	0	林彤	高新E	674	山东	1	(2014)济清	省E		全部未履行	其他有履	2015-07-01 00:00:00	2015-04-2		
男	45	王强	高新E	674	山东	0	(2014)济清	省E		全部未履行	其他有履	2016-02-17 00:00:00	2015-04-2		
男	0		高新E	674	山东	1	(2014)	省E		全部未履行	其他有履	2015-05-11 00:00:00	2015-04-2		
男	36		高新E	674	山东	0	(2014)	省E		全部未履行	其它规避	2015-11-20 00:00:00	2015-04-2		
男	36		高新E	674	山东	0	(2014)	省E		全部未履行	其它规避	2015-11-20 00:00:00	2015-04-2		
女	35		高新E	674	山东	0	(2014)	省E		全部未履行	其它规避	2015-11-20 00:00:00	2015-04-2		
男	36	宋传光	高新E	674	山东	0	(2014)	省E		全部未履行	其它规避	2015-11-20 00:00:00	2015-04-2		
女	35		高新E	674	山东	0	(2014)	省E		全部未履行	其它规避	2015-11-20 00:00:00	2015-04-2		
男	28		高新E	674	山东	1	(2014)	省E		全部未履行	其它规避	2015-11-20 00:00:00	2015-04-2		
女	25		高新E	674	山东	0	(2014)	省E		全部未履行	其它规避	2015-11-20 00:00:00	2015-04-2		
男	49	李媛	高新E	674	山东	1	(2014)	省E		全部未履行	其它规避	2015-11-20 00:00:00	2015-04-2		
女	47	宋成龙	高新E	674	山东	1	(2014)	省E		全部未履行	其它规避	2015-11-20 00:00:00	2015-04-2		
女	46	李媛	高新E	674	山东	0	(2014)	省E		全部未履行	其它规避	2015-11-20 00:00:00	2015-04-2		
男	48		高新E	674	山东	0	(2014)	省E		全部未履行	其它规避	2015-11-20 00:00:00	2015-04-2		
男	0		高新E	674	山东	0	(2014)	省E		全部未履行	其它规避	2015-11-20 00:00:00	2015-04-2		
女	0		高新E	674	山东	1	(2014)	省E		全部未履行	其它规避	2015-11-20 00:00:00	2015-04-2		
男	36		高新E	674	山东	0	(2014)	省E		全部未履行	其它规避	2015-11-20 00:00:00	2015-04-2		
女	35		高新E	674	山东	0	(2014)	省E		全部未履行	其它规避	2015-11-20 00:00:00	2015-04-2		
男	28		高新E	674	山东	0	(2014)	省E		全部未履行	其它规避	2015-11-20 00:00:00	2015-04-2		
女	25		高新E	674	山东	0	(2014)	省E		全部未履行	其它规避	2015-11-20 00:00:00	2015-04-2		

图 33 某平台开放的失信人数据

七　报告建议

在数据数量方面，建议各地持续开放更多有效数据集，重点提升数据容量，提高单个数据集的容量。

在开放范围方面，建议增强开放数据集的主题和部门多样性，个别地方可参考常见数据集清单开放各地已经普遍开放的数据，同时开放更多包容性、公益性数据，引导事业单位、国企、民企、外企与社会组织等非政府部门开放公共数据。

在关键数据集质量方面，建议开放更多高容量数据集，以 API 接口形式开放动态、高容量数据，同时及时清理可获取性、可理解性与完整性不足的问题数据，保持开放数据集的不断增长和及时更新。省本级政府部门可整合省域内各地市内容相同或相近的数据集进行开放。

在关键数据集规范方面，建议推进数据的分级分类开放，对数据集标注不同的开放类型和属性，为不同领域与使用场景的数据配备差异化的开放授权协议。为开放数据集提供可机读格式、非专属格式与 RDF 格式，降低申请和调用 API 接口的难度，为开放数据集提供丰富的元数据信息，以数据字典的形式进行详细描述说明。省域内各地市开放的相同数据集在数据项上应尽量保持一致，以便于融合利用。

在关键数据集安全保护方面，开放数据应当有效保护个人隐私，防止个人隐私数据泄露，对于法律上已失效的数据应当及时撤回。

B.6
公共数据开放利用层报告（2023）

侯铖铖*

摘　要： 数据利用是政府数据开放的成效展现环节。中国公共数据开放评估中利用层的指标体系包括利用促进、利用多样性、成果数量、成果质量、成果价值五个一级指标。其中，省域评估指标体系更关注省级赋能与省市协同，而城市评估指标体系更强调成果产出与价值释放。根据该指标体系，报告通过网络检索、数据开放平台采集、观察员体验等方式获得研究数据，对各地方开放数据的利用现状进行评估，并对各指标的优秀案例进行推介。整体上看，多数地方已经持续开展了多种类型的利用促进活动，产出了一定数量的利用成果，但在成果质量与多元价值释放方面仍需进一步努力。

关键词： 数据开放　数据利用　大数据　公共数据

　　利用层是"数果"，是数据开放的成效，旨在促进政府数据开放后的社会化利用，释放开放数据蕴含的价值。具体而言，利用层主要从利用促进、利用多样性、成果数量、成果质量、成果价值五个维度进行评估。

---

　　* 侯铖铖，复旦大学国际关系与公共事务学院博士研究生，数字与移动治理实验室研究助理，研究方向为数据开放、政府数字化转型与数字治理。

一 指标体系

利用层主要从两个维度进行评估，一是关注地方政府在促进社会主体利用开放数据方面所发挥的作用，二是评测各地开放数据利用的成果产出与价值释放。指标体系从省域与城市两个层面进行设计，如表1所示。相较而言，省域指标重视发挥省级政府对省内下辖地市的赋能、规范和协调作用，例如关注开放数据利用比赛的省市协同性，以及在省域指标中评测下辖地市的有效成果数量等。城市指标更侧重于数据利用的具体产出，例如指标聚焦于各城市产出有效成果的数量与质量，以及开放数据的价值释放现状。同时，城市指标还涉及省级和城市、城市和城市之间在数据开放利用上的协同性和互通性，例如指标会对跨城市的开放数据利用促进活动加分等。

表1 省域、城市利用层评估指标体系及权重

单位：%

一级指标	二级指标	省域评估权重	城市评估权重
利用促进	创新大赛	2.0	2.0
	引导赋能活动	1.0	2.0
利用多样性	利用者多样性	1.0	1.0
	成果形式多样性	2.0	2.0
	成果主题多样性	1.0	1.0
成果数量	有效服务应用数量	3.0	3.0
	其他形式有效成果数量	1.0	1.0
	成果有效率	1.0	1.0
成果质量	无成果质量问题	3.0	3.0
	服务应用质量	2.0	2.0
	创新方案质量	2.0	1.0
成果价值	数字经济	1.0	1.0
	数字社会	1.0	1.0
	数字政府	1.0	1.0

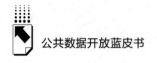

二 利用促进

利用促进是指地方政府为了推动开放数据的社会化利用而组织的各类活动。在理想状态下，"酒香不怕巷子深"，政府只需要将数据开放出来，民众、企业、社会组织、高校等社会主体就会主动获取与利用数据，释放公共数据在经济、社会、治理、科研等多方面的价值。然而在现实中，开放数据常常"藏在深闺无人识"，数据利用的广度与深度不尽如人意。这是因为公共数据从开放到开发利用，再到成果落地，往往需要具备利用主体知情、数据供需匹配、利用激励充分、数据获取无碍、开发能力充足、成果面向需求等若干条件，这些条件在现有数据开放利用生态中可能并不具备。由此，为了推动开放的社会化利用，政府除了要作为数据的供给方，为市场与社会主体供给高价值的公共数据之外，还要履行诸多信息中介与生态体系构建的职能。

首先，政府需要向市场、社会推介数据开放服务，搭建数据供需对接桥梁，扩展数据开放的影响力与可及性，以吸纳更多的主体参与到数据利用过程中。其次，数据开放部门需要扮演"数据中介"，为数据供给和需求牵线搭桥，了解利用者想要什么数据，并帮他们寻找这些公共数据。再次，政府需要向社会主体赋能，开展各类交流培训活动，提供数据利用工具和资源，帮助社会主体提高利用数据、保护数据的能力。最后，政府还需要建设一个安全、可信、高效的数据利用环境，并积极推动利用成果落地孵化，实现数据开放利用的可持续、闭环式发展。

当前在我国地方政府推动开放数据利用的实践中，最为常见的是举办综合性的开放数据创新利用比赛。截至 2022 年 10 月，在已经上线数据开放平台的 25 个省市中，超过一半举办过开放数据创新利用比赛。而在地市层面上，举办或参与过赛事的比例也接近七成。除此之外，各地也组织了一些其他更为分散化的引导赋能活动，例如行业性小赛、利用场景试点、数据需求征集、数据能力培训会等。通过各类利用促进活动，地方政府能够帮助各类社会主体理解数据开放的价值，提升数据利用的能力，实现利用成果的转化，从而调动其利用开放数据的积极性，产出更多优质的利用成果，释放开放数据的价值。

（一）创新大赛

各地政府为了促进开放数据利用，连续举办了各种类型的开放数据创新利用大赛。通过设置奖项奖励与提供落地孵化支持，赛事能够吸引企业、高校、科研院所等不同类型的社会主体积极参与，促进开放数据的社会利用。

在省域赛事中，山东省、浙江省、四川省的开放数据创新利用比赛采用了省级主办、地市作为分赛区参与的模式。例如，2022 浙江数据开放创新应用大赛采用了省市分赛区联动模式，如图 1 所示。在浙江省级赛区下，设置了杭州、宁波、温州、绍兴等多个市级赛区，增强省域联动，通过省级向地市赋能，提高赛事的系统性、规范性与影响力。

在城市赛事中，不同规模的城市适宜采取不同类型的赛事组织模式。直辖市、副省级城市及其他具有相应人口规模、行政层级、经济实力与数据治理能力的城市，可以独立举办开放数据创新利用大赛。而一些规模较小的城市，可以参与省级主办或其他城市举办的数据利用比赛，以获得最佳收益—成本比。例如，北京市、上海市、深圳市、成都市等城市独立举办了开放数据创新利用大赛，浙江省杭州市、四川省遂宁市等城市参与了省级组织的开放数据创新利用大赛。

当前，区域一体化协同发展成为政策指导方向，部分城市在举办开放数据创新利用大赛时也开始推进跨域的赛事协同，联动多个城市共同组织赛事，推动数据的跨城流动与应用的跨城覆盖。例如，深圳市举办的全球开放数据应用创新大赛推动数据跨域跨界融合，参赛者可利用香港、澳门及珠三角其他 8 个城市开放的来自政府、企业、社会等多种渠道的数据，如图 2 所示。

为了更好地对接社会与市场需求，促进成果方案的落地，开放数据创新

图1　2022浙江数据开放创新应用大赛采用了省市分赛区联动模式

资料来源：浙江数据开放创新应用大赛，https://odic.zjzwfw.gov.cn/。

利用大赛可以尝试引入社会主体设置赛题，征集创新方案，以增强赛事成果的实用价值。2022年，上海开放数据创新应用大赛（SODA）设置了"英雄帖"栏目。该栏目由企业提供附加数据和方案要求，让赛题更具有针对性、方案成果更具有落地性，如图3所示。

图 2　深圳举办的 2021 全球开放数据应用创新大赛利用粤港澳多地开放的数据

资料来源：2021 全球数据开放大赛，https：//www.sodic.com.cn/。

图 3　上海开放数据创新应用大赛设置"英雄帖"栏目

资料来源：上海开放数据创新应用大赛，https：//soda.data.sh.gov.cn/。

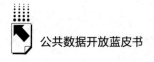

（二）引导赋能活动

引导赋能活动是指政府开展除综合性开放数据应用创新大赛以外的各种常态化、条线性、专业性的利用促进活动。例如各地政府举办数据供需对接交流会，组织专业领域的数据开放小赛，进行开放数据利用场景与成果的试点等。通过组织各类引导赋能活动，政府可以为数据供需搭桥，扩大数据开放的影响力，提升社会主体的数据利用能力。

山东省、四川省、北京市等地组织了公共数据供需对接活动，收集社会公众的数据开放诉求。例如，北京市在数据开放平台上开展了公共数据开放社会需求征集活动，以更精准地提供公共数据，如图4所示。

图4　北京市平台开展的公共数据资源开放需求征集活动

资料来源：北京市公共数据开放平台，https：//data. beijing. gov. cn/。

上海市、北京市等多个城市还举办了专业领域的数据开放小赛。例如，上海市自2016年起，已成功举办7届上海图书馆开放数据竞赛。该比赛与上海开放数据创新应用大赛合作，为参赛者提供丰富和海量的历史人文数据，推动专项数据的创新利用，征集了较多优秀作品和创意。上海市图书馆组织网络专栏，对开放数据产出的优质作品进行展示，如图5所示。

图5　第七届上海图书馆开放数据竞赛展

资料来源：上海图书馆开放数据竞赛，https：//opendata. library. sh. cn/。

北京市在交通领域组织了智慧交通开放创新大赛，围绕路口流量预测、交通信号控制、交通拥堵演化、出行方式识别等主题征集创新方案，促进交通出行数据的社会利用，如图6所示。

图6　北京市举办智慧交通开放创新大赛

资料来源：北京市公共数据开放平台，https：//data. beijing. gov. cn/。

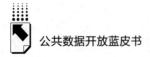

山东省青岛市、烟台市、潍坊市、威海市、日照市 5 个城市联合举办了"畅联杯"第一届胶东五市交通运输科技创新应用大赛，围绕绿色交通、智慧交通、交通产业园区等主题征集创新方案，如图 7 所示。

图 7 第一届"畅联杯"胶东五市交通运输科技创新应用大赛

资料来源：山东省交通运输厅，http://jtt.shandong.gov.cn/。

上海市在交通出行、财税金融、医疗健康等领域，开展公共数据开放利用试点项目，推动公共数据在各行业的利用，产出了银行信用贷、征信职业背调、金融风控等一批利用成果，如图 8 所示。

图8　上海市开展公共数据开放利用试点项目

资料来源：上海市公共数据开放平台，https：//data.sh.gov.cn/。

三　利用多样性

政府数据开放的成效最终体现在数据利用与成果产出上，只有社会利用开放数据产出了各种成果，才能真正释放公共数据所蕴含的价值。利用多样性针对利用主体和成果产出两个方面进行评测，具体涵盖各地政府平台上展示的有效利用成果的利用者多样性、成果形式多样性和覆盖主题多样性。

（一）利用者多样性

利用者多样性是指平台上展示的有效利用成果的利用者类型的多样性，

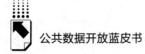
包含企业、个人、团体、高校、研究机构等利用者类型。多元主体的共同参与能够凝聚市场与社会的智慧，产出各种利用成果满足不同群体的需要，充分发挥公共数据的经济价值与社会价值。

当前开放数据的利用主体不均衡，以企业为主，高校、公民等其他社会主体仍较少。各地数据开放平台上展示的有效服务应用，超过九成由企业开发产出。高校学生、公民、科研院所等利用者主要通过参与开放数据创新利用比赛产出创新方案、研究报告等类型的利用成果，但所占比例仍较小。利用主体的不均衡不利于提升成果产出的多样性，也阻碍数据多元价值的释放。

福州市等地方政府开放数据的利用者类型较为丰富。例如，福州市的成果由企业、高校等多种利用者开发，既产出了商业服务应用，也产出了社会公益性服务应用，如图9所示。

图9　福州市的利用者类型较为丰富

资料来源：福州市政务数据开放平台，http：//data. fuzhou. gov. cn/。

（二）成果形式多样性

成果形式多样性是指各地政府平台上展示的有效利用成果的利用形式的多样性，包含服务应用、数据可视化、研究成果和创新方案等多种类型。多种形式的成果产出有利于释放开放数据在赋能经济新业态、改善社会生活、提升公共服务水平、助力科学研究、优化公共治理等多个领域的利用价值。

当前，我国政府开放数据的利用成果以服务应用与创新方案为主，研究成果等其他类型的利用成果数量仍较少。在省域中，山东省的成果形式多样性最为丰富，涵盖了服务应用、创新方案与研究成果等多种类型，如图 10 所示。

图 10　山东省展示的利用成果形式较为丰富

资料来源：山东公共数据开放网，https：//data.sd.gov.cn/portal/index。

在城市中，深圳市、济南市、日照市的成果形式多样性最为突出，有效利用成果也包括了服务应用、创新方案与研究成果等多种类型。

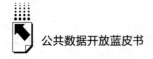

（三）成果主题多样性

成果主题的多样性是指各地政府平台上展示的有效利用成果覆盖的行业主题的多样性。多项主题的利用成果产出能够发挥政府数据开放在数字经济、数字社会多种领域的赋能作用，也反映出政府数据开放在各行业领域的相对均衡性。当前，各地有效利用成果覆盖了交通出行、卫生健康、财税金融、文化休闲、经贸工商、教育科技、农业农村、城建住房、生活服务、资源环境、信用服务、公共安全等 12 个主题领域。其中，交通出行、卫生健康、财税金融领域的利用成果较为丰富。

在省域中，贵州省的成果主题类型较为丰富。贵州省平台展示的有效利用成果覆盖了农业农村、交通出行、生活服务等主题，如图 11 所示。

图 11　贵州省的成果主题类型较为丰富

资料来源：贵州省政府数据开放平台，http：//data. guizhou. gov. cn/。

在城市中，上海市的成果主题多样性比较突出，覆盖财税金融、经贸工商、交通出行、信用服务、卫生健康、教育科技、生活服务、文化休闲等不同主题，如图 12 所示。

图 12　上海市的成果主题多样性较为丰富

资料来源：上海市公共数据开放平台，https：//data.sh.gov.cn/。

四　成果数量

　　成果数量考察社会利用各地政府开放数据产出的有效成果的数量及其占平台上展示的全部成果的比重。有效成果剔除了政府自身开发成果、不可用成果、未标注所用数据的成果、过于简单的成果等，包括服务应用、创新方案、数据可视化、研究成果四种类型。考虑到省级政府与所属地市的分工与省级向地市的赋能作用，在对省域成果数量的评测中，除了省本级产出的有效成果外，利用层还将省域所属城市的有效利用成果也计入省域得分中。

（一）有效服务应用数量

　　与 2019 年同期相比，我国政府开放数据产出的有效服务应用总量已经有了较大的提升，从 7 个增长到了 88 个。在省域中，贵州省本级的有效服务应用数量最多，山东省本级与下辖城市合计的有效服务应用数量最多。在城市中，上海市的有效服务应用数量最多，达到了 13 个。我国部分省份省本级与城市产出的有效服务应用数量如图 13、图 14 所示。

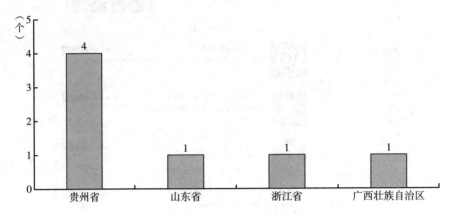

图 13 部分省份省本级的有效服务应用数量

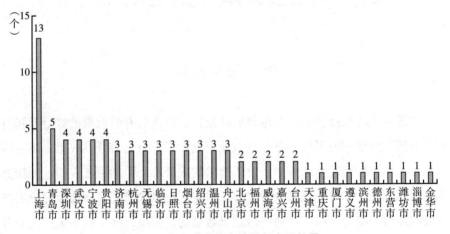

图 14 部分城市的有效服务应用数量

（二）其他形式有效成果数量

其他形式的有效成果包括开放数据比赛产出的创新方案、数据可视化、研究成果等类型。在省域中，山东省本级的其他形式有效成果数量最多，山东省本级与下辖城市合计的其他形式有效成果数量最多。在城市中，济南市的其他形式有效成果数量最多，滨州市、日照市、东营市、济宁市也有较多其他形式的有效成果。

（三）成果有效率

成果有效率是指有效成果占平台展示的全部成果的比例。在省域中，山东省、浙江省、四川省的成果有效率较高。在城市中，德州市、日照市、潍坊市等城市的成果有效率较高，平台上展示的无效成果数量较少。

五　成果质量

成果质量包括无成果质量问题、服务应用质量与创新方案质量三个指标，评测平台上展示的服务应用与创新方案是否由社会主体开发，成果是否可用且清晰地标注了所利用的开放数据集，有效成果是否有用、好用，以及公众是否爱用。高质量的利用成果能够释放政府开放数据的价值，赋能数字经济与数字社会的发展。

（一）无成果质量问题

无成果质量问题作为负向指标，评测地方数据开放平台上展示的成果是否存在政府自身开发、不可用、数据来源不明、数据关联缺失等质量问题。

（1）无政府自身开发成果是指平台上不存在由政府部门自身或委托第三方开发的利用成果，这类成果不是政府向社会开放数据后由市场进行开发利用所产生的。

（2）无不可用成果是指平台上不存在无法搜索到、能搜索到但无法下载或能下载但无法正常使用的成果。

（3）无数据来源不明成果是指平台上展示的成果不存在没有标注所利用的开放数据集的问题。

（4）无数据关联缺失成果是指平台上展示的成果不存在虽然标注了数据

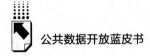

来源，但这些数据集在平台上并未开放或其质量不足以支撑该应用的开发问题。

各地政府通过清理数据开放平台上展示的无效成果，为有效利用成果标注数据来源与关联连接，能够启发与引导其他数据利用者开发新的服务应用，促进数据利用创意的生成。近年来，各地数据开放平台上展示的问题成果比例在逐渐下降。与地方数据开放无关的成果已经较少，政府自身开发成果、不可用成果的数量不断减少，数据来源未标注、数据关联缺失的问题也得到了改善。

在省域中，四川省、山东省、贵州省的成果质量得分较高。在城市中，杭州市、福州市、潍坊市、德州市、贵阳市、遵义市等的成果质量得分较高。这些地方对政府自身开发成果、不可用成果的清理力度较大，对利用成果的数据来源情况与数据链接关联标注较为全面。

（二）服务应用质量

服务应用质量评测社会主体是否利用开放数据产出了优质应用，具体要求包括开放数据可以支撑核心功能，对公众有用、公众觉得好用、公众爱用等。在省域中，山东省、浙江省、贵州省产出了优质成果。在城市中，上海市、青岛市、深圳市、杭州市、贵阳市、无锡市、烟台市等也产出了优质的应用。现列举部分优质成果如下。

1. 山东省应用——腾讯地图（核酸检测、停车场模块）

山东省平台展示的腾讯地图（核酸检测、停车场模块）是嵌入地图导航应用中的业务板块，帮助民众解决做核酸、找车位问题，如图 15 所示。该应用通过调用山东省开放的核酸采样机构信息、机关事业单位停车场信息，为民众提供核酸检测点与停车位查询功能，方便民众生活出行。

2. 贵州省应用——追花族

贵州省平台展示的"追花族"应用通过调用预警信息、气象卫星云图图像产品、精细化城镇预报等数据，为养蜂人转场提供信息服务，如图 16 所示。

图 15　山东省的腾讯地图（核酸检测、停车场模块）

资料来源：山东公共数据开放网，https：//data.sd.gov.cn/portal/index。

图 16　贵州省的"追花族"

资料来源：贵州省政府数据开放平台，http：//data.guizhou.gov.cn/。

3.深圳市应用——小区罗盘

"小区罗盘"微信小程序是一款基于多源数据的居住小区品质评测工具，如图 17 所示。该小程序面向居民多样化、个性化的居住需求，提供全方位的小区及周边生活服务质量的专业评价。该小程序结合深圳市政府数据开放平台数据、网络公开数据和自有数据，建立多项评估指标，对住房小区进行多维度的评价。该服务应用从住房决策需求出发，融合利用政府与社会数据，为居民选房购房提供参考。

图17 深圳市的"小区罗盘"

资料来源：深圳市政府数据开放平台，https：//opendata. sz. gov. cn/。

4. 青岛市应用——宜行青岛

青岛市平台展示的"宜行青岛"是一款提供停车充电查询服务的应用，如图18所示。通过该应用，用户可以在线寻找附近停车场的空闲车位，以解决停车位难找的问题。用户还能查找周边的充电桩信息，以及充电桩的剩余车位数、价格等情况。

图 18　青岛市的"宜行青岛"

资料来源：青岛公共数据开放网，http://data.qingdao.gov.cn/。

5. 杭州市应用——车来了

杭州市的"车来了"是一款公交出行应用，如图 19 所示。该应用可以查询每一辆公交的路线信息与实时位置，为市民提供乘车参考。杭州市数据开放平台开放了公交 GPS 动态数据接口，以支撑该应用的实时位置查询服务，改善市民的公交乘车体验。

6. 烟台市应用——e 车易行

烟台市的"e 车易行"是一款共享汽车出行应用，如图 20 所示。该应用通过利用政府开放的充电桩数据，鼓励用户将共享汽车停放在充电桩区域，提高共享汽车的调度效率。

（三）创新方案质量

创新方案质量是指平台上展示的开放数据比赛成果的质量，包括是否利用了开放数据、标注了所利用的数据集、提供创新方案的详细介绍说明等维度。

147

图 19　杭州市的"车来了"

资料来源：杭州市数据开放平台，https：//data. hangzhou. gov. cn/。

图 20　烟台市的"e 车易行"

资料来源：烟台公共数据开放网，http：//data. yantai. gov. cn/。

在省域中，山东省、浙江省、四川省的创新方案质量较好。例如，四川省的"防疫服务与决策支持方案"标注了有效的数据集，并提供附件对方案的数据利用情况做了介绍，如图 21 所示。

图 21　四川省的"防疫服务与决策支持方案"

资料来源：四川公共数据开放网，https：//www.scdata.net.cn/。

上海市、深圳市、广州市、武汉市、宁波市、湖州市、台州市等城市的创新方案质量较高。例如，深圳市的"开放银行-大数据风控"创新方案标注了所使用的数据集，并对创新方案的用途、数据利用情况进行了介绍，产出了可用成果，如图 22 所示。

图 22　深圳市的"开放银行-大数据风控"创新方案

资料来源：深圳市政府数据开放平台，https：//opendata.sz.gov.cn/。

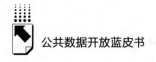

六 成果价值

价值释放是数据开放的最终诉求，开放数据在利用过程中会发挥其中蕴藏的价值，包括经济价值、治理价值、社会生活价值、学术科研价值等。当前，各地开放数据的价值释放虽然尚处在起步阶段，但已经能助力经济生产，向政府治理提供新的方案，也能够回应市场社会需求，解决民众与企业的诸多现实问题。成果价值指标包括数字经济、数字社会、数字政府三个分指标，评测各地的数据开放是否在上述三个维度上释放了价值。

（一）数字经济

数字经济领域的价值释放评测开放数据利用是否通过商业模式创新、产业结构优化等方式提升了经济效率。例如，"工商银行政采贷"是上海市数据开放的利用试点项目，如图 23 所示。该应用通过政府采购项目信息、供应商信息、中标信息等开放数据，以企业中标政府项目为主要依据，结合企业与政府的历史合作情况、项目完成情况、行政处罚情况、监督检查结果、违法失信行为等普惠金融数据进行融合分析，对中标企业给予一定额度的信用贷款。"工商银行政采贷"通过对各部门数据的整合利用，缓解信贷融资中的信息不对称，降低交易成本，让开放数据释放出经济价值。

（二）数字社会

数字社会领域的价值释放通过部分应用场景，评测开放数据利用是否真正为民众生活带来了便利。2022 年利用层评估选择的应用场景是公交出行与疫情防控。其中，公交出行场景评测当地是否开放公交实时位置相关数据，以及在部分常见应用中，当地是否实现了实时公交位置查询。疫情防控场景评测当地是否开放疫情防控相关数据，以及在部分常见应用中，是否能查询当地病例与疫情态势、核酸检测点的位置等疫情防控相关信息。

图 23　上海市试点项目服务应用——工商银行政采贷

资料来源：上海市公共数据开放平台，https://data.sh.gov.cn/。

在公交出行应用场景中，浙江省、山东省等省域，以及德州市、杭州市、深圳市等城市的得分较高。例如，杭州市开放了实时公交数据，市民可以在导航地图应用中查询公交的实时位置，规划出行时间，如图24所示。

在疫情防控场景中，山东省、浙江省、四川省等省域，以及上海市、深圳市、济南市、福州市等城市得分较高。例如，深圳市开放了核酸检测点数据，公众可在常见应用中查询到核酸检测点的位置、开放信息与实时排队情况，如图25所示。

（三）数字政府

数字政府领域的价值释放评测开放数据利用是否改进了地方的数字治理。一方面，关注社会主体是否利用开放数据为政府治理提供了新的方案。

图24　杭州市地图应用可查询实时公交位置

另一方面，关注开放数据利用成果是否促进了多元社会主体参与政府治理过程。在省域中，贵州省在数字政府方面价值释放的得分较高；在城市中，上海市、杭州市、温州市、绍兴市的得分较高。

例如，温州市的"救在身边"社会救助应用能够让用户通过平台向急救中心与附近志愿者发出求救信号，并调用急救资源位置数据，辅助民众寻找附近的 AED 设备或创伤止血包，如图26所示。

图 25　深圳市应用可查询核酸检测点的详细信息与实时排队情况

再如，温州市的"健走江湖"全民巡河创新方案通过分析公共数据，发布巡河活动，让志愿者在健身运动中参与生态治理过程，如图 27 所示。

综合数字经济、数字社会、数字政府三个价值的维度来看，当前国内开放数据利用的价值释放更侧重于经济价值与社会价值，政府治理领域的价值释放较少。虽然在开放数据利用比赛中产出了一些治理领域的创新方案，但能落地转化、真正可用的成果较少。这需要各地政府在推动开放数据利用，

图 26　温州市创新方案成果——救在身边

资料来源：温州市数据开放平台，https：//data. wenzhou. gov. cn/。

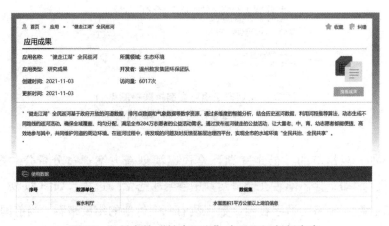

图 27　温州市的"健走江湖"全民巡河创新方案

资料来源：温州市数据开放平台，https：//data. wenzhou. gov. cn/。

赋能数字经济、数字社会发展的同时，积极引导市场、社会主体提供创新治理方案，实现共建共治共享的目标。

七　报告建议

在比赛举办（参与）方面，建议加强省域与省域、省域与地市、地市与地市之间的赛事协同，提升赛事组织的整体性与规范性，扩大开放数据创新利用比赛的影响力与参与面，同时探索行业小赛与大赛并行，结合自身特色举办专项赛事。

在引导赋能方面，建议积极组织多样化、常态化、专业性的引导赋能活动，例如数据需求征集、利用成果征集、利用项目试点、数字技能培训等，营造有利于政府数据开放利用的生态体系。

在成果数量与质量方面，建议进一步提升有效利用成果的数量和质量，清理由政府自身开发的、无法获取或无法正常使用的成果，为展示的利用成果标明所用开放数据集并提供有效链接，支持引导大赛创新方案落地转化，推动利用成果的可持续运营。

在利用多样性方面，建议鼓励和引导高校、社会组织、公众等主体参与，提高开放数据利用者类型的多样性，并通过各行业领域的促进活动提升成果形式与主题覆盖的多样性。

在成果价值方面，建议鼓励社会主体利用公共数据产出具有政府治理、经济发展、社会公益等价值的利用成果，在开放数据创新利用比赛中设置专项赛题，引导数据利用者关注开放数据的多元价值。

行 业 篇
Industrial Reports

B.7
中国交通运输公共数据开放
利用报告(2023)

郑磊 张宏 侯铖铖*

摘 要： 本报告从准备度、数据层、利用层三个维度对我国交通运输领域
公共数据开放的现状和水平进行了研究和评价。整体上，我国已
有 11 个省级和 96 个城市政府数据开放平台开放了交通运输领域
数据，交通运输部门开放的数据集总数为 9489 个，仅次于教育
部门；开放的数据容量达到 10.81 亿，仅次于市场监管和生态环
保部门。报告发现，全国范围内开放交通运输领域数据集数量较
多的省域主要集中在东部地区（山东、浙江、广东）以及西部
的部分地区（四川、贵州）。浙江、山东、江苏、杭州等多地将
交通数据作为重点和优先开放的数据，相较于 2022 年，交通运
输领域数据集总数没有明显增加，但数据容量快速增长。各地开

---

* 郑磊，博士，复旦大学国际关系与公共事务学院教授、博士生导师，数字与移动治理实验室
主任，研究方向为数字治理、政府数据开放、治理数字化转型等；张宏，复旦大学国际关系
与公共事务学院博士研究生，数字与移动治理实验室研究助理，研究方向为政府数据开放、
数字治理；侯铖铖，复旦大学国际关系与公共事务学院博士研究生，数字与移动治理实验室
研究助理，研究方向为数据开放、政府数字化转型与数字治理。

放的数据集总量与容量都存在显著的地区间差距，开放的交通运输类数据仍以静态数据为主，同时存在碎片化、低容量、更新不及时、标准不一致等问题。多地开始授权运营探索，其中海南、成都和青岛在平台上授权运营交通运输数据集并提供相应的服务和产品。在数据利用方面，交通运输领域的开放数据利用促进活动类型仍较为单一，有效成果数量较少。报告还提供了美国、荷兰、欧盟、伦敦、新加坡等国外交通运输数据开放利用的参考案例。报告最后从准备度、数据层、利用层三个维度提出了实践建议。

关键词： 公共数据开放　数据利用　交通运输

一　引言

近年来，国家对公共数据开放工作高度重视。2020 年 4 月 9 日，《中共中央国务院关于构建更加完善的要素市场化配置体制机制的意见》首次将数据与土地、劳动力、资本、技术等传统要素并列，提出要推进政府数据开放共享，研究建立促进企业登记、交通运输、气象等公共数据开放和数据资源有效流动的制度规范。2021 年 3 月 13 日，《中华人民共和国国民经济和社会发展第十四个五年规划和 2035 年远景目标纲要》中提出要"扩大基础公共信息数据安全有序开放，探索将公共数据服务纳入公共服务体系，构建统一的国家公共数据开放平台和开发利用端口，优先推动企业登记监管、卫生、交通、气象等高价值数据集向社会开放"。2021 年 12 月，国务院办公厅印发《要素市场化配置综合改革试点总体方案》，再次要求"优先推进企业登记监管、卫生健康、交通运输、气象等高价值数据集向社会开放"。

交通运输部在印发的《推进综合交通运输大数据发展行动纲要（2020~2025 年）》（交科技发〔2019〕161 号）中明确将"深入推进大数据共享开放"作为五项主要任务之一。2021 年 12 月，交通运输部发布的《"数字交通"十四五发

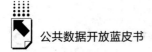

展规划》针对"行业成体系、成规模的公共数据较少,数据开放与社会期望还存在差距"的现状,提出"研究制定交通运输公共数据开放和有效流动的制度规范,推动条件成熟的公共数据资源依法依规开放和政企共同开发利用"。

作为国家经济命脉,交通运输领域生成和储存的公共数据内容丰富、应用面广,开放交通运输领域的公共数据对助推数字经济和数字社会发展具有重要意义。2021年起,"中国开放数林指数"系列报告定期发布交通运输公共数据开放利用报告,这也是"中国开放数林指数"系列报告下首个持续发布的行业领域类报告。

二　指标体系与研究方法

（一）指标体系

开放数林指数邀请国内外政界、学术界、产业界七十余位专家共同参与,组成"中国开放数林指数"评估专家委员会,以体现跨界、多学科、第三方的专业视角。专家委员会基于数据开放的基本理念和原则,立足我国政府数据开放的政策要求与地方实践,借鉴国际数据开放评估指标体系的经验,构建起一个系统、科学、可操作的地方政府数据开放评估指标体系,并为每项指标分配了权重,如图1所示。

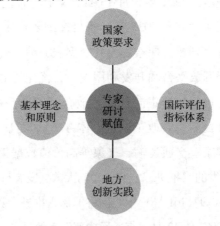

图1　"中国开放数林指数"评估指标体系的构建方法

基于开放数林指标体系，结合交通运输领域特点，报告重点从准备度、数据层和利用层三个维度及下属多级指标对交通运输领域开放的公共数据开展评估，如图 2 所示。

（1）准备度是"数根"，是数据开放的基础，包括开放要求和安全保护要求等两个一级指标。

（2）数据层是"数叶"，是数据开放的核心，包括数据数量、开放范围、关键数据集质量、关键数据集规范、关键数据集安全保护等五个一级指标。

（3）利用层是"数果"，是数据开放的成效，包括利用促进、利用多样性、成果数量、成果质量、成果价值等五个一级指标。

（二）评估范围

根据公开报道，以及使用"数据+开放""数据+公开""公共+数据""政务+数据""政府+数据""地名+数据""地名+政府数据""地名+开放数据"等关键词进行搜索，发现了截至 2022 年 10 月我国已上线的相关国家部委和地方政府数据开放平台，并从中筛选出符合以下条件的平台。

（1）平台由行政级别为地级以上的政府建设和运营（不包括港澳台）。

（2）开放形式为开设专门、统一的数据开放平台，由地方条线部门单独建设的开放数据平台不在评估范围内。

（3）平台上确实开放了电子格式、可通过下载或接口形式获取、结构化的交通运输领域数据集。

本次评估共发现符合以上条件的国家级交通运输数据开放平台 2 个（如表 1 所示），符合以上条件的省级平台 21 个（见 B.1 附表 1），符合以上条件的城市 187 个（见 B.1 附表 2）。报告将上线了这些平台的国家部委、省域和城市作为评估对象，研究我国交通运输领域公共数据开放的情况。

图 2　交通运输领域大

权重	一级指标	权重	二级指标
		3.0%	比赛举办
5.0%	利用促进	2.0%	引导赋能活动
5.0%	利用多样性	2.5%	利用者多样性
		2.5%	成果形式多样性
		4.0%	有效应用数量
8.0%	成果数量	2.0%	其他形式有效成果数量
		2.0%	成果有效率
		3.0%	服务应用质量
9.0%	成果质量	4.0%	无成果质量问题
		2.0%	创新方案质量
		1.0%	数字经济
3.0%	成果价值	1.0%	数字政府
		1.0%	数字社会
		6.0%	有效数据集总数
15.0%	数据数量	9.0%	单个数据集平均容量
8.0%	开放范围	6.0%	常见数据集
		2.0%	非政府部门来源数据集
		6.0%	优质数据集
22.0%	关键数据集质量	9.0%	无质量问题
		7.0%	数据持续性
		4.0%	开放格式
11.0%	关键数据集规范	5.0%	描述说明
		2.0%	单个数据集开放协议
4.0%	关键数据集安全保护	3.0%	个人隐私数据泄露
		1.0%	失效数据未撤回
		1.0%	数据开放对象
7.0%	开放要求	2.0%	开放范围动态调整
		2.0%	开放重点
		2.0%	数据动态更新要求
		1.0%	开放前数据审查
3.0%	安全保护要求	1.0%	开放中安全管控
		1.0%	开放后行为处理

30%
利用层 — 30%

60%
数据层 — 60%

10%
准备度 — 10%

效评估指标体系

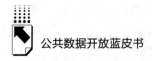

表 1 国家级交通运输数据开放平台

序号	平台名称	平台链接
1	中华人民共和国交通运输部官网数据开放栏目	https://www.mot.gov.cn/sjkf
2	综合交通出行大数据开放云平台	https://transportdata.cn

（三）数据采集与分析方法

准备度评估主要对交通运输领域公共数据开放的法律法规与政策文件、标准规范等资料进行了描述性统计分析和文本分析。搜索方法主要包括以下两种：一是在搜索引擎以关键词检索相关法律法规、政策文件、标准规范文本；二是在相关国家部委和地方政府门户网站、政府数据开放平台、行业信息标准规范平台、地方标准信息服务平台以及相关法律法规数据库，通过人工观察和关键词检索采集数据。数据采集截止时间为 2022 年 11 月。

数据层评估主要通过机器自动抓取和处理相关国家部委和各地政府数据开放平台上开放的数据，结合人工观察采集相关信息，然后对数据进行了描述性统计分析和文本分析。数据采集截止时间为 2022 年 11 月，采集范围为国家部委和各地政府数据开放平台上交通出行、交通运输等主题下各政府部门和企事业单位开放的相关数据，其中政府部门主要包括交通运输、公安、自然资源、海事等，企事业单位主要包括公交公司、城投、空港、轨道集团等。

利用层评估主要对相关国家部委和各地政府数据开放平台上展示的利用成果进行了人工观察和测试，对 2020 年以来相关国家部委和各地开展的开放数据创新利用比赛信息进行了网络检索，并对采集到的数据进行了描述性统计分析。数据采集截止时间为 2022 年 11 月。

（四）指数计算方法

指数出品方基于各地在各项评估指标上的实际表现从低到高按照 0~5

分共 6 档分值进行评分，其中 5 分为最高分，相应数据缺失或完全不符合标准则分值为 0。对于连续性统计数值类数据则使用极差归一法将各地统计数据结果换算为 0~5 分区间的数值作为该项得分。

各地平台在准备度、数据层、利用层三个维度上的指数总分等于每个单项指标的分值乘以相应权重所得到的加权总和。最终，各地开放数林指数等于准备度指数、数据层指数、利用层指数乘以相应权重的加权平均分。基于各地的最终指数得分与排名，确定综合等级。各地开放数林指数计算公式如下：

$$开放数林指数 = \sum（准备度指数分值×权重）×10\% + \sum（数据层指数分值×权重）×60\% + \sum（利用层指数分值×权重）×30\%$$

三 全国交通运输公共数据开放概貌

目前，交通运输部官网数据开放栏目（链接：https：//www.mot.gov.cn/sjkf/）与交通运输部综合交通出行大数据开放云平台（链接：https：//transportdata.cn/）都已开放了来自交通运输领域的数据集。两个平台无条件开放的数据集达 754 个，数据容量近 9000 万，数据内容主要涉及国内部分省市的交通线路站点、客运站班次、线路、货运车辆、运输与维修经营业务等方面。同时，还开放了来自航空公司和 OpenITS 联盟的研究数据。

同时，"出行云"平台上还开放了 153 个有条件开放的数据集，内容主要涉及国内部分省市的地面公交、出租车、运输车的定位数据，轨道、桥梁、隧道数据，公交、出租车的线路、站点与票价数据，高速公路路线与收费数据，百度地图路况数据以及与人口、房价、气象等相关的数据。

截至 2022 年 10 月，我国已有 208 个省级和城市的地方政府上线了数据开放平台，其中省级平台 21 个（含省和自治区，不含直辖市），城市平台 187 个（含直辖市、副省级和地级行政区），共开放了 283413 个有效数据集。其中，有 11 个省级和 96 个城市平台共开放了 9489 个交通运输领域数据集。

交通运输领域开放数据的主要提供机构包含交通运输部门、公安部门、轨道集团、公交公司等。与其他条线部门相比，交通运输行业开放的数据集总数仅次于教育部门，其后依次是文化旅游、农业农村、民政、市场监管、统计等部门；交通运输部门开放的数据容量达到10.81亿，在各部门中仅次于市场监管、生态环保部门，其后依次是住房和城乡建设、城管、医疗保障等部门，如图3和图4所示。从地域分布上来看，开放交通运输领域数据数量较多的省域集中在东部地区（山东、浙江、广东）以及西部的部分地区（四川、贵州）。

在数据数量方面，2022年全国开放的交通运输领域有效数据集总数比2021年增长约6%，无条件开放的总数据容量同比增长386%，呈现爆发式增长态势，单个数据集平均容量也有显著提升。而各地开放的交通运输领域数据集在总量与容量上仍然存在显著的地区间差距。这些交通运输领域的数据主要由各地政府部门提供，少部分地方能够开放来自国企、事业单位的交通数据。

在数据质量方面，各地开放的交通数据仍以静态数据为主，只有个别地方在数据开放平台上提供了少数实时动态数据。数据持续性有待提高，相比2021年，2022年各地开放的交通数据容量增长比例的中位数为10%，存量数据更新比例的中位数仅为18%，各地持续开放与更新数据集的程度仍然不足，多数数据停止更新或更新频率低，甚至存在碎片化与低容量等质量问题。各地开放的数据在标准规范上也不一致，缺少详细的数据字典描述说明，各地数据接口调用方式各不相同，复杂度较高，接口不能用、不易用的问题普遍存在。

在数据利用方面，少数地方在交通运输领域已开展了诸如开放数据创新利用比赛、项目案例试点等利用促进活动，产出了部分有效成果。但各地的利用促进活动类型仍较为单一，且利用主体主要为企业，个人、社会组织、高校等其他社会主体参与利用的程度不足，交通运输领域的开放数据利用尚处于起步阶段。

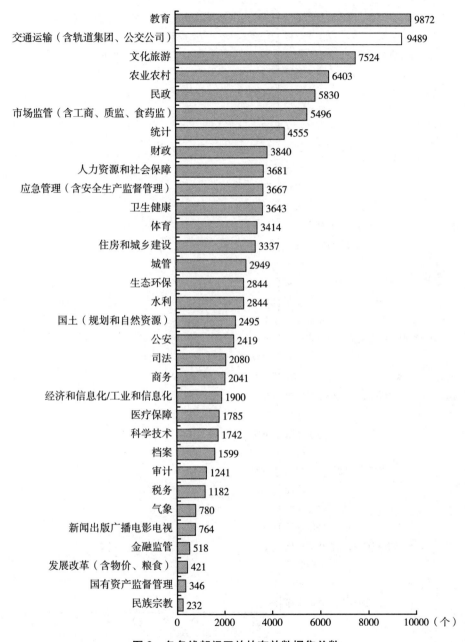

图3　各条线部门开放的有效数据集总数

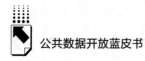

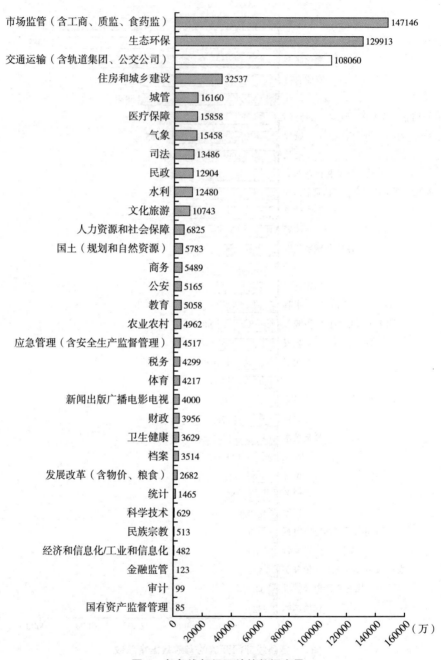

图4　各条线部门开放的数据容量

在法规政策方面，北京市、台州市等7个城市制定了专门针对交通运输领域数据开放的法规政策，对数据开放、全生命周期安全管理等方面做出了详细的规定。其他地方虽然在涉及数据开放范围和利用促进的法规政策内容中提及了"交通运输"领域，但未具体展开。

此外，《中华人民共和国国民经济和社会发展第十四个五年规划和2035年远景目标纲要》明确提出"开展政府数据授权运营试点，鼓励第三方深化对公共数据的挖掘利用"。目前，北京、上海、广东、浙江、重庆、海南、深圳、成都等省市已经以地方法规形式，初步构建起公共数据授权运营的基本原则与机制，正式迈入实践落地与规范发展阶段。表2是目前已经公开上线的地方政府公共数据授权运营平台链接，福建省与海南省，以及成都市、南京市、青岛市三个副省级城市都已上线了公共数据授权运营平台，其中海南省、成都市与青岛市在平台上运营交通运输数据集并提供相应的交通运输领域的服务与产品。

表2　地方政府公共数据授权运营平台

序号	地方	平台名称	平台链接
1	福建省	福建省公共数据资源开发服务平台	https://www.fjbigdata.com.cn/#/home/main
2	海南省	海南省数据产品超市	https://www.datadex.cn/home
3	成都市	成都市公共数据运营服务平台	https://www.cddataos.com/newIndex
4	南京市	南京市公共数据运营服务平台	http://public.njbigdata.cn/newIndex
5	青岛市	青岛市公共数据服务平台	http://dsj.qingdao.gov.cn/dataservice/home

四　交通运输开放数林指数

2023交通运输领域开放数林省域指数如表3所示。浙江与山东的综合表现最优，进入A+等级；广东与贵州也表现优异，进入A等级，其后是四川、福建等省域。在单项维度上，浙江在数据层、利用层上表现最优，山东在利用层上表现最优，均进入 A+ 等级。

表3　2023 交通运输领域开放数林指数综合等级（省域）

省域	准备度等级	数据层等级	利用层等级	综合等级
浙江	B	A+	A+	A+
山东	B	A	A+	A+
广东	C+	A	B+	A
贵州	C+	B+	A	A
四川	C+	B+	B+	B+
福建	C+	B+	B+	B+
广西	C+	B+	B+	B+
河北	C+	B+	B	B+
海南	B	B+	B	B+
江苏	B	B	B+	B
湖南	C+	B	C+	B
安徽	C+	B	B	B
辽宁	B+	B	B	B
江西	B	B	B	B
宁夏	C+	B	B	B
湖北	C+	B	B	B
陕西	C+	B	B	B
黑龙江	C+	B	C+	B
山西	C+	B	C+	B
甘肃	C+	B	C+	B
青海	C+	B	C+	B
内蒙古	C+	C+	C+	C+
吉林	C+	C+	C+	C+
云南	C+	C+	C+	C+
西藏	C+	C+	C+	C+
河南	C+	C+	C+	C+
新疆	C+	C+	C+	C+

　　2023 交通运输领域开放数林城市指数（前三十名）如表 4 所示。德州市与杭州市的综合表现最优，进入 A+ 等级；日照市、青岛市、上海市、金

华市、烟台市与深圳市也表现优异，进入 A 等级，其后是贵阳市、台州市、威海市、济南市、丽水市等城市。在单项维度上，德州市在数据层上表现最优，杭州市与青岛市在利用层上表现最优，均进入 A+等级。

表 4　交通运输领域开放数林指数综合等级（城市前三十名）

城市	准备度等级	数据层等级	利用层等级	综合等级
德州	C	A+	B+	A+
杭州	C+	A	A+	A+
日照	C+	A	B+	A
青岛	C+	B+	A+	A
上海	C	B+	A	A
金华	C	A	C+	A
烟台	C	B	A	A
深圳	C	B+	B+	A
贵阳	C	B	A	B+
台州	B	B	B	B+
威海	C	B+	B	B+
济南	C	B+	B	B+
丽水	C+	B+	B	B+
温州	C+	B	B	B+
宁波	C	B+	B+	B+
济宁	C	A	C+	B+
临沂	C+	C+	B+	B+
潍坊	C	B	B	B+
北京	B+	C+	B	B
嘉兴	C+	C+	C+	B
绍兴	C+	C+	B	B
无锡	C	C+	B+	B
东营	C	B	C+	B
枣庄	C	B+	C+	B
淄博	C	B+	C+	B
聊城	C	B	C+	B
湖州	C	C+	C+	B
厦门	C	C+	B	B
东莞	C	B	C+	B
成都	C	C+	C+	B

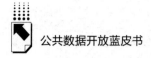

省域交通运输领域开放数林指数空间分布方面，数据开放水平较高的省域主要为东部沿海地区的浙江、山东、广东等以及西部的贵州、四川等，成为全国交通运输领域的优质"数木"。

五 地方交通运输公共数据开放标杆

（一）准备度

截至 2022 年 10 月，浙江、山东、江苏、杭州等多地将交通数据作为重点和优先开放的数据。比如 2022 年发布的《山东省公共数据开放办法》中将交通数据作为重点和优先开放的数据类别之一，如图 5 所示。

第九条 公共数据提供单位应当根据本地区经济社会发展情况,重点和优先开放与数字经济、公共服务、公共安全、社会治理、民生保障等领域密切相关的市场监管、卫生健康、自然资源、生态环境、就业、教育、交通、气象等数据,以及行政许可、行政处罚、企业公共信用信息等数据。

图 5 《山东省公共数据开放办法》对开放重点的规定

资料来源：《山东省公共数据开放办法》，http：//www. shandong. gov. cn/art/2022/2/9/art _ 107851_ 117339. html。

（二）数据层

1. 数据数量

截至 2022 年 10 月，各地共开放了 9489 个交通运输领域的有效数据集，数据总容量达到 13.5 亿，相比 2021 年增长 386%。图 6 是两个年度数据数量的比较，在数据集总数没有明显增加的情况下，数据容量快速增长，单个数据集平均容量显著增加。

数据集总量统计的是平台上可通过下载或 API 接口获取的有效数据集总数。数据容量是指将一个地方平台中可下载的、结构化的、各个时间批次发布的数据集的字段数（列数）乘以条数（行数）后得出的数量，体现的

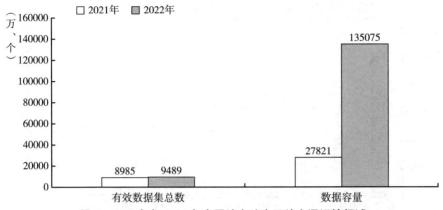

图6 2021 年与 2022 年全国地方政府开放交通运输领域

是平台上开放的可下载数据集的数据量和颗粒度。图 7 和图 8 分别列出省域与城市数据容量排名前十的地方，并反映了地方有效数据集总数、数据容量和单个数据集平均容量之间的关系。数据容量更能体现一个地方的数据开放总量，单个数据集平均容量则更能反映一个地方开放数据集的平均水平。例如，浙江全省有效数据集数量虽然相对较少，但数据总容量仅次于山东省，而单个数据集平均容量远高于其他省域。德州市开放的有效数据集总数并非最多，但开放的数据容量和单个数据集平均容量都是最高的，单个数据集平均容量达到 55 万。

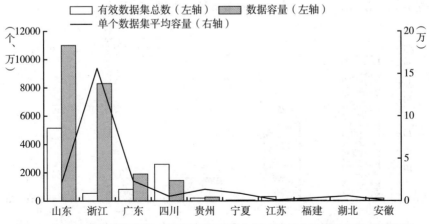

图7 省域有效数据集总数、数据容量（前十名）与单个数据集平均容量比较

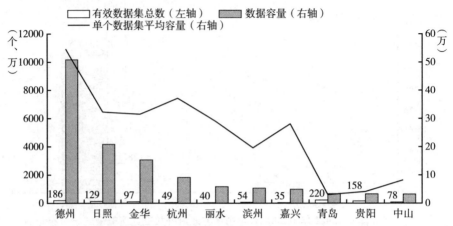

图8　城市有效数据集总数、数据容量（前十名）与单个数据集平均容量比较

2. 优质数据集

（1）高容量数据集

报告将各地开放的交通运输领域数据集中容量最高的前1%作为高容量数据集，并统计了其在各地区的分布情况。省域开放的交通运输领域数据中，高容量数据集最多的省域如图9所示，山东省开放的高容量数据集最多，达到43个，远超其他省域，其后依次是浙江省、广东省、贵州省和四川省。交通运输领域数据集中高容量数据集数量最多的是金华市，其后依次是杭州市、滨州市、巴中市、淄博市等地，如图10所示。

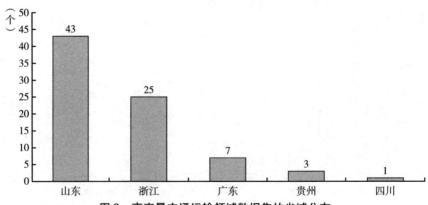

图9　高容量交通运输领域数据集的省域分布

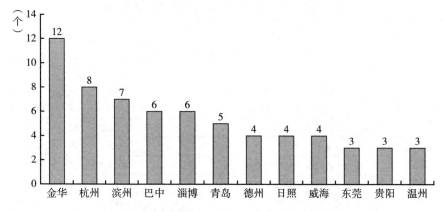

图10　高容量交通运输领域数据集的城市分布

表5和表6是省本级与城市开放的数据容量最高的前10个交通运输领域数据集，省本级开放的高容量数据集主要集中于企业经营许可、运输证、车辆船舶道路桥梁基本信息等方面，城市开放的高容量数据集主要集中于公交出租车实时位置、公交线路站点、违章案件等数据。这些数据以静态数据为主，动态数据仍旧较少。

表5　省本级平台开放的前10位高容量数据集一览表

序号	地方	数据集名称	行	列	数据容量
1	山东	省内网约车车辆基本信息表	366290	29	10622410
2	浙江	企业或者车辆风险预警信息	160508	26	4173208
3	河北	省桥梁信息	44716	90	4024440
4	浙江	浙江省企业投资项目信息(含交通运输投资项目)	92904	40	3716160
5	广东	广东省交通运输道路运输企业信用信息	495875	7	3471125
6	广东	广东省公路桥梁基础信息(国、省、县道)	107949	24	2590776
7	浙江	中华人民共和国道路运输从业人员从业资格证版式文件	465484	4	1861936
8	浙江	车辆出险数据信息	66157	26	1720082
9	浙江	渔业船舶检验证书(海事局)	45023	30	1350690
10	广东	营运客车信息	128943	9	1160487

表6 城市平台开放的前10位高容量数据集一览

序号	地方	数据集名称	行	列	数据容量
1	德州	齐河县_公交实时信息表_齐河县慧通公共交通有限公司	31436359	32	1005963488
2	日照	出租车走航空气质量数据	38299293	12	459591516
3	日照	日照市公交GPS位置数据	4037767	9	36339903
4	杭州	拥堵路口信号方案信息	949822	23	21845906
5	金华	港航船舶基本信息	350951	35	12283285
6	嘉兴	嘉兴港区智慧停车订单信息	413213	23	9503899
7	丽水	公交线路站点关联信息	979865	8	7838920
8	淮北	公交点位	300000	23	6900000
9	杭州	道路运输经营许可证信息	88882	49	4355218
10	滨州	违章案件信息	63576	58	3687408

德州市齐河县公交公司开放的"齐河县_公交实时信息表"数据集容量超过10亿,为城市在交通领域无条件开放的容量最高的数据集,包含32个字段,约3100万条数据,相应敏感信息做了脱敏处理,如图11、图12所示。

图11 德州市开放的"齐河县_公交实时信息表"数据集

资料来源:德州公共数据开放网,http://dzdata.sd.gov.cn/dezhou/。

英文信息项名	中文信息项名	数据类型	中文描述
BCBHSSDD	班次编号（实时调度）		班次编号（实时调度）
JD	经度		经度
GSMC	公司名称		公司名称
SHDZCCQBH	损坏的主存储器编号		损坏的主存储器编号
DQDZZDID	当前到站站点id		当前到站站点id
XLID	线路id		线路id
XLMC	线路名称		线路名称
SJXM	司机姓名		司机姓名
CLBH	车辆编号		车辆编号
SJSFZ	司机身份证		司机身份证
WD	纬度		纬度
CSD	车速度		车速度
ZT1K0G	状态 1开0关		状态 1开0关
SHDFCCQBH	损坏的副存储器编号		损坏的副存储器编号
CLZT	车辆状态		车辆状态
SFZX1S0F	是否在线 1是0否		是否在线 1是0否
TCBHSSDD	趟次编号（实时调度）		趟次编号（实时调度）
SBSJLOCALDATETIME	设备时间localdatetime		设备时间localdatetime
CPH	车牌号		车牌号
GSID	公司id		公司id
SBH	设备号		设备号
DSDSXTBHDHFG	丢失的摄像头编号，逗号分割		丢失的摄像头编号，逗号分割
FGDSXTBHDHFG	覆盖的摄像头编号，逗号分割		覆盖的摄像头编号，逗号分割
FX	方向		方向
ZTZT0WF1DF2TZ3WC4XTFCGZ5XTDZGZ6CLGZ7SG8QX	在途状态 0=未发,1=待发2=途中3=完成4=系统发车故障5=系统到站故障6=车辆故障7=事故8=取消		在途状态 0=未发,1=待发2=途中3=完成4=系统发车故障5=系统到站故障6=车辆故障7=事故8=取消

图 12　德州开放的"齐河县_ 公交实时信息表"数据集数据项

资料来源：德州公共数据开放网，http：//dzdata.sd.gov.cn/dezhou/。

杭州市公安局开放的"公交车辆 GPS 信息"数据集容量达到 438 万，包含 13 个字段，约 34 万条数据，如图 13、图 14 所示。

淮北市开放的"公交点位"数据集中，详细提供了公交车辆实时位置数据，包括车牌、经纬度、时间、站点、线路等重要字段，如图 15、图 16 所示。

山东省开放的"省内网约车车辆基本信息表"数据集中，详细提供了公司、车辆所在城市、车辆号码、颜色、型号、车辆运输证、定位装置等详细字段，如图 17、图 18 所示。

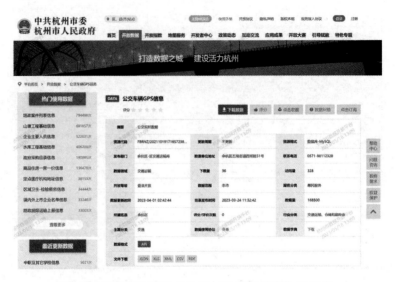

图 13　杭州市开放的“公交车辆 GPS 信息”数据集

资料来源：杭州市公共数据开放网，https：//data. hangzhou. gov. cn/。

下一个站台ID	公交车编号	线路ID	纬度	经度	路线名称	下一个站台名称	公交车车载机设备号	更新时间	距离下一个站台距离	公交车牌	公交云的车辆ID	车辆运营方向
21	6-9347	1E+09	30.28857803	120.1565704	65路	长板巷	50069347	2021-12-5 0:00	0.248639297	浙A00910D	3.30E+15	0
11	6-6026	1E+09	30.32074928	120.1316986	65路	大运河	50066026	2021-12-5 0:00	264.7731591	浙A00966D	3.30E+15	0
15	6-9346	1E+09	30.31945228	120.1322708	65路	地铁大运河站A口	50069346	2021-12-5 0:00	189.3665225	浙A09096D	3.30E+15	1
2	6-9343	1E+09	30.28084373	120.1653976	65路	朝晖一区南	50069343	2021-12-5 0:00	413.5911387	浙A07772D	3.30E+15	1
20	9-9115	1E+09	30.28085136	120.0213623	83路	巴巴西溪园区（蔡家	50099115	2021-12-5 0:00	2.983671572	浙A00963D	3.30E+15	1
23	9-9110	1E+09	30.27779197	120.0302124	83路	阿里巴巴西溪园区南	50099110	2021-12-5 0:00	256.7441754	浙A00353D	3.30E+15	0
23	9-9116	1E+09	30.27775001	120.0300292	83路	阿里巴巴西溪园区南	50099116	2021-12-5 0:00	277.7836762	浙A00377D	3.30E+15	0
23	9-9107	1E+09	30.27759361	120.0311584	83路	阿里巴巴西溪园区南	50099107	2021-12-5 0:00	157.8266567	浙A00939D	3.30E+15	0
10	9-9113	1E+09	30.28421592	120.0620803	83路	西溪白荻苑	50099113	2021-12-5 0:00	59.45073024	浙A37778D	3.30E+15	0
20	9-9109	1E+09	30.26612472	120.1041488	83路	天目山路古墩路口	50099109	2021-12-5 0:00	54.74354018	浙A00155D	3.30E+15	0
11	9-9111	1E+09	30.27777099	120.0879592	83路	合建村南	50099111	2021-12-5 0:00	704.2201948	浙A00335D	3.30E+15	1
28	9-8135	3.30E+15	30.28794097	120.2118682	220路	火车东站西	50098135	2021-12-5 0:00	84.21887901	浙A00307F	3.30E+15	1
1	9-8147	3.30E+15	30.27986335	119.9245376	220路	余杭西站	50098147	2021-12-5 0:00	49.23656722	浙A09589F	3.30E+15	0
4	9-8071	3.30E+15	30.29082298	120.1491165	220路	打索桥	50098071	2021-12-5 0:00	647.8289502	浙A25305	1001027646	1
8	9-8139	3.30E+15	30.26882743	119.9669952	220路	梅家桥	50098139	2021-12-5 0:00	0.598802724	浙A08566F	3.30E+15	0
2	9-8137	3.30E+15	30.27066612	119.9292831	220路	中南村	50098137	2021-12-5 0:00	4.02504816	浙A02722F	3.30E+15	0
19	9-8144	3.30E+15	30.27455329	119.9904556	220路	朱庙	50098144	2021-12-5 0:00	94.94474817	浙A09527F	3.30E+15	1
28	9-8073	3.30E+15	30.28824234	120.2123489	220路	火车东站西	50098073	2021-12-5 0:00	49.21672451	浙A55237	1001027636	1
25	9-8142	3.30E+15	30.29467582	120.1402359	220路	打索桥	50098142	2021-12-5 0:00	731.9895562	浙A09518F	3.30E+15	0
10	9-9374	1E+09	30.37748146	120.3027954	309路	东西大道口	50099374	2021-12-5 0:00	7.021492337	浙A09130D	3.30E+15	0
35	9-9373	1E+09	30.40953826	120.3013	309路	临平站	50099373	2021-12-5 0:00	0.667169246	浙A07009D	3.30E+15	0
3	9-9387	1E+09	30.40637207	120.3027954	309路	临平区人民法院	50099387	2021-12-5 0:00	0.458468211	浙A09399D	3.30E+15	0
28	9-9372	1E+09	30.28487777	120.225151	309路	彭埠谢家塘	50099372	2021-12-5 0:00	5.705716615	浙A09520D	3.30E+15	0
4	9-9544	1E+09	30.27679252	120.2042388	309路	皋塘桥西	50099544	2021-12-5 0:00	796.0001602	浙A05800D	3.30E+15	1
16	9-9388	1E+09	30.34682273	120.2948989	309路	十二堡	50099388	2021-12-5 0:00	1075.883729	浙A00277D	3.30E+15	0
33	9-9545	1E+09	30.28227424	120.1804275	309路	绍兴支路	50099545	2021-12-5 0:00	255.4506473	浙A08085D	3.30E+15	1
26	9-9389	1E+09	30.28960037	120.2465591	309路	兴隆村	50099389	2021-12-5 0:00	1162.421386	浙A09592D	3.30E+15	0
18	9-9304	1E+09	30.3324604	120.2845993	309路	三角村	50099304	2021-12-5 0:00	273.7000719	浙A00717D	1001030482	0
27	9-9375	1E+09	30.37745094	120.3033599	309路	东西大道口	50099375	2021-12-5 0:00	43.92594847	浙A09597D	3.30E+15	1
33	9-9303	1E+09	30.28163528	120.1803817	309路	绍兴支路	50099303	2021-12-5 0:00	185.1347806	浙A09985D	1001030481	1
8	9-9302	1E+09	30.28859138	120.2441711	309路	兴隆村	50099302	2021-12-5 0:00	30.51151279	浙A01515D	1001030476	1
15	9-9519	1E+09	30.3197689	120.270729	309路	杭海路三卫路口	50099519	2021-12-5 0:00	517.1269471	浙A07010D	3.30E+15	1
30	9-8224	1E+09	30.23858261	119.9251098	311路	新西湖小镇	50098224	2021-12-5 0:00	225.6172358	浙A00556F	3.30E+15	0
1	9-8011	1E+09	30.28666496	120.0891799	311路	蒋村公交中心站	50098011	2021-12-5 0:00	68.99987528	浙A07271F	1001027616	1
17	9-8016	1E+09	30.27448844	119.989418	311路	朱庙	50098016	2021-12-5 0:00	1.049010346	浙A02078F	1001027585	1
7	9-8236	1E+09	30.26091384	119.9498062	311路	狮山路凤新路口	50098236	2021-12-5 0:00	8.335734214	浙A03933F	3.30E+15	0
5	9-8227	1E+09	30.2498188	119.9442443	311路	总管塘	50098227	2021-12-5 0:00	1522.418265	浙A09955F	3.30E+15	0
2	9-8239	1E+09	30.28103065	120.0919799	311路	府新花园北	50098239	2021-12-5 0:00	1.545708193	浙A05515F	3.30E+15	1
15	9-8243	1E+09	30.27360153	119.9871139	311路	朱庙	50098243	2021-12-5 0:00	203.5363305	浙A06789F	3.30E+15	0
26	9-8007	1E+09	30.28644943	120.0665283	311路	南横塘	50098007	2021-12-5 0:00	491.7393983	浙A08333F	1001027612	0
20	9-8242	1E+09	30.27976417	120.021347	311路	巴巴西溪园区（蔡家	50098242	2021-12-5 0:00	327.0814544	浙A06689F	3.30E+15	0
21	9-8234	1E+09	30.26845741	119.9627532	311路	金星村	50098234	2021-12-5 0:00	138.76938	浙A01020F	3.30E+15	1
29	9-8232	1E+09	30.28096961	120.0864562	311路	府新花园北	50098232	2021-12-5 0:00	601.6541523	浙A00319F	3.30E+15	0
7	9-8240	1E+09	30.28721427	120.0704116	311路	枫树湾河桥	50098240	2021-12-5 0:00	855.2917114	浙A05111F	3.30E+15	1
13	9-8233	1E+09	30.27050399	119.9736099	311路	文一西路运溪路口	50098233	2021-12-5 0:00	200.4976056	浙A06100F	3.30E+15	0
27	9-8009	1E+09	30.24956893	119.9426727	311路	中泰公交站	50098009	2021-12-5 0:00	1029.225331	浙A07257F	1001027609	1
11	9-8228	1E+09	30.28315162	120.0306854	311路	永福村	50098228	2021-12-5 0:00	189.3039371	浙A06869F	3.30E+15	1
10	9-9324	1E+09	30.33992195	120.1794738	321路	袁家村	50099324	2021-12-5 0:00	5.3834858	浙A09951D	1001030533	0

图 14　杭州市开放的“公交车辆 GPS 信息”数据集部分内容

资料来源：杭州市公共数据开放网，https：//data. hangzhou. gov. cn/。

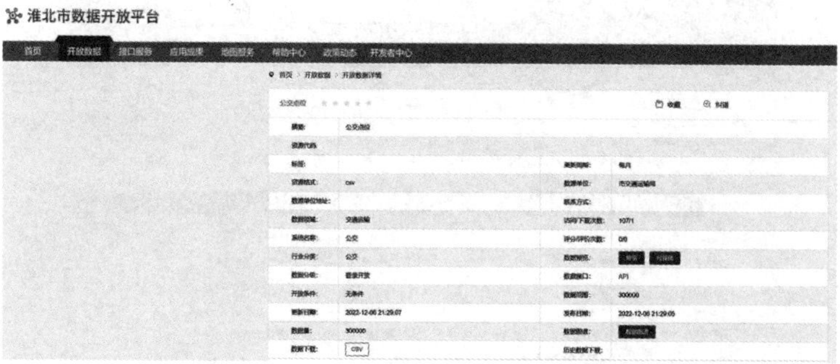

图 15　淮北市开放的“公交点位”数据集

资料来源：淮北市数据开放平台，http：//open. huaibeidata. cn：1123/#/index。

busNo	busNoCha	busState	employeef	filaNo	groupNo	isUpDown	lastDepTime	lat	lineNo	lng	machNo	motorcade	opNo	orientatior	runDistanc	runState	runTimes	siteTime	stationNo	velocity	vodeold	willRun
6062	皖F27026	-1		1	4	2	2022-3-21 23:30	33.94297	20	116.7652	2124049	99	0	0	17147	1	0	2022-3-22 8:32	-21	0	2124049	1
6099	皖F01606	-1	吴风	1	1	1	2022-3-22 7:48	33.9229	1	116.7637	2121040	34	2310	174	13801	1	2	2022-3-22 8:32	-26	4	2121040	1
2028	皖F-2354	-1		1	100	0	2021-12-30 3:01	33.98672	999	116.8445	2124032	99	0	49	0	0	0	2022-1-6 9:12	-1	0	2124032	1
6129	皖F05770	-1	王玉友	1	3	1	2022-3-22 7:57	33.96032	16	116.7942	2121041	4	3328	182	9802	1	2	2022-3-22 8:32	-19	3	2121041	1
6053	皖F27071	-1		1	4	3	2022-3-21 23:30	33.96563	15	116.7504	2123142	99	0	140	0	0	0	2022-3-18 10:29	0	0	2123142	0
6132	皖F06010	-1	刘西建	1	3	4	2022-3-22 8:33	33.9572	16	116.8235	2123166	3	1120	305	0	1	4	2022-3-22 8:32	0	0	2123166	1
6128	皖F05788	-1	杨玉西	1	3	3	2022-3-22 8:33	33.95707	16	116.8237	2123150	9	1095	156	0	1	2	2022-3-22 8:32	0	0	2123150	1
6336	皖F02210	-1	程宗升	1	4	0	2022-3-22 7:40	33.98607	15	116.8303	2145451	11	3560	354	16392	1	2	2022-3-22 8:32	-26	0	2145451	1
1975	皖F20676	-1		1	2	1	2022-3-21 23:30	33.9871	23	116.8447	2124009	99	0	84	0	0	0	2022-1-10 10:14	-1	0	2124009	1
2020	皖F22846	-1		1	2	2	2022-3-21 23:30	33.98705	27	116.8444	2124007	4	0	89	3627	1	0	2022-1-11 11:04	-1	10	2124007	1
2006	皖F22141	-1		1	4	3	2022-3-21 23:30	33.96565	15	116.7506	2124023	99	0	2	0	1	0	2022-3-9 17:48	0	0	2124023	0
2018	皖F21691	-1		1	3	0	2022-3-22 8:21	33.96695	5	116.8024	2124041	99	0	265	4388	1	2	2022-3-22 8:32	10	13	2124041	1
1981	皖F-2126	-1	赵立志	1	2	2	2022-3-21 23:30	33.93435	27	116.7793	2124043	99	3520	93	663	1	0	2022-3-21 18:13	0	0	2124043	1
1977	皖F20737	-1		1	2	0	2022-3-22 8:16	33.94927	23	116.7665	2124014	99	0	37	5477	1	4	2022-3-22 8:32	-12	0	2124014	1
1962	皖F21065	-1		1	4	2	2022-3-21 23:30	33.98697	20	116.8445	2124015	99	0	107	5166	0	0	2022-1-7 15:54	-5	0	2124015	0
1974	皖F20671	-1		1	3	2	2022-3-21 23:30	33.98677	19	116.8442	2124039	4	0	3	7781	1	0	2022-1-20 19:34	-24	0	2124039	1
2022	皖F23541	-1		1	3	2	2022-3-21 23:30	33.9869	5	116.8445	2124022	99	0	93	7624	1	0	2022-1-14 18:50	-2	0	2124022	1
1986	皖F21163	-1	刘建军	1	3	0	2022-3-22 8:04	33.9687	5	116.7788	2050579	99	4025	176	7471	1	2	2022-3-22 8:32	15	17	2050579	1
1973	皖F21071	-1		1	3	2	2022-3-21 23:30	33.987	19	116.8444	2124012	10	0	113	7781	1	0	2022-1-20 19:32	-24	0	2124012	1
1961	皖F21046	-1		1	4	2	2022-3-21 23:30	33.98678	20	116.8445	2124046	99	0	82	5166	0	0	2022-1-6 20:14	-2	0	2124046	0
2008	皖F21240	0		1	4	2	2022-3-21 23:30	33.90353	20	116.8476	2125257	99	0	257	0	0	0	2022-3-22 8:10	-1	0	2125257	1
1971	皖F21085	-1		1	4	2	2022-3-21 23:30	33.98705	15	116.8444	2124038	99	0	70	0	0	0	2022-1-20 20:08	-1	0	2124038	0
1966	皖F21097	-1		1	4	2	2022-3-21 23:30	33.98662	15	116.8441	2124017	99	0	225	0	0	0	2022-1-6 16:56	-1	0	2124017	0
2007	皖F21141	-1		1	4	2	2022-3-21 23:30	33.98803	20	116.8433	2124056	99	0	306	9509	0	0	2022-3-18 18:42	-21	0	2124056	0
2029	皖F23506	-1		1	4	1	2022-3-21 23:30	33.9867	20	116.8442	2124044	99	0	158	5166	0	0	2022-1-5 9:44	-5	18	2124044	0
2005	皖F21249	-1		1	4	2	2022-3-21 23:30	33.93432	20	116.7796	2124008	2	0	113	620	0	0	2022-3-21 19:24	-1	0	2124008	1
2035	皖F23507	-1		1	3	2	2022-3-21 23:30	33.98692	5	116.8445	2124003	99	0	100	3246	1	0	2022-1-14 19:18	-20	0	2124003	1
2037	皖F23561	-1		1	4	2	2022-3-21 23:30	33.9867	20	116.8444	2124013	99	0	349	5166	1	0	2022-1-5 9:59	-5	0	2124013	0
2030	皖F22848	-1		1	4	2	2022-3-21 23:30	33.98667	20	116.8444	2124059	99	0	18	5166	0	0	2022-1-5 10:07	-5	0	2124059	0
2004	皖F21143	-1		1	3	3	2022-3-21 23:30	33.94872	5	116.8011	2124042	99	0	0	0	1	0	2022-3-22 8:32	0	0	2124042	1
2027	皖F23310	-1		1	4	2	2022-3-21 23:30	33.98672	20	116.8446	2125256	99	0	348	5166	0	0	2022-1-5 9:40	-1	0	2125256	0
2011	皖F22142	-1	李想	1	2	1	2022-3-22 8:03	33.92828	23	116.7783	2052054	99	2266	8	9394	1	4	2022-3-22 8:32	-19	35	2052054	1
2039	皖F23375	-1		1	3	2	2022-3-21 23:30	33.98713	5	116.8444	2124011	99	0	91	7624	1	0	2022-1-14 20:34	-2	0	2124011	1
2025	皖F23503	-1		1	2	2	2022-3-21 23:30	33.98713	27	116.8445	2125258	3	0	69	8862	1	0	2022-1-11 16:00	-20	0	2125258	1
2034	皖F23579	-1		1	2	0	2022-3-21 23:30	33.98697	27	116.8445	2124028	1	0	0	0	0	0	2022-1-11 19:31	-1	0	2124028	1
2013	皖F21241	-1		1	2	0	2022-3-22 8:17	33.96882	27	116.7967	2052060	8	0	9	4824	1	0	2022-3-22 8:33	-10	26	2052060	1
1982	皖F21253	-1	孙冬	1	1	2	2022-3-21 23:30	33.9795	26	116.7545	2052056	99	1079	94	14412	1	0	2022-3-22 8:32	-24	40	2052056	1
1983	皖F21261	-1		1	2	2	2022-3-21 23:30	33.98682	27	116.8445	2124047	99	0	81	3627	1	0	2022-1-6 20:33	-6	0	2124047	1
1980	皖F21205	-1		1	1	2	2022-3-21 23:30	33.95073	26	116.767	2052026	99	0	136	10358	0	0	2022-3-18 16:05	-17	0	2052026	1
2024	皖F23513	-1		1	2	2	2022-3-21 23:30	33.98722	27	116.8445	2124030	2	0	87	8862	1	0	2022-1-11 16:26	-12	0	2124030	1
2019	皖F23509	-1		1	2	2	2022-3-21 23:30	33.98713	27	116.8445	2124025	7	0	79	8862	0	0	2022-1-11 15:50	-20	0	2124025	1
1964	皖F21053	-1		1	4	1	2022-3-21 23:30	33.98687	15	116.8446	2124006	99	0	0	0	1	0	2022-1-7 19:27	-1	0	2124006	0
1972	皖F21051	-1		1	4	2	2022-3-21 23:30	33.98683	15	116.8445	2124027	99	0	77	0	0	0	2022-1-7 15:55	-1	0	2124027	0
1968	皖F21052	-1		1	4	2	2022-3-21 23:30	33.98667	15	116.8441	2124051	99	0	178	0	0	0	2022-1-17 17:22	-1	0	2124051	0
1970	皖F21063	-1		1	4	2	2022-3-21 23:30	33.98662	15	116.8442	2124053	99	0	264	0	1	0	2022-1-7 18:04	-1	0	2124053	0
2026	皖F23520	-1		1	4	1	2022-3-21 23:30	33.9867	20	116.8448	2124045	99	0	0	0	0	0	2022-1-6 8:40	-1	0	2124045	0
2038	皖F23512	-1		1	3	2	2022-3-21 23:30	33.98718	5	116.8444	2124050	99	0	104	3246	1	0	2022-1-14 19:38	-1	0	2124050	1
2033	皖F23540	-1		1	3	2	2022-3-21 23:30	33.98697	5	116.8446	2124057	99	0	86	3246	1	0	2022-1-14 18:25	-16	0	2124057	1
1965	皖F21092	-1		1	2	2	2022-3-21 23:30	33.9873	27	116.8444	2124052	27	0	88	3627	0	0	2022-2-28 17:57	-6	0	2124052	1
2031	皖F23701	-1		1	2	2	2022-3-21 23:30	33.98708	27	116.8447	2124010	6	0	80	8862	1	0	2022-1-8 14:48	-20	0	2124010	1
1991	皖F22135	-1		1	2	2	2022-3-21 23:30	33.98683	23	116.8445	2124029	99	0	94	10196	1	0	2022-1-8 15:39	-13	0	2124029	1
2036	皖F23373	-1		1	4	2	2022-3-21 23:30	33.9867	20	116.8443	2124004	99	0	5	5166	0	0	2022-1-5 10:19	-9	0	2124004	0

图 16　淮北市开放的“公交点位”数据集部分内容

资料来源：淮北市数据开放平台，http：//open. huaibeidata. cn：1123/#/index。

浙江省开放的“企业或者车辆风险预警信息”数据集详细提供了浙江省散装水泥专用车辆公司基本信息与发生违章、事故的数量等信息，包括车牌号、企业名称、企业社会信用代码、城市、违章数量、超速数量、受伤、死亡、出险数量等详细字段，如图 19、图 20 所示。

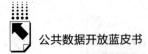

图17　山东省开放的"省内网约车车辆基本信息表"数据集

资料来源：山东公共数据开放网，https：//data. sd. gov. cn/portal/index。

图18　山东省开放的"省内网约车车辆基本信息表"数据集数据项

资料来源：山东公共数据开放网，https：//data. sd. gov. cn/portal/index。

图19 浙江省开放的"企业或者车辆风险预警信息"数据集

资料来源：浙江省人民政府数据开放平台，http：//data.zjzwfw.gov.cn/jdop_front/index.do。

图20 浙江省开放的"企业或者车辆风险预警信息"数据集部分内容

资料来源：浙江省人民政府数据开放平台，http：//data.zjzwfw.gov.cn/jdop_front/index.do。

（2）优质 API

API 接口适用于提供实时动态的高容量数据，以促进高价值数据的开放与利用。优质 API 接口需要满足接口可调用、至少每日更新、数据集容量

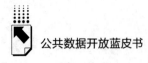

高等标准。目前，浙江省与杭州市平台提供了交通运输领域数据的优质 API 接口，如表 7 所示。图 21 和图 22 是通过接口获取的数据集的部分截图。

表 7　交通运输领域数据优质 API

序号	地方	提供单位	接口名称
1	浙江	省商务厅	车辆出险数据信息
2	杭州	余杭区-区交通运输局	公交车辆 GPS 信息

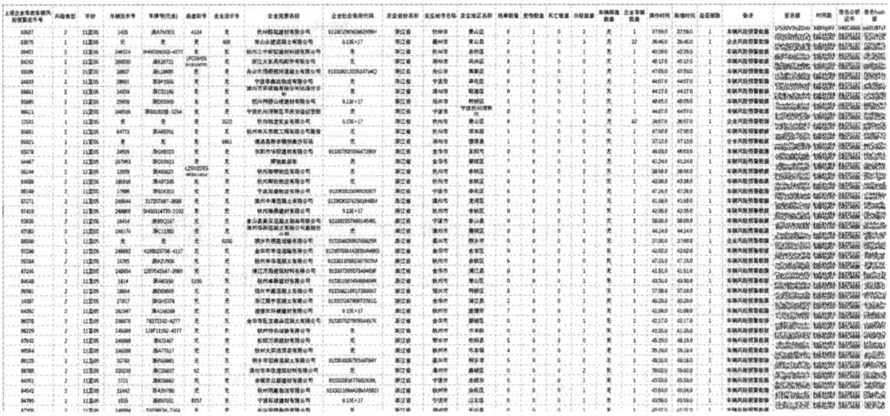

图 21　浙江省商务厅开放的“车辆出险数据信息”部分内容截图

下一个站台ID	公交车编号	线路ID	纬度	经度	路线名称	下一个站台名称	公交车车载机设备号	更新时间	距离下一个站台距离	公交车牌	公交云的车辆ID	车辆运营方向
21	6-9347	1001000073	30.28858	120.1565704	65路	长板巷	50069347	2021/12/5 0:00	0.248639297	浙A00910D	3.301E+15	0
11	6-6026	1001000073	30.32075	120.1316986	65路	大运河	50066026	2021/12/5 0:00	264.7731591	浙A00966D	3.301E+15	0
15	6-9346	1001000073	30.31945	120.1322708	65路	地铁大运河站A口	50069346	2021/12/5 0:00	189.3665225	浙A09096D	3.301E+15	1
2	6-9343	1001000073	30.28084	120.1653976	65路	朝晖一区南	50069343	2021/12/5 0:00	413.5911387	浙A07772D	3.301E+15	1
20	9-9115	1001000092	30.28085	120.0213623	83路	可里巴巴西溪园区（蔡家阁）	50099115	2021/12/5 0:00	2.983671572	浙A00963D	3.301E+15	1
23	9-9110	1001000092	30.27779	120.0302124	83路	阿里巴巴西溪园区南	50099110	2021/12/5 0:00	256.7441754	浙A00353D	3.301E+15	0
23	9-9116	1001000092	30.27775	120.0300292	83路	阿里巴巴西溪园区南	50099116	2021/12/5 0:00	277.7836762	浙A00377D	3.301E+15	0
23	9-9107	1001000092	30.27759	120.0311584	83路	阿里巴巴西溪园区南	50099107	2021/12/5 0:00	157.8266567	浙A00939D	3.301E+15	0
10	9-9113	1001000092	30.28422	120.0620803	83路	西溪白荻苑	50099113	2021/12/5 0:00	59.45073024	浙A37778D	3.301E+15	0
20	9-9109	1001000092	30.26612	120.1041488	83路	天目山路古墩路口	50099109	2021/12/5 0:00	54.74354018	浙A00155D	3.301E+15	0
11	9-9111	1001000092	30.27777	120.0879592	83路	合建村南	50099111	2021/12/5 0:00	704.2201948	浙A00335D	3.301E+15	1
28	9-8135	3.301E+15	30.28794	120.2118682	220路	火车东站西	50098135	2021/12/5 0:00	84.21887901	浙A00307F	3.301E+15	1
1	9-8147	3.301E+15	30.27986	119.9245376	220路	余杭西站	50098147	2021/12/5 0:00	49.23656722	浙A09589F	3.301E+15	0
4	9-8071	3.301E+15	30.29082	120.1491165	220路	打索桥	50098071	2021/12/5 0:00	647.8289502	浙A2S305	1001027646	1
8	9-8139	3.301E+15	30.26883	119.9669952	220路	梅家桥	50098139	2021/12/5 0:00	0.598802724	浙A08566F	3.301E+15	0
2	9-8137	3.301E+15	30.27067	119.9292831	220路	中南村	50098137	2021/12/5 0:00	4.02504816	浙A02722F	3.301E+15	0
19	9-8144	3.301E+15	30.27455	119.9904556	220路	朱庙	50098144	2021/12/5 0:00	94.94474817	浙A09527F	3.301E+15	1
28	9-8073	3.301E+15	30.28824	120.2123489	220路	火车东站西	50098073	2021/12/5 0:00	49.21672451	浙A5S237	1001027636	1
25	9-8142	3.301E+15	30.29468	120.1402359	220路	打索桥	50098142	2021/12/5 0:00	731.9895562	浙A09518F	3.301E+15	0
10	9-9374	1001000241	30.37748	120.3027954	309路	东西大道口	50099374	2021/12/5 0:00	7.021492337	浙A09130D	3.301E+15	0
35	9-9373	1001000241	30.40954	120.3013	309路	临平站	50099373	2021/12/5 0:00	0.667169246	浙A07009D	3.301E+15	0
3	9-9387	1001000241	30.40637	120.3027954	309路	临平区人民法院	50099387	2021/12/5 0:00	0.458468211	浙A09399D	3.301E+15	0
28	9-9372	1001000241	30.28488	120.225151	309路	彭埠谢家塘	50099372	2021/12/5 0:00	5.705716615	浙A09520D	3.301E+15	0
4	9-9544	1001000241	30.27679	120.2042388	309路	皋塘桥西	50099544	2021/12/5 0:00	796.0001602	浙A05800D	3.301E+15	1
16	9-9388	1001000241	30.34682	120.2948989	309路	十二堡	50099388	2021/12/5 0:00	1075.883729	浙A00277D	3.301E+15	0
33	9-9545	1001000241	30.28227	120.1804275	309路	绍兴支路	50099545	2021/12/5 0:00	255.4506473	浙A08085D	3.301E+15	1
26	9-9389	1001000241	30.2896	120.2465591	309路	兴隆村	50099389	2021/12/5 0:00	1162.421386	浙A09592D	3.301E+15	0
18	9-9304	1001000241	30.33246	120.2845993	309路	三角村	50099304	2021/12/5 0:00	273.7000719	浙A00717D	1001030482	0
27	9-9375	1001000241	30.37745	120.3033599	309路	东西大道口	50099375	2021/12/5 0:00	43.92594847	浙A09507D	3.301E+15	1
33	9-9303	1001000241	30.28164	120.1803817	309路	绍兴支路	50099303	2021/12/5 0:00	185.1347806	浙A09985D	1001030481	1
8	9-9302	1001000241	30.28859	120.2441711	309路	兴隆村	50099302	2021/12/5 0:00	30.51151279	浙A01515D	1001030476	1
15	9-9519	1001000241	30.31977	120.270729	309路	杭海路三卫路口	50099519	2021/12/5 0:00	517.1269471	浙A07010D	3.301E+15	1
30	9-8224	1001000243	30.23858	119.9251098	311路	新西湖小镇	50098224	2021/12/5 0:00	225.6172358	浙A00556F	3.301E+15	0
1	9-8011	1001000243	30.28666	120.0891799	311路	蒋村公交中心站	50098011	2021/12/5 0:00	68.99987528	浙A07271F	1001027616	1
17	9-8016	1001000243	30.27449	119.989418	311路	朱庙	50098016	2021/12/5 0:00	1.049010346	浙A02078F	1001027585	1
7	9-8236	1001000243	30.26091	119.9498062	311路	狮山路凤新路口	50098236	2021/12/5 0:00	8.335734214	浙A03933F	3.301E+15	0

图 22　杭州市余杭区开放的“公交车辆 GPS 信息”部分内容截图

（3）常见数据集

报告对各地开放的交通运输数据集的名称进行文本分析，出现次数最高的关键词有运输、道路、车辆、证、船舶、从业人员、客运、站点等。结合各地实际开放情况，报告归纳出各地开放的交通运输领域 10 类常见数据集，如表 8 所示。

表 8　各地开放的交通运输领域 10 类常见数据集

序号	数据集名称
1	交通行政许可
2	道路运输企业、从业人员、从业资格证
3	车辆船舶基础数据、车辆年审、网约车、教练车
4	公交出租车驾驶员船员信息、驾驶证、教练员
5	公路航道桥梁隧道基础数据
6	公交站点、停车场、空港码头、汽修点、加油站、车管所、培训机构、公共自行车停车位
7	公交线路轨迹、航道、客运排班、时刻表
8	交通路段路况、交通流量数据、卡口数据、吞吐量
9	交通违法违章案件、抓拍位置、受理点
10	执法人员、监督检查、安全质量检查、违法行为处罚

《中华人民共和国国民经济和社会发展第十四个五年规划和 2035 年远景目标纲要》第九章提到要"聚焦新一代信息技术、生物技术、新能源、新材料、高端装备、新能源汽车、绿色环保以及航空航天、海洋装备等战略性新兴产业，加快关键核心技术创新应用，增强要素保障能力，培育壮大产业发展新动能"。新能源汽车相关数据是保障新能源汽车产业发展的重要数据要素。

因此，报告还重点分析了当前国内各地方开放的新能源汽车相关数据集（如表 9、表 10、表 11 所示），以新能源公交车的车辆与运营数据、充电桩数据、车辆保险出险三种类型为主。除了有利于新能源汽车产业的发展，这类数据也有利于保险行业针对新能源汽车发展开发适合的保险产品。然而，目前新能源汽车相关的开放数据集具有静态低频、数据容量整体较低的特征，还无法满足相关产业发展的需求。

表9 国内各地方开放的新能源车辆与运行情况数据一览

序号	地方	提供单位	数据集名称	数据容量
1	枣庄	滕州市交通运输局	节能与新能源公交车运营信息	8060
2	成都	市经信局	新能源汽车推广应用推荐车型目录	5178
3	潍坊	潍坊市寿光市	新能源与清洁能源公交车车辆明细	3258
4	潍坊	潍坊市青州市	新能源与清洁能源公交车车辆明细	2700
5	东营	东营市河口区	河口区新能源公交车辆信息	1341
6	广安	市交通运输局	新能源汽车类型统计信息	1340
7	潍坊	潍坊市昌邑市	新能源公交车车辆信息	1068
8	菏泽	菏泽市东明县	城市公共汽电车车辆备案信息	840
9	成都	市交通运输局	新能源汽车运行数据统计表	630
10	温州	市大数据发展管理局	温州市新能源汽车每月增长量信息	448
11	成都	崇州市交通运输局	度崇州市国运公交有限责任公司能与新能源公交车运营明细表	360
12	江门	道路交通类部门	江门市江海区新能源汽车核查车辆信息	342
13	临沂	沂南县交通运输局	沂南县_交通运输局_客运科_新能源运输车辆信息	252
14	聊城	聊城市冠县	新增新能源客运汽车明细表	189
15	东营	东营市利津县	利津县新能源公交车辆信息	40
16	东营	东营市利津县	山东省新能源城乡公交车信息	40
17	广安	县交通运输局	新能源汽车推广情况	36

表10 国内各地方开放的新能源车充电桩数据集一览

序号	地方	提供单位	数据集名称	数据容量
1	宁波	市自然资源规划局	自驾出行_加油(气)站、充电站信息	5356
2	台州	台州市自然资源规划局(市海洋局、市林业局)	台州加油站充电站地理信息	2268
3	天津	津南区人民政府	津南区充电桩数据	274
4	潍坊	潍坊市青州市	青州市新能源汽车充电桩安装计划	140
5	日照	日照市大数据发展局	日照通_充电桩信息	140
6	广安	市交通运输局	新能源车及充电桩设施统计信息	104
7	威海	荣成市	荣成市汽车充电桩信息	70
8	潍坊	潍坊市寿光市	寿光市新能源汽车充电桩安装计划	39

表 11　国内各地方开放的车辆保险与风险数据一览

序号	地方	提供单位	数据集名称	数据容量
1	浙江	省商务厅	企业或者车辆风险预警信息	4173208
2	浙江	省商务厅	车辆出险数据信息	1720082
3	台州	台州市交通运输局	车辆对应承运人保险信息	68220
4	福建	福建省交通运输厅	风险评估结果	40000
5	福建	福建省交通运输厅	风险辨识范围子表	270
6	福建	福建省交通运输厅	企业风险辨识范围	182
7	滨州	滨州市交通运输局	滨州市对客运经营者不按规定投保承运人责任险的检查信息的信息	160
8	菏泽	菏泽市郓城县	对道路运输经营者违反投保承运人责任险的处罚信息	105
9	青岛	青岛市公安局	全市交通事故快速处理保险理赔服务中心	96
10	济南	济南市公安局	济南市交通事故快速处理保险理赔服务中心	93
11	临沂	临沂市公安局	临沂市_公安局_临沂市交通事故快速处理保险理赔服务中心	93
12	烟台	烟台市公安局	烟台市交通事故快速处理保险理赔服务中心	72
13	聊城	聊城经济技术开发区	曝光高危风险运输企业	72
14	巴中	市交通运输局	自然灾害抢险保通信息	54
15	巴中	平昌县人民政府办公室	机动车驾驶员培训市场投资风险预警表	45
16	聊城	聊城市茌平区	对道路运输经营者违反投保承运人责任险的处罚信息	22
17	凉山州	昭觉县	昭觉县交通运输风险隐患排查清单台账	20
18	贵阳	市公安交管局	贵阳市交通事故快速处理保险理赔服务中心	19

（4）授权运营数据集

青岛市公共数据服务平台以数据开放和授权运营的形式开放了 136 个交通出行领域数据集，并将数据分为三个等级，分别对应无条件开放、有条件开放与授权运营。截至 2023 年 5 月 12 日，平台用户发布了 26 条交通出行领域的需求，以征集产品与解决方案；同时提供了 121 条交通出行领域数据服务，包括数据模型、算法服务与解决方案三种形式，如图 23~图 25 所示。

图 23　青岛市公共数据服务平台首页

图 24　青岛市公共数据服务平台数据资源栏目（交通出行）

图 25　青岛市公共数据服务平台数据服务栏目（交通出行）

（三）利用层

各地为了促进交通运输领域的开放数据利用，开展了一系列利用促进活动，例如组织交通领域的行业小赛，在开放数据创新利用大赛中设置交通运输赛道赛题等，产出了一定数量的利用成果。这些利用成果主要覆盖了公交出行规划、停车场查询、交通政务服务、外卖配送、公路客运、公路货运、交通便利度评测、驾车路线规划、新能源充电桩查询、物流配送、航线查询等 11 个应用场景，其中，公交出行规划、停车场查询场景的成果数量最多，占全部利用成果的九成。利用成果的场景覆盖与典型示例如表 12 所示。

表 12　交通运输领域利用成果覆盖的应用场景

序号	应用场景	主要功能	利用数据	成果示例
1	公交出行规划	查询公交路线、站点、时间,辅助用户规划出行方案	公交路线、公交站点等	车来了
2	停车场查询	查询停车场的位置、车位数量、价格、运营时间等信息	停车场位置	慧停车
3	交通政务服务	查询交通办事服务点信息	车管办事点	平安好车主

序号	应用场景	主要功能	利用数据	成果示例
4	外卖配送	根据公路信息、道路客流量等数据辅助规划外卖配送路线方案	公路信息、地铁进出客流量	上海市美团地图生活服务试点项目
5	公路客运	查询客运班车路线与停靠站点信息	道路旅客运输站	人人巴士
6	公路货运	利用高速公路、超限检测站等信息辅助货车司机规划路线	超限检测站	货车帮
7	交通便利度评测	通过分析公交站点、车辆泊位数据,评测小区的交通便利度	公交数据、车辆泊位数据	小区罗盘
8	驾车路线规划	根据道路拥堵情况,为用户规划驾驶路线	道路拥堵数据	北京市智慧出行服务
9	新能源充电桩查询	查询充电站位置,规划路线	充电站位置数据	易停易行
10	物流配送	根据道路数据,规划物流配送方案	道路信息	黑蜂物流
11	航线查询	为轮船规划航线	航线信息	船舶导航系统

报告对各地在交通运输领域的利用促进活动与利用成果进行了比较分析,在比赛举办、服务应用质量、创新方案质量、成果价值等方面筛选出部分标杆案例。

1. 胶东五市联合举办交通数据开放比赛

青岛市联合烟台市、潍坊市、威海市、日照市四个城市,共同举办了第一届"畅联杯"胶东五市交通运输科技创新应用大赛,如图 26 所示。该比赛以"低碳绿色智慧·协同创新发展"为主题,设置了绿色交通研究与应用、智慧交通研究与应用、交通产业园区概念设计研究与应用三条赛道。参赛者可以利用五个城市开放的公共数据,为解决公路、水运、轨道交通、航空、城市交通等领域相关问题提供创新方案。

2. 腾讯地图利用山东省开放数据,帮助民众查询周边停车场

山东省平台展示的腾讯地图(停车场模块)是嵌在地图导航应用中的业务板块,帮助民众解决找车位问题,如图 27 所示。该应用通过调用山东省开放的机关事业单位停车场信息,为民众提供周边停车位查询功能,方便民众生活出行。

图26 第一届"畅联杯"胶东五市交通运输科技创新应用大赛

资料来源：《关于举办第一届"畅联杯"胶东五市交通运输科技创新应用大赛的通知》，http：//jtt. shandong. gov. cn/art/2022/5/6/art_ 14101_ 10300185. html。

图27 山东省的"腾讯地图（停车场模块）"

资料来源：山东公共数据开放网，https：//data. sd. gov. cn。

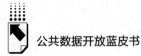
3. 杭州市开放实时公交位置数据，支撑应用公交到站查询功能

杭州市开放了实时公交位置数据，以支撑市场应用的公交出行规划功能。市民可以在导航地图应用中查询公交的实时位置与预计到站时间，更为高效地规划出行，如图 28 所示。

图 28　杭州市地图应用可查询实时公交位置

4. 烟台市应用"e车易行"利用充电桩数据,鼓励用户将共享汽车停放在充电站

烟台市的"e车易行"应用提供新能源汽车共享出行服务,如图29所示。该应用通过利用平台开放的充电桩数据,鼓励用户将汽车停放在充电站,以节约运营成本与提高新能源汽车利用效率。

图29 烟台市"e车易行"应用利用平台开放的充电桩数据

资料来源:烟台公共数据开放网,http://ytdata.sd.gov.cn。

5. 湖州市创新方案"车路协同云服务平台",搭建自动驾驶仿真测试场景

"车路协同云服务平台"是2022浙江数据开放创新应用大赛的一等奖项目,如图30所示。该项目通过智能交通体系产生的真实交通数据,同时结合政府开放的高精地图、红绿灯等数据,在满足数据合规要求的前提下,为自动驾驶公司提供更真实、更丰富的仿真测试场景,助力相关企业进行算法的优化和提升。

6. 上海市交通数据授权运营产品"城市智慧泊车",支撑停车类应用

"城市智慧泊车"是上海市交通公共数据运营主体"随申行"推出的数据产品。该产品对上海市公共停车场信息进行清洗和进一步加工,旨在面向地图商、导航软件提供商、停车服务商等用户提供停车场的位置信息与可用泊位空余度查询服务,如图31所示。

图30 湖州市创新方案"车路协同云服务平台"

资料来源：湖州市数据开放平台，http：//data. huz. zjzwfw. gov. cn。

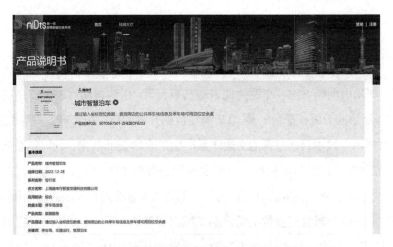

图31 上海市交通数据授权运营产品"城市智慧泊车"

资料来源：上海数据交易所，https：//www. chinadep. com。

六　交通运输公共数据开放国外案例

（一）数据层

1. 美国特拉华州开放交通事故数据

美国特拉华州数据开放平台（链接：https：//data.delaware.gov/）开放该州自 2009 年以来到查询时间点半年以前发生的交通事故数据，如图 32 所示。数据来源于该州 DSHS 部门公开发布的事故报告，共有 45 万行、37 个数据项，包括事故时间、照明条件、事故类型与说明、是否撞到行人、车辆撞击位置、是否酒驾吸毒等事故相关信息，但不包含个人信息。该数据每月更新一次，开放给社会利用，有助于识别、评估潜在事故现场或危险道路条件，增强铁路-公路交叉口的安全性。

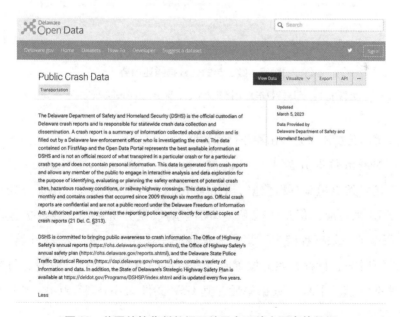

图 32　美国特拉华州数据开放平台开放交通事故数据

资料来源：美国特拉华州数据开放平台，https：//data.delaware.gov/。

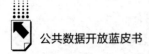

该数据集的描述说明非常丰富，如图 33 和图 34 所示，除了提供了丰富的元数据，还提供了数据字典，并在字典中以较多篇幅详细说明每个数据项的内容，帮助用户理解数据内容与相关背景信息，对数据利用者十分友好。

What's in this Dataset?

Rows	Columns	Each row is a
455K	**37**	**A de-identified data field derived from an ecrash report**

Columns in this Dataset

Column Name	Description	Type
CRASH DATETIME	The date and time at which the crash occurred.	Date & Time (with timezone)
DAY OF WEEK CODE	Code to describe the day of week: 01 - Sunday; 02 - Monday; 0...	Plain Text T
DAY OF WEEK DESCRIPTION	Day of the week that the crash occurred.	Plain Text T
CRASH CLASSIFICATION CODE	Code to describe the ECRASH Report type crash classification:...	Plain Text T
CRASH CLASSIFICATION DESCRIPTION	ECRASH reports are sorted into four categories. The categorie...	Plain Text T
COLLISION ON PRIVATE PROPERTY	Private property is defined here as location inputs of "outside ...	Plain Text T
PEDESTRIAN INVOLVED	Indicates if a pedestrian was involved in the collision.	Plain Text T

Show All (37)

图 33　数据集的元数据描述内容

资料来源：美国特拉华州数据开放平台，https：//data. delaware. gov/。

2. 美国芝加哥市开放出租车行程数据

芝加哥市数据开放平台（链接：https：//data. cityofchicago. org/）开放了 2 亿多条出租车行程数据。平台将出租车车牌号隐去，用经过处理的出租车 ID 来对应，保护了隐私，却不影响数据分析利用。该数据包含了 23 个数据项，如行程编号、出租车识别码、出租车公司、行程开始时间、行程结束时间、行程开始的位置、行程结束的位置、票价、收费、付费类型等关键信息。下载该数据集后，其 CSV 文件大小达 55.4GB，如图 35、图 36 所示。

3. 芝加哥交通管理局开放公交车实时位置数据接口

芝加哥交通管理局（CTA）（链接：https：//www. transitchicago. com/

Data Dictionary for Dataset: Crash Data

Column	Column Name / Field Name	Description		
A	CRASH DATE AND TIME	The date and time at which the crash occurred.		
B	DAY OF WEEK CODE	Code to describe the day of week.		
		Code	Text	
		01	Sunday	
		02	Monday	
		03	Tuesday	
		04	Wednesday	
		05	Thursday	
		06	Friday	
		07	Saturday	
C	DAY OF WEEK DESCRIPTION	Day of the week that the crash occurred.		
D	CRASH CLASSIFICATION CODE	Code to describe the ECRASH Report type crash classification.		
		Code	Text	
		01	Non-Reportable	
		02	Property Damage Only	
		03	Personal Injury Crash	
		04	Fatality Crash	

Data Dictionary for Crash Data   1 of 10

Column	Column Name / Field Name	Description
E	CRASH CLASSIFICATION DESCRIPTION	ECRASH reports are sorted into four categories. The categories are determined by the following factors, which are applied in sequence: 1) the nature of the crash location (i.e., private property vs. trafficway); 2) the most serious level of injury (i.e., fatal involved, personal injury involved, or property damage only); and 3) if a property damage collision only, the apparent extent (dollar value estimate) of damage.
		Private property is defined here as location inputs of "outside of right of way (private property)" and "private parking lot" in the collision reports. See also 21 Del. C. § 101(55). Trafficways are excluded from private property.
		A "Non-Reportable" classification occurs under two circumstances. First, all collisions on private property, regardless of whether the collision results in a fatality, personal injury, or property damage only, are included in this category. Second, all collisions on trafficways that result in property damage only (i.e., a non-fatal or non-personal injury event) and are of an apparent extent below $2,000 (or $1,500 if before September 30, 2021), which is Delaware's duty to report a collision threshold. See generally 21 Del. C. § 4203.
		A "Property Damage Only" classification refers to a collision that occurs on a trafficway and results in property damage only (i.e., a non-fatal or non-personal injury event) to an apparent extent of $2,000 or more (or $1,500 or more if before September 30, 2021).
		A "Personal Injury Crash" or "Fatality Crash" classification refers to a collision that occurs on a trafficway and the category reflects the most serious degree of injury present.

图 34　数据字典中对数据项内容的详细说明

资料来源：美国特拉华州数据开放平台，https：//data. delaware. gov/。

data/）在官方网站的开放数据栏目中开放了各类公交车实时位置数据，这些数据由公交车车辆上的列车跟踪器采集并实时上传到 CTA 系统，而这些接口将从 CTA 中调用每分钟更新一次的数据，如公交车跟踪器接口提供了公交车所在位置、路线、服务状态、到达下一站的预估时间等信息，开发者

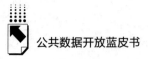

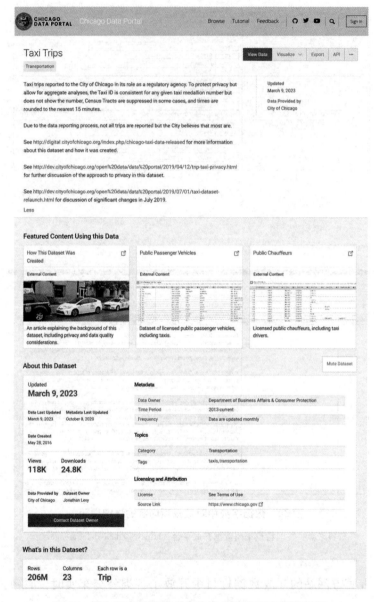

图35 芝加哥市数据开放平台开放的出租车行程数据

资料来源：美国芝加哥市数据开放平台，https：//data.cityofchicago.org/。

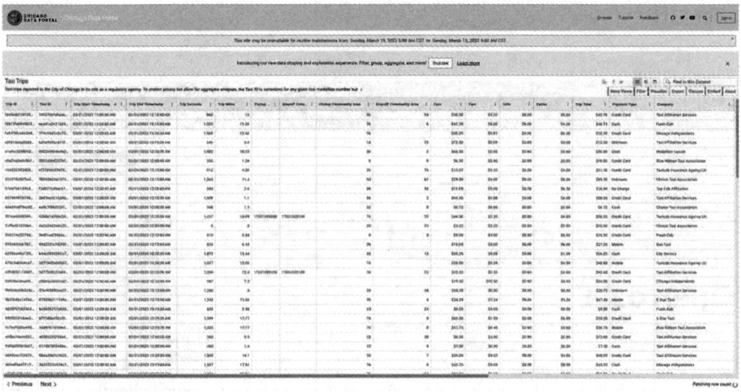

图36　美国芝加哥市开放的出租车行程数据部分内容预览

资料来源：美国芝加哥市数据开放平台，https：//data. cityofchicago. org/。

依据接口详细的使用说明接入数据，可以方便地在所需应用中调用实时数据，如图37所示。网站还提供了列车跟踪器的数据以及公交车站、路线、停车场等其他相关数据。接口申请便捷，使用说明非常详尽，如图38所示。

4. 荷兰国家道路交通数据门户开放实时数据，支撑交通规划应用

荷兰从2020年开始以国家道路交通数据门户（如图39所示，http：//opendata. ndw. nu/）向社会开放交通领域采集的实时数据。平台汇聚荷兰国内各地方交通领域供应商提供的数据并在提升质量后开放给社会。

平台提供了道路管制数据服务，开放道路工程和临时交通措施等可能导致交通延误的事件数据，该数据的供应商也以数据可视化形式开放了该数据。如图40所示，网站不仅提供原始数据的下载服务，还提供了管制路段的位置、管制原因、起始时间、预计延误时间等信息查询服务，既能够支撑技术企业开发交通规划应用，又能为司机提供实时交通信息与未来道路流量预测。

这些数据同时也在荷兰政府开放数据门户（https：//data. overheid. nl/community/organization/ndw）以及欧盟开放数据门户（https：//data. europa. eu/en）上开放。

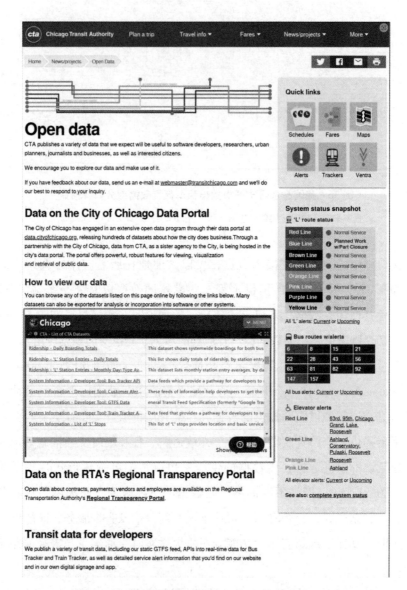

图37 芝加哥交通管理局提供了各类公交车实时数据接口获取方式

资料来源：美国芝加哥市数据开放平台，https：//data. cityofchicago. org/。

chicago transit authority
Bus Tracker API documentation

Introduction

The Bus Tracker API allows for querying data from the CTA Bus Tracker service, with an XML document as output. The system can provide estimated arrival times for buses as they approach bus stops, as well as route, service and vehicle location data. Information about buses and their estimated arrivals is updated about once every minute.

Note that in using this API, you must agree to our License Agreement and Terms of Use.

Table of Contents

Introduction 1
Overview 2
    What is the Bus Tracker API? 2
    What data is available through the API? 2
    Will my application break if changes are made to the API? 2
    How does the Developer API work? 2
    Is there a limit to the number of requests I can make to the Developer API? 3
Web Service 3

Reference 4
    Calling Version 2 5
    JSON support using the "format=json" parameter in the requesting URL 5
    getpredictions includes a delay and countdown field for all results 5
    Time 6
    Vehicles 8
    Routes 12
    Route Directions 15
    Stops 17
    Patterns 20
    Predictions 24
    Error codes 32
Developer License Agreement and Terms of Use 34
Acknowledgements 40

cta transitchicago.com   Clever Devices   v2.0 / rev. 2016-09-29 / p.1

图38 芝加哥交通管理局提供了各类公交车实时数据接口使用说明

资料来源：美国芝加哥市数据开放平台，https：//data.cityofchicago.org/。

5. 优步开放城市行程时间数据集

优步的开放数据集（链接：https：//movement.uber.com/？ lang = en -US）是一个基于优步出行数据提供的城市规划工具。它可以让用户下载和分析超过700个城市的历史出行数据，包括行程时间、路线选择、交通流量等方面。图41展示了优步阿姆斯特丹城市行程数据的可视化交互分析与原始数据获取功能，用户在选择城市后会进入这样的地图交互的可视化工具，在地图上选择两个位置后，能够自动计算不同时期这两个位置行程所需时间；用户也能够下载该城市所有行程数据，图42是该数据部分内容预览，可以看到数据包含该城市各区块ID之间的平均行程时间。

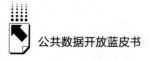

图39　荷兰国家道路交通数据门户

资料来源：荷兰国家道路交通数据门户，http：//opendata. ndw. nu/。

图40　荷兰国家道路交通数据门户开放的道路管制数据

资料来源：荷兰国家道路交通数据门户，http：//opendata. ndw. nu/。

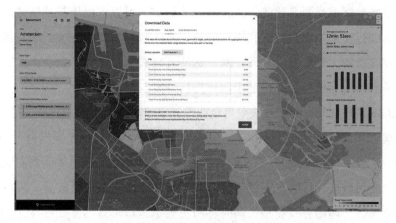

图41 优步开放数据集中的阿姆斯特丹城市行程数据

资料来源：Uber Movement 平台，https：//movement. uber. com/？ lang＝en-US。

sourceid	dstid	hod	mean_travel_time	standard_deviation_travel_time	geometric_mean_travel_time	geometric_standard_deviation_travel_time
30	165	7	806.26	302.36	749.24	1.48
36	105	7	716.57	294	656.79	1.53
130	32	7	487.59	260.41	435.1	1.58
132	12	7	704.37	374.58	645.47	1.47
8	173	11	709.19	167.48	694.21	1.21
172	176	10	275.41	172.41	212.4	2.57
178	116	10	808.13	354.89	751.02	1.43
31	28	18	721.12	361.48	651.32	1.56
30	38	18	1330.64	380.42	1281.08	1.31
179	106	10	499.59	355.27	411.55	1.79
66	69	13	430.77	199.46	397.45	1.46
65	79	13	851.28	202.19	831.9	1.23
153	50	0	659.76	248.48	623.54	1.38
68	49	13	853.37	201.5	828.72	1.28
150	80	0	991.1	237.65	961.6	1.28
63	99	13	918.05	1023.08	713.46	1.79
176	136	10	1188.93	237.22	1165.69	1.22
84	128	11	438.48	217.8	408.03	1.41
83	138	11	377.99	238.38	340.15	1.51
86	108	11	547.92	185.36	519.12	1.39
80	168	11	1017.8	92.34	1014	1.09
82	148	11	474.77	226.84	425.96	1.61
91	102	21	774.25	263.44	730.71	1.41
130	33	22	270.93	153.26	249.27	1.46
131	23	22	1089.79	272.36	1056.81	1.28
84	119	7	654.82	220.5	625.52	1.33
83	129	7	914.55	240.2	886.6	1.27
119	123	13	166.97	105.18	131.92	2.23
117	143	13	1075	250.48	1048.24	1.25
66	7	3	826.47	184.52	809.61	1.22
87	148	6	893	46.99	891.8	1.05
30	28	1	768.4	402.97	688.69	1.58
176	3	9	635.25	273.15	586.18	1.47
81	149	7	507	113.64	495.23	1.24
81	28	23	895.81	255.36	864.25	1.3
80	38	23	727.96	280.53	685.63	1.39
145	49	15	800.67	249.18	765.05	1.35
80	24	4	795.22	433.7	709.54	1.59
134	96	15	742.47	292.6	695.21	1.42

图42 优步开放数据集中的阿姆斯特丹城市行程数据部分内容截图

资料来源：Uber Movement 平台，https：//movement. uber. com/？ lang＝en-US。

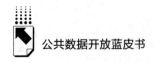

这些数据都是匿名化的，并符合开放标准，可以方便地与其他城市规划数据集进行整合。用户可以利用这些数据来了解城市的出行模式和趋势，帮助改善城市的交通状况和基础设施。这些开放数据来自私营企业，并提供了智能平台与交互分析工具，便于用户进行开发与增值利用。

6. 欧盟开放数据门户开放来自企业的共享单车使用数据

欧盟开放数据门户（https：//data. europa. eu/en）开放了国际、欧盟、国家、区域、本地和地理数据门户的数据。平台开放了都柏林市共享电动自行车的使用数据，该数据提供 API 接口并每 5 分钟更新一次数据，接口由运营公司提供，调用方式简易；同时将历史数据集以 CSV 文件格式提供下载，历史数据集以 30 分钟颗粒度提供。这些开放数据来自私营企业，更新频率高，接口调用方便，如图 43 所示。

（二）利用层

1. 西雅图 A/BStreet 游戏，模拟优化城市交通运行方案

A/BStreet 是一款模拟城市交通运行的游戏，玩家们可以自行编辑车道和十字路口的设计以改善交通流，游戏中的方案可用于优化现实中的交通政策，如图 44 所示。该游戏利用西雅图开放的真实交通基础设施数据，包括人行道、转弯车道、停车场、交通信号灯等，并模拟汽车、自行车、公共汽车和行人穿过。玩家可以重新分配现有道路空间（例如将一般车道转换为公交专用道）并编辑十字路口信号灯，然后运行详细的对比测试以探索其对所有人的影响。该应用还尝试基于人口统计数据生成交通需求模型，将游戏方案扩展到西雅图以外的更多城市，帮助用户理解数据内容与相关背景信息，对数据利用者十分友好。

2. 欧盟 QROWD 项目融合利用多源数据，减少交通拥堵

为了治理交通拥堵问题，更好地规划和管理城市交通，欧盟 QROWD 项目提供了一个平台来设计城市的交通和移动服务，并收集服务数据，与市民、游客、城市规划者交流互动，如图 45 所示。该平台在意大利特伦托市进行了试点，通过利用政府部门的开放数据，包括地理、交通、气象、人

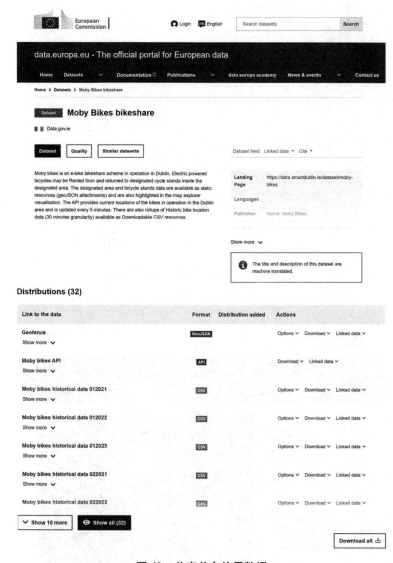

图 43　共享单车使用数据

资料来源：欧盟开放数据门户，https：//data. europa. eu/en。

群、基础设施和公共交通等，并收集公众的需求信息，对城市交通状况进行预测并提供改善建议。

图 44　A/BStreet 模拟城市交通状况

资料来源：A/B Street 项目，https：//www.democracylab.org/projects/218。

图 45　欧盟 QROWD 项目

资料来源：欧盟 QROWD 项目，https：//cordis.europa.eu/project/id/732194。

3.伦敦交通局建设开放数据技术论坛，与开发者进行互动交流

伦敦交通局（TFL）针对交通开放数据利用建设运营了一个技术论坛，如图46所示。数据提供方可以在论坛中开放最新事件与数据集，以及发布和解答有关数据本身和如何使用开放数据的问题，开发者可以在论坛中分享使用开放数据的创新方案与改进建议。

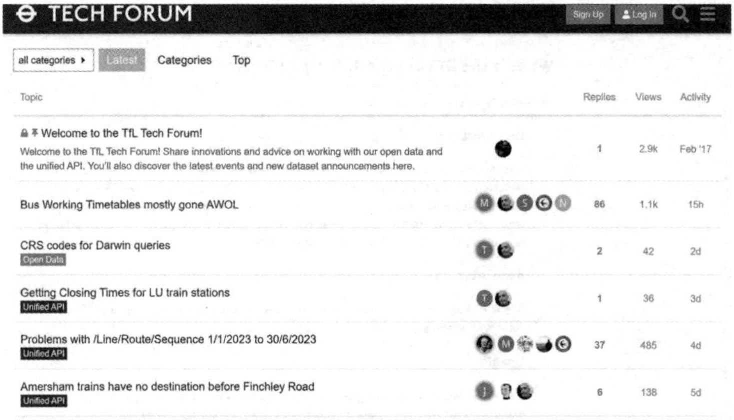

图46　伦敦交通局的开放数据技术论坛

资料来源：伦敦交通局，https：//tfl.gov.uk。

（三）准备度

1.美国运输统计局通过立法推动交通运输数据开放

美国运输统计局（BTS）负责汇编、分析和发布各类交通领域的统计数据，上线了数据开放平台（data.BTS.gov），要求交通数据是可发现的、可获取的、可用的和可分享的，如图47所示。

除了满足交通部的需求外，美国还立法要求运输统计局服务于整个运输界，明确包括州和地方政府、私营企业和公众等不同需求的客户。《基础设施投资和就业法案》将对致力于向公众开放共享数据的项目给予更多支持，如图48所示。

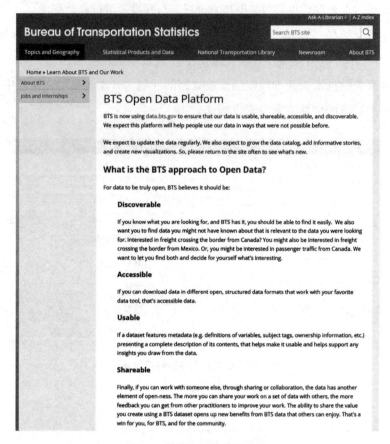

图 47　美国运输统计局官网

资料来源：https：//www. bts. gov/learn-about-bts-and-our-work/bts-open-data-platform。

2. 欧洲铁路工业联盟将数据开放列入未来技术发展方向

欧洲铁路工业联盟（UNIFE）2020 年发表《适应数字时代的铁路》报告，提出了包括数据开放在内的多个未来技术发展方向。其中数据开放这一发展方向重点强调在数据生产者和数据使用者之间分享信息，在此基础上探索大数据分析不断上升的潜力。开放数据有助于预测资产情况，提高风险诊断能力、运维工作的预见性以及能源使用效率，如图 49 所示。

PUBLIC LAW 117–58—NOV. 15, 2021　　135 STAT. 841

in such manner, and containing such information as the Secretary may require.

(2) TRANSPARENCY.—The Secretary shall include, in any notice of funding availability relating to SMART grants, a full description of the method by which applications under paragraph (1) will be evaluated.

(3) SELECTION CRITERIA.—

(A) IN GENERAL.—The Secretary shall evaluate applications for SMART grants based on—   Evaluation.

(i) the extent to which the eligible entity or applicable beneficiary community—

(I) has a public transportation system or other transit options capable of integration with other systems to improve mobility and efficiency;

(II) has a population density and transportation needs conducive to demonstrating proposed strategies;

(III) has continuity of committed leadership and the functional capacity to carry out the proposed project;

(IV) is committed to open data sharing with the public; and

(V) is likely to successfully implement the proposed eligible project, including through technical and financial commitments from the public and private sectors; and

(ii) the extent to which a proposed eligible project will use advanced data, technology, and applications to provide significant benefits to a local area, a State, a region, or the United States, including the extent to which the proposed eligible project will—

(I) reduce congestion and delays for commerce and the traveling public;

(II) improve the safety and integration of transportation facilities and systems for pedestrians, bicyclists, and the broader traveling public;

(III) improve access to jobs, education, and essential services, including health care;

(IV) connect or expand access for underserved or disadvantaged populations and reduce transportation costs;

(V) contribute to medium- and long-term economic competitiveness;

(VI) improve the reliability of existing transportation facilities and systems;

(VII) promote connectivity between and among connected vehicles, roadway infrastructure, pedestrians, bicyclists, the public, and transportation systems

(VIII) incentivize private sector investments or partnerships, including by working with mobile and fixed telecommunication service providers, to the extent practicable;

(IX) improve energy efficiency or reduce pollution;

图 48　《基础设施投资和就业法案》内容

资料来源：《基础设施投资和就业法案》，https：//www.congress.gov/117/plaws/publ58/PLAW-117publ58.pdf。

IN-DEPTH FOCUS | THE CONNECTED RAILWAY

> *The future of rail lies in its flexibility and ability to adapt to and incorporate future technological advances*

1. Intelligent transport networks

The combination of interconnected technological solutions and components would make transport networks more responsive, reliable and efficient as they would be able to sense high demand, adjust capacity, measure performance, and monitor and identify the maintenance requirements of physical assets.

2. The role of users

It should never be forgotten that digital transformations are as much about humans as about pure technology. Passenger transportation is already witnessing a shift of power towards the user, as real-time information is becoming more 'personal' and multi-modal journeys are more integrated. The user's decisions, enabled by digital technology, can henceforth influence the business models and services offered by the market.

3. Pricing and payments

Nowadays, the digitalisation of tickets (e-tickets) and payments is becoming the norm, giving users more flexibility with their journeys and enabling more attractive solutions in terms of pricing. The objective is to achieve real-time passenger information and multimodal journey planning and booking across various transport modes through new interfaces for transport operators and mobility service providers.

4. Automation

Automatic Train Operation (ATO), enabled by the rollout of the European Rail Traffic Management System (ERTMS), would allow optimal train speeds and provide greater robustness in operation, whilst also positively affecting infrastructure capacity.

5. Open data

The digitalisation of the different sources of information, shared between data producers and data users, would provide the basis from which to exploit the increased possibilities of analysing big data sets. It would enable the forecasting of asset conditions and diagnosis towards risk-based predictive maintenance or optimisation of energy efficiency.

6. Cyber-security

The intensive use of digital data and communication links will increase the vulnerability of such systems. Due to the increasing integration of ICT into land transport, mobile units and infrastructure, the number of potential cyber-risks has risen steadily during the last decade[2]. The development of better resilience against cyber-attacks is, therefore, fundamental if rail transport wishes to maintain its high reliability, safety and operational continuity standards.

The value of data: The role of the European rail supply industry

Granted, a common trend encompasses all the aforementioned areas: The significance of the collection, management and processing of data. In its 'The Data Opportunity' study, Siemens Mobility stresses how the emerging importance of the use of data in rail transport is transforming the sector's business-as-usual[3]. The size and amount of available data in the railways can, however, be staggering: Rail vehicles can today send between one and four billion data points per year, and rail infrastructure/signalling can send several billions of messages per year within the system. Additionally, data related to operations control systems, advanced vehicle inspection or even the weather can also be collected and analysed for the rail sector[4].

The challenges and goals are, in principle, rather straightforward: To manage and channel this amount of data and to turn it into relevant information that can be used for targeted, effective decisions and actions. The rail supply industry, in this regard, has shown remarkable promptness in understanding the value of data and has proactively worked on solutions to utilise it. Data-focused solutions can increase value for society, operators and public authorities[5]: Maintenance can be predicted based on the true condition of a component – with a positive effect on the product life-cycle cost; failures can be prevented; energy consumption can be reduced; operational processes can be optimised on system level; and, eventually, the overall impact of problems on operations can be minimised.

There are already several data-managing solutions on the market, brought by the commitment to innovation of the rail supply industry. The objective is to offer our customers platforms for smart management of the rail system's assets. Through monitoring, analysis and prediction, using advanced algorithms, the following customer needs can be met: Increased availability, reduction of operational risk, life-cycle cost reduction and increased utilisation rate – with the objective of zero in-service breakdowns.

A way forward for digitalised rail systems

The most recent rail developments in the digital arena have shown promising steps in the right direction, encouraging strong engagement by the whole sector – and in particular the manufacturing industry. However, compared with other modes of transport, the deployment of IT and enabling technologies in rail is at an early stage. Therefore, it is fundamental for the whole sector to keep its commitment to make digitalisation, not merely an objective, but rather a means to achieve more ambitious and paramount goals.

PHILIPPE CITROËN joined UNIFE in 2011 as Director General. He began his career as Transport Advisor at the French Permanent Representation to the EU and then became Member of the Cabinet of the French Transport Minister. In 1993 he became Manager and Chief of Staff at RATP Paris, and joined the SNCF as Strategy Director in 1999. Prior to assuming his position at UNIFE, he served for eight years as CEO of Systra, one of the world's leading public transport engineering companies. Philippe is a graduate of Paris II University in Public Law, holds a Diploma from the Paris Institute of Political Studies (Sciences Po), and studied at the École Nationale d'Administration (ENA), where he also lectured about Rail and Urban Transport.

图49 欧洲铁路工业联盟发表的《适应数字时代的铁路》报告

资料来源：《适应数字时代的铁路》报告，https://www.unife.org/wp-content/uploads/2021/03/Rail-transport-in-the-digital-age-Global-Railway-Review.pdf。

3. 美国公路和运输官员协会数据管理和分析委员会将数据开放作为核心数据原则

美国公路和运输官员协会（AASHTO）数据管理和分析委员会提出了一套核心数据原则，指出数据应该是开放的、可获取的、透明以及可共享的，如图50所示。原则文件指出，由于运输组织与众多的利益相关者和外部伙伴合作，所以与他们共享数据是十分必要的。当所有现存电子数据都能以电子方式分享并得到再利用，将有助于效率的提升，解除对交通数据的保护将比过度保护它们产生更多效益。

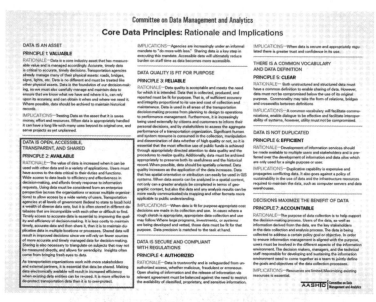

图 50 美国公路和运输官员协会数据管理和分析委员会及其核心原则

资料来源：https：//data.transportation.org/aashto-core-data-principles/。

4. 新加坡"智慧国家2025"计划为交通领域数据开放提供指南

新加坡政府制定了"智慧国家2025"计划，以推动和促进整个新加坡采用数字和智能技术，其中着重强调了开放数据战略，推动公共机构收集的数据集通过在线门户向公众开放访问，使开发人员可以轻松地共同创建数字解决方案以造福社会。计划提出了一系列倡议，其中着重将运输作为重要板块专门列出，在交通领域发布了城市交通开放数据与分析（Open Data & Analytics For Urban Transportation）的文件，指出要开放城市交通数据，比如公共汽车实时到达时间、出租车可用性、交通状况、停车场空闲率等，使得公众或第三方开发人员可以利用这些信息，服务于创建更高效的交通解决方案的总目标，如图 51 所示。

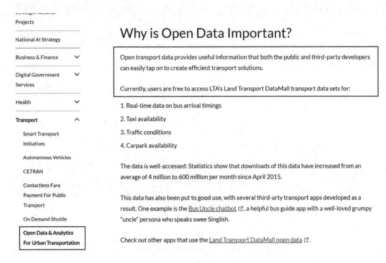

图 51　新加坡"智慧国家 2025"计划

资料来源：https：//www.smartnation.gov.sg/initiatives/transport/open-data-analytics/。

七　交通运输公共数据开放建言

（一）准备度

在开放利用要求方面，建议各地相关法规政策中对交通领域的数据开放范围、数据动态更新、数据获取无歧视、需求与回应、省市协同推进作出要求。

在全生命周期安全管理方面，建议各地相关法规政策中对交通领域数据开放全生命周期的安全管理作出要求，并对社会主体的权益保护以及申诉机制、渠道作出要求。

在保障机制方面，建议各地相关法规政策中对交通领域数据开放工作的人员能力保障、资金保障、职责分工作出要求。

（二）数据层

在数据数量方面，建议各地持续开放更多高价值交通运输数据集，重点提升数据容量，提高单个数据集的容量，提供更多以 API 接口形式开放的、动态的、高容量数据。

在开放范围方面，建议未开放地方参照报告中的"常见数据集"清单开放其他地方已普遍开放的交通运输领域数据，参照国内外优秀案例，扩大交通运输领域数据的开放范围。

在数据质量方面，建议各地开放更多实时动态的交通运输数据，而不只是开放静态的数据集，甚至是颗粒度很低的统计数据。建议清理高缺失、碎片化、容量极低的数据集，并保障开放数据集的动态更新。

在数据规范方面，建议推进交通运输数据的分级分类开放，并配备相应的、差异化的开放授权协议。提高可机读、非专属与 RDF 格式的数据比例，降低申请和调用 API 接口的难度，为开放数据集提供丰富的元数据说明。

（三）利用层

通过数据需求征集、利用试点项目等举措促进交通运输数据的供需对接，产出更多优质利用成果。

在开放数据大赛中设置交通运输相关的赛道赛题，吸引和鼓励社会更多参与交通运输数据的利用。

重点开放实时公交位置、停车场信息等数据，支撑出行类应用提供公交规划、停车导航等服务，改善民众的交通出行体验，充分释放交通运输数据的社会经济价值。

推进道路基础设施、交通流量、充电站等数据开放，助力新能源汽车、自动驾驶等新兴产业发展。

B.8
中国卫生健康领域公共数据
开放利用报告（2023）

刘新萍　吕文增　张忻璐*

摘　要： 本报告从准备度、数据层、利用层三个维度对我国卫生健康领域公共数据开放利用的现状和水平进行了研究和评价。卫生健康领域的数据主要提供部门包括卫生健康主管部门、医疗保障主管部门以及药品监管部门等。报告发现，与其他条线部门相比，在数据集数量上，卫生健康主管部门开放的数据集总数仅次于文化旅游部门，在各部门中居于前列。从地域分布上来看，开放容量较大的省域集中在东部沿海地区的山东省、广东省、浙江省以及中西部的四川省等地。相比省本级平台，城市平台开放的卫生健康数据容量更大、内容更丰富。报告还展示了我国疫情数据开放后被市场和社会利用的案例，以及疫情数据开放利用的国外案例，最后还对提升卫生健康领域公共数据开放水平提出了一系列对策建议。

关键词： 公共数据开放　数据利用　卫生健康

---

* 刘新萍，博士，上海理工大学管理学院副教授，硕士生导师，兼任复旦大学数字与移动治理实验室执行副主任，研究方向为数字治理、数据开放、跨部门数据共享与协同；吕文增，复旦大学管理学硕士，研究方向为政府数据开放、数字治理；张忻璐，复旦大学管理学硕士，复旦大学数字与移动治理实验室副主任，研究方向为政府数据开放。

一　引言

政府将公共数据以可机读形式开放给社会进行开发利用，有利于释放公共数据的价值，促进数字化发展。

近年来，国家对公共数据开放工作高度重视。2021 年 3 月 13 日，《中华人民共和国国民经济和社会发展第十四个五年规划和 2035 年远景目标纲要》提出要"扩大基础公共信息数据安全有序开放，探索将公共数据服务纳入公共服务体系，构建统一的国家公共数据开放平台和开发利用端口，优先推动企业登记监管、卫生、交通、气象等高价值数据集向社会开放"。

目前，我国卫生健康领域开放了哪些公共数据？这些数据是否真正能用和好用？这些数据是如何被利用的？形成了哪些成果？全球其他国家和地区又是如何开放和利用卫生健康类公共数据的？作为开放数林系列报告中的行业领域类报告，《中国卫生健康领域公共数据开放利用报告（2023）》对以上问题开展了研究。

二　指标体系与研究方法

基于 2022 年开放数林指标体系，结合卫生健康领域特点，报告重点从准备度、数据层和利用层三个维度及下属多级指标对卫生健康领域开放的公共数据开展评估（见图 1）：

（1）准备度是"数根"，是数据开放的基础，包括开放利用要求、安全保护要求、保障机制三个一级指标；

（2）数据层是"数叶"，是数据开放的核心，包括数据数量、开放范围、数据质量、数据规范、安全保护五个一级指标；

（3）利用层是"数果"，是数据开放的成效，包括利用促进、利用多样性、成果数量、成果质量、成果价值五个一级指标。

图 1 卫生健康领域开

	权重	一级指标	权重	二级指标
20% 利用层	20%			
		利用促进 4.0%	2.0%	创新大赛
			2.0%	引导赋能活动
		利用多样性 3.0%	1.0%	利用者多样性
			2.0%	成果形式多样性
		成果数量 4.0%	2.0%	有效应用数量
			1.0%	其他形式有效成果数量
			1.0%	成果有效率
		成果质量 6.0%	3.0%	无成果质量问题
			2.0%	服务应用质量
			1.0%	创新方案质量
		成果价值 3.0%	1.0%	数字经济
			1.0%	数字社会
			1.0%	数字政府
60% 数据层	60%			
		数据数量 14.0%	6.0%	有效数据集总数
			8.0%	单个数据集平均容量
		开放范围 9.0%	3.0%	常见数据集
			3.0%	包容性数据集
			3.0%	非政府部门来源数据集
		数据质量 22.0%	6.0%	优质数据集
			9.0%	无质量问题
			7.0%	数据持续性
		数据规范 11.0%	2.0%	单个数据集差异化开放协议
			4.0%	开放格式
			5.0%	描述说明
		安全保护 4.0%	3.0%	无个人信息泄露
			1.0%	失效数据撤回
20% 准备度	20%			
		开放利用要求 10.5%	2.5%	开放范围要求
			2.0%	数据动态更新要求
			2.0%	数据获取无歧视要求
			2.0%	开放形式多样
			2.0%	需求回应要求
		安全保护要求 5.0%	3.0%	全生命周期安全管理
			2.0%	社会主体权益保护
		保障机制 4.5%	1.5%	专人负责
			1.5%	专项财政预算
			1.5%	纳入年度考核

指数评估指标体系

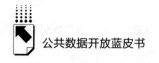

三　全国卫生健康类公共数据开放概貌

截至 2021 年 11 月，我国已有 12 个省级和 115 个城市平台开放了卫生健康领域数据 13808 个，数据容量达到 2.68 亿。数据容量是指将一个地方平台中可下载的、结构化的、各个时间批次发布的数据集的字段数（列数）乘以条数（行数）后得出的数量。总体来看，卫生健康领域数据开放容量较多的省域为东部沿海地区的山东省、广东省、浙江省以及中西部的四川省等地。

相比省本级平台，城市平台开放的卫生健康数据容量更大、内容丰富性程度更高。从全国各城市开放的卫生健康领域有效数据容量的空间分布来看，数据容量较高的城市集中在山东省、浙江省与四川省内，包括南充市、嘉兴市、滨州市、温州市、烟台市、台州市、济南市等。

卫生健康领域的数据主要提供部门包括卫生健康部门、医疗保障部门以及药品监管部门等。与其他条线部门相比，在数据集数量上，卫生健康部门开放的数据集总数仅次于文化旅游部门，在各部门中居于前列，如图 2 所示。

数据容量比数据集总数更能体现一个行业领域的数据开放总量，在数据容量方面，市场监管部门开放的数据容量最高，达到 4.52 亿，而医疗保障部门开放的数据容量排第七位，达到 1.36 亿，卫生健康部门开放的数据容量达到 0.58 亿，与其他部门相比整体上处于中上水平，如图 3 所示。

四　卫生健康开放数林指数

2022 年卫生健康领域开放数林省域指数如表 1 所示。山东省的综合表现最优，进入第一等级"A+"；浙江省也表现优异，进入第二等级"A"，其后依次是四川省、广东省、贵州省、广西壮族自治区、福建省等。在单项维度上，山东省在数据层表现最优，进入 A+ 等级；浙江省在利用层上表现最优，进入 A+ 等级。

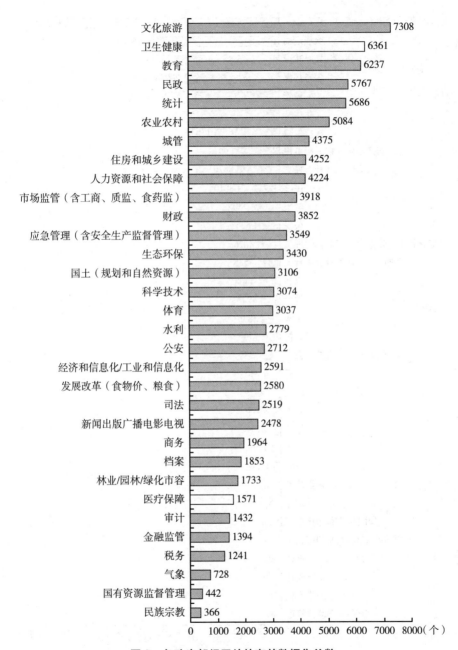

图2　各政府部门开放的有效数据集总数

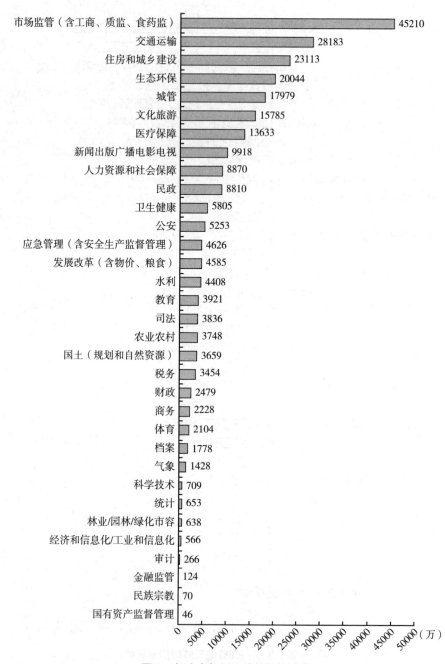

图3 各政府部门开放的数据容量

表 1　卫生健康领域开放数林指数综合等级（省域）

省域	准备度等级	数据层等级	利用层等级	综合等级
山东	B	A+	A	A+
浙江	C+	A	A+	A
四川	B	B+	B	B+
广东	C+	B+	B+	B+
贵州	C+	B	A	B+
广西	C+	B+	B+	B+
福建	C	B+	B+	B+
江西	C	B	B+	B
河南	C	B	B	B
宁夏	C	B	B	B
安徽	C+	C+	B	C+
海南	C	C+	B+	C+
江苏	C+	C+	B+	C+
湖北	C+	C+	B	C+
陕西	C	C+	B	C+
河北	C+	C+	B	C+
青海	C+	C+	B	C+
甘肃	C	C+	B	C+
湖南	C	C+	B	C+
云南	C+	C	C	C+
山西	C	C+	C	C
黑龙江	C	C+	C	C
新疆	C	C+	C	C
西藏	C	C	C	C
内蒙古	C	C	C	C
吉林	C	C	C	C
辽宁	C	C	C	C

2022 年卫生健康领域开放数林城市指数（前三十名）如表 2 所示。青岛市和济南市的综合表现最优，进入第一等级"A+"；深圳市、嘉兴市、上海市、武汉市和滨州市也表现优异，进入第二等级"A"。在单项维度上，

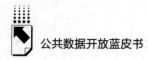

嘉兴市在数据层上表现最优，进入 A+等级；青岛市、深圳市和上海市在利用层上表现最优，进入 A+等级。

表2　卫生健康领域开放数林指数综合等级（城市前30名）

城市	准备度等级	数据层等级	利用层等级	综合等级
青岛	C	A	A+	A+
济南	B+	A	A	A+
深圳	C	B+	A+	A
嘉兴	C	A+	B	A
上海	C+	B	A+	A
武汉	C+	B+	A	A
滨州	C+	A	B	A
济宁	C	A	B	B+
福州	B+	B	B+	B+
临沂	C	B+	B+	B+
威海	C	B+	B+	B+
杭州	C	B	A	B+
温州	C	B	A	B+
菏泽	B	B+	B	B+
台州	C	B+	B	B+
贵阳	B+	B	B	B+
泰安	C	B+	B+	B+
日照	C	B	A	B+
烟台	C	B+	B	B+
丽水	C	B	B+	B+
聊城	C	B+	B	B+
枣庄	C	B+	B	B
北京	C+	B	A	B
广安	B	B	B	B
成都	C	B	B	B
德州	C	B	B	B
东莞	C	B	B	B
南充	C	B	B	B
潍坊	C	B	B	B
宁波	C	B	B+	B

五　地方卫生健康公共数据开放标杆

（一）数据层

1. 高容量数据集

表 3 和表 4 是省本级与城市平台开放上数据容量最高的前 10 名卫生健康领域数据集。总体上，城市平台开放的卫生健康数据集在容量与质量上都高于省本级平台开放的数据。省本级平台开放的高容量数据集主要集中于从业人员执业许可、医疗机构注册登记、药品医疗器械等方面。城市平台开放的高容量数据集主要集中于医保参保人员信息、就医人数、医保药品目录、医保缴费等方面。

表 3　省本级平台开放的高容量数据集（前十名）

序号	地方	数据集名称	行	列	数据容量
1	山东	电子证照-山东省医师执业证	199996	8	1599968
2	山东	电子证照-山东省护士执业证	206531	5	1032655
3	广东	零售药店基本信息	64245	7	449715
4	山东	医疗机构注册登记信息	43222	6	259332
5	浙江	执业药师注册证（版式）	43016	5	215080
6	浙江	药品再注册批件信息	5464	37	202168
7	浙江	医保药品目录查询信息	17917	10	179170
8	浙江	第一类医疗器械产品备案信息	8880	20	177600
9	四川	四川省医院机构信息	10438	13	135694
10	山东	山东省医疗卫生机构_门诊部及诊所	42700	3	128100

表 4　城市平台开放的高容量数据集（前十名）

序号	地方	数据集名称	行	列	数据容量
1	南充	药品目录基本信息	1123502	22	24717044
2	南充	城镇职工、城乡居民医保参保信息	1508780	11	16596580
3	厦门	医保三目录	235344	33	7766352

续表

序号	地方	数据集名称	行	列	数据容量
4	嘉兴	职工医保个人参保费率档次信息	623521	11	6858731
5	滨州	个人（职工）参保登记信息	199996	26	5199896
6	温州	诊疗共享平台-疾病人次统计信息	673230	7	4712610
7	嘉兴	定点医药机构信息	199213	23	4581899
8	滨州	个人参保缴费信息	199996	20	3999920
9	遂宁	门诊药品处方明细信息	104400	36	3758400
10	滨州	医疗费用结算信息（职工）	99998	31	3099938

例如，四川省南充市开放的"药品目录信息"中，详细提供了药品的名称、目录编码、收费等级、限制使用范围、分类、国药准字号、生产厂家、开始与结束日期等信息，如图4所示。

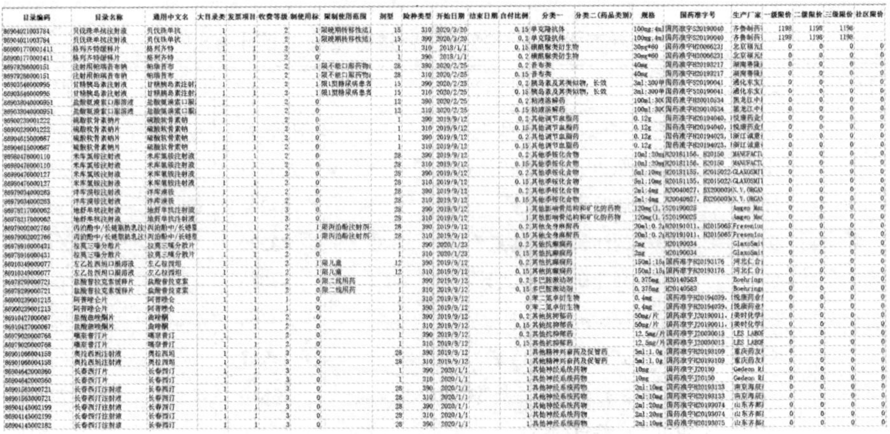

图4　南充市开放的药品目录信息

山东省开放的"电子证照-山东省医师执业证"，详细提供了全省范围内具有从业资格的医师基本信息，包含执业机构名称、姓名、性别、职业类别、医师执业范围、可注册审批机关名称、资格证书编号、执业证书批准日期等信息，如图5所示。

图5　山东省开放的"电子证照-山东省医师执业证"信息

资料来源：山东公共数据开放网，https：//data. sd. gov. cn/portal/index。

2. 新冠疫情相关数据集

新冠疫情发生以来，全国有 7 个省级和 41 个城市级政府数据开放平台开放了 248 个新冠疫情相关数据集，数据容量约 141 万，可分为三种类型：疫情情况数据、疫情防控数据以及社会运行保障数据。

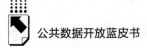

图 6 是各类新冠疫情有效数据集总数、数据容量与单个数据集平均容量比较，疫情防控数据的有效数据集总数与总容量最高，疫情情况数据的单个数据集平均容量最高，社会运行保障数据在全国范围内开放的数据集总数与容量都较低。

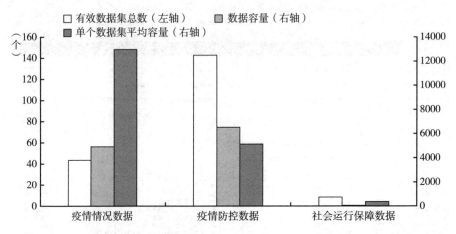

图 6 各类新冠疫情有效数据集总数、数据容量与单个数据集平均容量比较

疫情情况数据：指和疫情相关统计数据、确诊病例数据、病例治疗情况数据等；

疫情防控数据：指与疫情防控措施相关的数据，如发热门诊、核酸检测机构等；

社会运行保障数据：指疫情期间与地方运行保障相关的交通、超市、菜场、便民设施等数据。

表 5 是各地开放的新冠疫情数据集类型。

表 5 各地开放的新冠疫情数据集

序号	类别	数据集
1	疫情情况数据	疫情相关统计数据
		确诊病例数据
		病例治疗情况数据

序号	类别	数据集
2	疫情防控数据	核酸检测机构、核酸采样点、疫苗接种点
		发热门诊、隔离点、医治点
		疫情分级分区情况
3	社会运行保障数据	疫情期间超市、菜场营业时间
		公交线路、地铁运营、高速收费站调整信息
		志愿者招募信息

深圳市、厦门市政府数据开放平台为疫情数据开设了专题栏目，集中提供种类丰富的疫情数据，且更新及时，方便用户查找与获取，如图 7 所示。

例如，深圳市在 2020 年上半年最早开放了病例逗留场所位置坐标数据集，涉及场所经纬度坐标数据，并在数据集简介中说明了所使用的坐标数据出处，便于用户开发利用，如图 8 所示。

青岛市平台在 2020 年上半年开放了"新型冠状病毒感染的肺炎确诊患者行程信息"，该数据集包含 3000 多名确诊病例的行程信息，字段非常丰富，包含了交通类型、日期、车次、车厢、出发站与到达站等数据项，数据容量较大，如图 9 所示。

深圳市平台及时开放了"便民核酸采样点位置及服务信息"数据，该数据集包含一万条数据核酸采样点数据，包含采样点名称、市区、街道、地址、拥堵状态等 17 个字段，数据容量较大，社会关注度高，如图 10 所示。

（二）利用层

部分疫情数据开放后被市场和社会利用，开发出了服务应用和数据可视化产品，主要用于查询病例与疫情场所信息、查询周边核酸检测点、展示疫情态势与病毒传播链条、为疫情防控提供政策建议等方面。

1. 查询病例与疫情场所信息

开发者在 2020 年上半年就利用深圳市疫情专题开放数据制作了"城市

图7 深圳市与厦门市疫情数据开放专题栏目

资料来源：深圳市政府数据开放平台，https：//opendata. sz. gov. cn/。

资料来源：厦门市大数据安全开放平台，https：//data. xm. gov. cn/opendata/index. html#/。

图8　深圳市开放的"'新冠肺炎'确诊患者逗留场所位置坐标"

资料来源：深圳市政府数据开放平台，https：//opendata.sz.gov.cn/。

疫情场所地图"，在地图上标注出现疫情的场所，如图 11 所示。市民可以在地图中查询周边区域是否有涉及疫情的场所，以做好出行安排，加强个人防护。

2. 查询周边核酸检测点

地图导航类应用开发者利用深圳市核酸检测机构数据制作了"核酸检测地图"，如图 12 所示。市民可以在应用中查询附近的核酸检测点，获取开放时间、排队情况等信息。

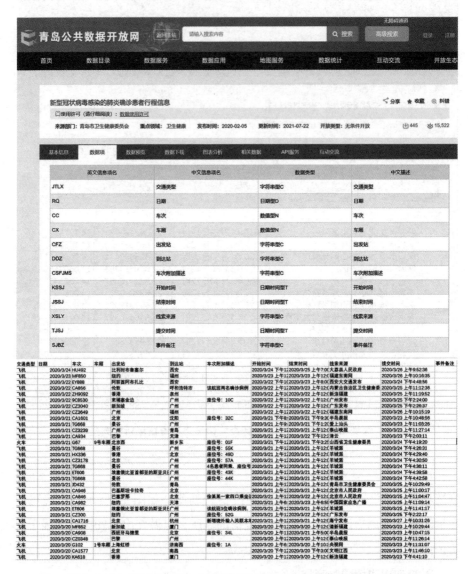

图9　青岛市于2022年开放的"新型冠状病毒感染的肺炎确诊患者行程信息"

资料来源：青岛市政府数据开放平台，http：//data. qingdao. gov. cn/qingdao/。

图10　深圳市开放的"便民核酸采样点位置及服务信息"

资料来源：深圳市政府数据开放平台，https：//opendata. sz. gov. cn/。

3.展示疫情态势与病毒传播链条

有志愿者团队制作了"深圳疫情报告"可视化产品，通过利用疫情专题数据，对病毒的传播链条、地区分布、年龄分布和疫情态势演变等方面做了可视化展示，便于公众理解，如图13所示。

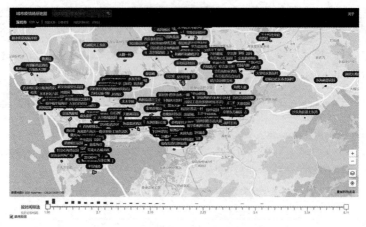

图 11 深圳市"城市疫情场所地图"

资料来源：深圳市政府数据开放平台，https：//opendata. sz. gov. cn。

图 12 高德地图开发的深圳市"核酸检测地图"

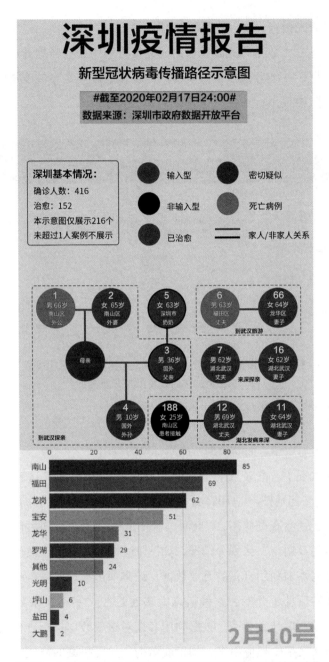

图13 志愿者团队开发的数据可视化产品"深圳疫情报告"

资料来源：深圳市政府数据开放平台，https：//opendata. sz. gov. cn。

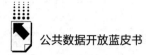

4. 发布研究报告，分析数据提出建议

山东省齐鲁大数据研究院发布的研究报告利用公共数据开放平台发布的省内疫情数据，并结合国家卫健委、其他各省卫健委发布的疫情数据进行分析，为疫情防控提出针对性政策建议，如图 14 所示。

图 14　山东省齐鲁大数据研究院发布的《新型冠状病毒感染的肺炎疫情数据分析报告》

资料来源：山东公共数据开放网，https://data.sd.gov.cn。

5. 基于信息发布，而非数据开放所开发的应用

报告还发现了一些企业与公众利用政府公开发布的信息制作的防疫应用。例如，"高德地图"应用将封控区、管控区与防范区的分布情况展示在地图上，便于社会查询使用；"上海小区疫情速查"小程序可以查询特定小区的病例出现日期与三区划分情况，如图 15 和图 16 所示。然而，这些疫情防控相关应用并未利用真正的开放数据，而是通过抓取整理各地卫健委等部门公开发布的信息所开发，这种信息大多通过在文字中夹杂数字的形式发布，而无法被直接开发利用。数据利用者在对这些数据进行分析利用前，需要先将数据从文字中提取出来，加工成结构化、可机读的格式，因此这类信息发布形式并不等同于数据开放。

图 15　高德地图应用展示的疫情防控情况

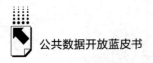
上海小区疫情速查

行政区	地址(小区)	阳性日期	估测区域	杨梅含量
杨浦区	淞沪路8号	04月23日 04月10日 04月09日 04月08日 04月07日	封控区 预测解封 05月07日	3 送颗杨梅
杨浦区	淞沪路800弄	04月07日	防范区	2 送颗杨梅
杨浦区	淞沪路2005号	04月24日 04月02日	封控区 预测解封 05月08日	15 送颗杨梅
杨浦区	淞沪路1660号	04月10日	防范区	0 送颗杨梅
杨浦区	淞沪路700弄	04月10日	防范区	1 送颗杨梅
杨浦区	淞沪路618号	04月21日	管控区 预测解封 05月05日	1 送颗杨梅
杨浦区	淞沪路931号	04月23日	封控区 预测解封 05月07日	0 送颗杨梅
杨浦区	淞沪路77号	04月27日	封控区 预测解封 05月11日	0 送颗杨梅

数据更新到4月28日　　　　　　　　当日数据概览　反馈

数据更新提醒　　分享朋友圈　　分享给好友

图16　"上海小区疫情速查"小程序可查询三区划分情况

（三）准备度

为了推进卫生健康领域的公共数据开放工作，国务院办公厅、国家卫生健康委员会均出台了相关法规政策。在地方层面，福州市、山东省也出台了相关的管理办法对健康医疗数据开放作出规定，济南市还专门对疫情期间的数据开放工作作出了要求，如表 6 所示。

表 6　卫生健康领域涉及数据开放内容的法规政策

层级	政策名称	文号	发布单位	发布年份	重点内容
国家	国务院办公厅关于促进和规范健康医疗大数据应用发展的指导意见	国办发〔2016〕47 号	国务院办公厅	2016	推动健康医疗大数据资源共享开放：建立全国健康医疗数据资源目录体系，制定分类、分级、分域健康医疗大数据开放应用政策规范，稳步推动健康医疗大数据开放
	国务院办公厅关于促进"互联网+医疗健康"发展的意见	国办发〔2018〕26 号	国务院办公厅	2018	研究制定健康医疗大数据确权、开放、流通、交易和产权保护的法规
	国家卫生健康委员会关于印发国家健康医疗大数据标准、安全和服务管理办法（试行）的通知	国卫规划发〔2018〕23 号	国家卫生健康委员会	2018	国家卫生健康委员会负责按照国家信息资源开放共享有关规定，建立健康医疗大数据开放共享的工作机制
	国务院办公厅关于印发"十四五"国民健康规划的通知	国办发〔2022〕11 号	国务院办公厅	2022	研究制定数据开放清单，开展政府医疗健康数据授权运营试点。严格规范公民健康信息管理使用，强化数据资源全生命周期安全保护

层级	政策名称	文号	发布单位	发布年份	重点内容
地方	福州市人民政府关于印发《福州市健康医疗大数据资源管理暂行办法》的通知	榕政综〔2017〕122号	福州市人民政府	2017	市数字办会同市卫计委等相关行业主管部门及数据运营单位建立健康医疗大数据开放开发机制,规范健康医疗大数据应用领域的准入标准,建立大数据应用诚信机制和退出机制,严格规范大数据挖掘、应用和开发行为。除法律、法规另有规定外,涉及商业秘密、个人隐私的健康医疗大数据应当进行脱密脱敏处理后开放
	山东省健康医疗大数据管理办法	省政府令第335号	山东省人民政府	2020	建立健康医疗大数据共享开放机制,明确共享开放的具体规定和评估机制
	关于做好新型肺炎疫情期间数据共享和开放工作的函	济数函〔2020〕1号	济南市大数据局	2020	做好疫情数据开放工作。各数据开放责任部门(单位),要将疫情数据作为近期数据开放重点,积极主动开展相关数据开放,为社会公众科学防控提供数据支撑

六 疫情类公共数据开放利用国外案例

(一)数据层

自新冠疫情发生以来,面对公众对疫情数据的迫切需求,国外也出现了一些疫情数据开放的典型案例。

1. 世界卫生组织(WHO)提供各国COVID-19疫情相关数据下载

世界卫生组织疫情相关网站(链接：https://covid19.who.int/data)以

CSV 格式提供全球各国 COVID-19 疫情原始数据下载服务，数据每周更新，并提供了数据采集方式、更新时间、元数据等说明。这些数据包括了自 2020 年 1 月以来各国提供的每天新增确诊与死亡病例、最新的累计确诊与死亡病例，以及各国疫苗接种情况等方面的数据。这些数据同时在网站上以空间可视化方式展示，如图 17 所示。

图 17　世界卫生组织网站提供的全球 COVID-19 相关数据集

资料来源：世界卫生组织（WHO）网站，https：//covid19. who. int/data。

2. 美国约翰斯·霍普金斯大学采集与开放 COVID-19 数据

约翰斯·霍普金斯大学自 2020 年 1 月新冠病毒大流行开始采集各国以及美国国内各地方疫情相关数据，在新冠病毒资源中心网站（链接：https：//coronavirus. jhu. edu/map. html）上以动态可视化形式展现（如图 18 所示），同时将采集到的原始数据在开源协作网站 GIthub 上开放（链接：https：//coronavirus. jhu. edu/about/how-to-use-our-data），包括确诊病例、死亡病例、疫苗接种、检测数据、美国各州防疫政策追踪等方面的信息，并提供详细说明。

该网站不仅开放了各国的确诊病例数据，还提供了数据集名称命名规则、字段详细说明以及更新频率等元数据信息，如图 19、图 20 所示。

图 18　约翰斯·霍普金斯大学新冠病毒资源中心网站

资料来源：约翰斯·霍普金斯大学新冠病毒资源中心网站，https：//coronavirus. jhu. edu/map. html。

图 19　约翰霍普金斯大学开放的部分各国确诊病例数据

资料来源：约翰霍普金斯大学新冠病毒资源中心网站，https：//coronavirus. jhu. edu/map. html。

Daily reports (csse_covid_19_daily_reports)

This folder contains daily case reports. All timestamps are in UTC (GMT+0).

File naming convention

MM-DD-YYYY.csv in UTC.

Field description

- **FIPS:** US only. Federal Information Processing Standards code that uniquely identifies counties within the USA.
- **Admin2:** County name. US only.
- **Province_State:** Province, state or dependency name.
- **Country_Region:** Country, region or sovereignty name. The names of locations included on the Website correspond with the official designations used by the U.S. Department of State.
- **Last Update:** MM/DD/YYYY HH:mm:ss (24 hour format, in UTC).
- **Lat and Long_:** Dot locations on the dashboard. All points (except for Australia) shown on the map are based on geographic centroids, and are not representative of a specific address, building or any location at a spatial scale finer than a province/state. Australian dots are located at the centroid of the largest city in each state.
- **Confirmed:** Counts include confirmed and probable (where reported).
- **Deaths:** Counts include confirmed and probable (where reported).
- **Recovered:** Recovered cases are estimates based on local media reports, and state and local reporting when available, and therefore may be substantially lower than the true number. US state-level recovered cases are from COVID Tracking Project. We stopped to maintain the recovered cases (see Issue #3464 and Issue #4465).
- **Active:** Active cases = total cases - total recovered - total deaths. This value is for reference only after we stopped to report the recovered cases (see Issue #4465)
- **Incident_Rate:** Incidence Rate = cases per 100,000 persons.
- **Case_Fatality_Ratio (%):** Case-Fatality Ratio (%) = Number recorded deaths / Number cases.
- All cases, deaths, and recoveries reported are based on the date of initial report. Exceptions to this are noted in the "Data Modification" and "Retrospective reporting of (probable) cases and deaths" subsections below.

Update frequency

- Since June 15, We are moving the update time forward to occur between 04:45 and 05:15 GMT to accommodate daily updates from India's Ministry of Health and Family Welfare.
- Files on and after April 23, once per day between 03:30 and 04:00 UTC.
- Files from February 2 to April 22: once per day around 23:59 UTC.
- Files on and before February 1: the last updated files before 23:59 UTC. Sources: archived_data and dashboard.

Data sources

Refer to the mainpage.

图 20 约翰霍普金斯大学对所开放数据提供详细字段与更新频率说明

资料来源：约翰霍普金斯大学新冠病毒资源中心网站，https：//coronavirus. jhu. edu/map. html。

3. 加拿大国家数据开放平台开放的新冠病毒疫情相关数据

加拿大国家数据开放平台（链接：https：//open. canada. ca/en/open-data）开放了种类丰富的新冠病毒疫情相关数据，包括确诊病例、学校疫情、医院确诊病例、疫苗接种、检测机构位置、废水中病毒检测等多方面的数据集。

图 21 是平台上由加拿大公共卫生署（PHAC）提供的确诊病例原始数据，包含疫情开始后全国每一例确诊病例的情况。数据集内容已达十余万条，包含病例编号、性别、日期、是否无症状、症状持续时间、治疗情况等字段、并提供了数据来源机构的链接，以数据字典的形式帮助用户全面了解数据集，如图 22 所示。

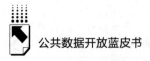

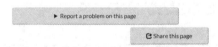

图 21 加拿大公共卫生署 COVID-19 确诊病例数据

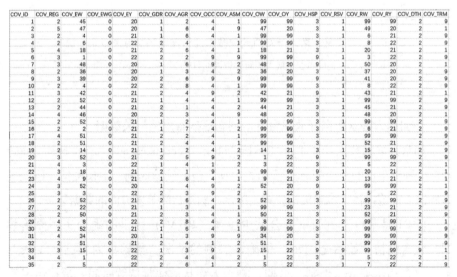

图 22 加拿大国家数据开放平台为确诊病例数据提供数据字典的链接

资料来源：加拿大国家数据开放平台，https：//open. canada. ca/en/open-data。

平台还开放了加拿大学校的疫情数据，内容种类丰富，如图 23 所示，在该目录下开放的数据包括因疫情关闭的学校数量、报告员工和学生缺勤的

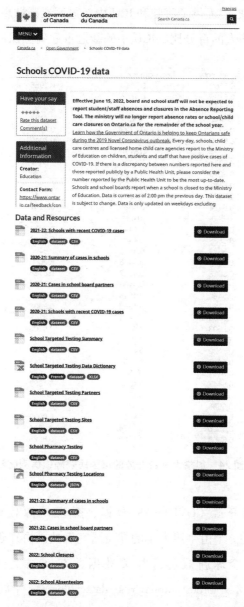

图 23　加拿大国家数据开放平台开放的该国学校疫情数据

资料来源：加拿大国家数据开放平台，https：//open. canada. ca/en/open-data。

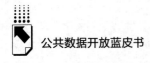
学校、缺勤的教职员工和学生的百分比、学校已确认的学生病例、已确认的工作人员病例、已确认的病例总数等。

图 24 中的数据集提供了医院和 ICU 中新冠病毒阳性患者的百分比数据，包括确诊病例占病人的百分比、ICU 中的新冠重症病例比例等字段。

date	hosp_for_covid	hosp_other_conditions	icu_for_covid	icu_other_conditions
2022/1/10	0.5302	0.4698	0.7955	0.2045
2022/1/11	0.5395	0.4605	0.8279	0.1721
2022/1/12	0.5468	0.4532	0.8307	0.1693
2022/1/13	0.545	0.455	0.8198	0.1802
2022/1/14	0.5277	0.4723	0.8027	0.1973
2022/1/15	0.5308	0.4692	0.7942	0.2058
2022/1/16	0.5224	0.4776	0.7899	0.2101
2022/1/17	0.5274	0.4726	0.795	0.205
2022/1/18	0.5276	0.4724	0.8166	0.1834
2022/1/19	0.5411	0.4589	0.8253	0.1747
2022/1/20	0.5486	0.4514	0.8115	0.1885
2022/1/21	0.5414	0.4586	0.8167	0.1833
2022/1/22	0.566	0.434	0.8189	0.1811
2022/1/23	0.5559	0.4441	0.7954	0.2046
2022/1/24	0.5588	0.4412	0.8327	0.1673
2022/1/25	0.5539	0.4461	0.8404	0.1596
2022/1/26	0.5564	0.4436	0.824	0.176
2022/1/27	0.5613	0.4387	0.8136	0.1864
2022/1/28	0.5537	0.4463	0.8087	0.1913
2022/1/29	0.5454	0.4546	0.8091	0.1909
2022/1/30	0.5434	0.4566	0.8088	0.1912
2022/1/31	0.5586	0.4414	0.8248	0.1752
2022/2/1	0.5503	0.4497	0.8206	0.1794
2022/2/2	0.563	0.437	0.8256	0.1744
2022/2/3	0.5633	0.4367	0.8253	0.1747
2022/2/4	0.5435	0.4565	0.8345	0.1655
2022/2/5	0.5431	0.4569	0.7976	0.2024
2022/2/6	0.5447	0.4553	0.7837	0.2163
2022/2/7	0.5487	0.4513	0.801	0.199
2022/2/8	0.5586	0.4414	0.8168	0.1832
2022/2/9	0.5585	0.4415	0.8028	0.1972
2022/2/10	0.5526	0.4474	0.7614	0.2386
2022/2/11	0.5368	0.4632	0.8025	0.1975

图 24 加拿大平台开放的该国医院确诊病例比较

非营利组织开源 COVID－19 数据、图表与源代码如图 25 所示，OurWorldinData 是一个由牛津大学的几位研究者共同协作创立的非营利性组织，该组织采集全球新冠病毒相关数据并在网站上（链接：https：//ourworldindata. org/explorers/coronavirus－dataexplorer）开放。这些数据、可视化图表与网站源代码都已开源且每天更新，网站每个月全球访问次数超过百万。

图 25   OurWorldinData 网站上开放的 COVID-19 数据及其可视化分析

资料来源：OurWorldinData 网站，https：//ourworldindata.org/。

该组织开放的新冠肺炎疫情的数据内容丰富，如图 26 所示，详细说明了各数据集采集的来源、字段与更新频率等信息，并提供可直接下载服务（链接：https：//github.com/owid/covid-19-data/tree/master/public/data）。

（二）利用层

面对新冠疫情，各国组织了一些数据创新利用活动，鼓励社会民众利用开放数据开发应用方案，数据利用者也积极利用开放数据分析疫情态势，追踪感染者，辅助政府决策。同时，还有一些企业和机构对这些政府开放数据与自有数据或来自其他领域的数据进行融合分析和深度挖掘。

1. 社会参与开放应用：德国"#WIRVSVIRUS"黑客马拉松项目

2020 年 3 月，为了发挥社会民众的创造潜力，寻求新解决方案以应对新冠疫情的挑战，德国联邦政府资助发起了"#WIRVSVIRUS"黑客马拉松

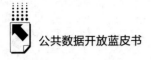

图 26　OurWorldinData 在 GitHub 上开放所采集的原始数据

资料来源：GitHub 网站，https：//github. com/owid/covid-19-data/tree/master/public/data。

项目，如图 27 所示。该项目由民众、行业协会、企业与政府部门提出需求，开发者提供解决方案，是世界上规模最大的黑客马拉松项目，超过 28000 名参与者加入，在 48 小时内共同完成了 1500 多个解决方案的敏捷开发。

图 27　德国联邦政府资助的"#WIRVSVIRUS"黑客马拉松项目

资料来源：德国"#WIRVSVIRUS"黑客马拉松项目，https：//wirvsvirus. org。

该项目由德国联邦政府、企业与公益组织提供资金、数据与科研能力支撑，在卫生健康、危机中的日常生活、危机管理等三个方向的 12 个主题上开发应用方案，如图 28 所示。

图 28　"#WIRVSVIRUS"黑客马拉松项目覆盖的 12 个主题

资料来源：德国"#WIRVSVIRUS"黑客马拉松项目，https：//wirvsvirus.org。

2. 用户数据反哺卫生机构：美国"OutbreaksNearMe"应用

"OutbreaksNearMe"应用由哈佛大学波士顿儿童医院的流行病学家和技术行业的志愿者开发。该应用不但使用了开放数据，还让用户参与填报数据，以此为基础制作可视化地图，帮助市民和公共卫生机构识别当前和潜在的新冠病毒热点地区。该应用可以按照社区查询新冠感染情况与趋势，如图 29 所示。

在"OutbreaksNearMe"应用中，用户可以安全和匿名地自我报告感染情况和症状，如图 30 所示。通常情况下，由于用户及时地报告疾病情况，该应用能够先于地方和国家公共卫生机构获知疫情传播趋势，并报告给相关部门以支撑决策。

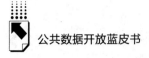

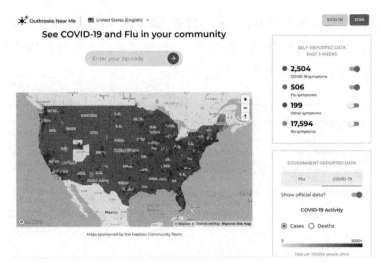

图 29　"OutbreaksNearMe"的可视化地图

资料来源："OutbreaksNearMe"应用，https：//outbreaksnearme.org。

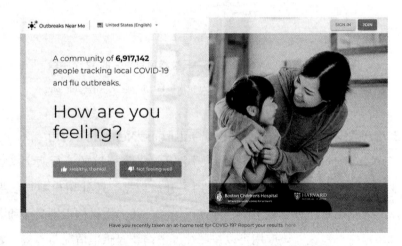

图 30　"OutbreaksNearMe"让用户报告健康状况

资料来源："OutbreaksNearMe"应用，https：//outbreaksnearme.org。

3.利用数据辅助决策：美国"COVID-19LOCAL"决策者前线指南

NTI、约翰斯·霍普金斯大学、耶鲁大学、哈佛大学等机构的流行病专家依据疫情相关开放数据制作了"COVID-19LOCAL"，为美国以及全球各地的地方官员提供决策指南（见图31）。该指南涉及如何加强检测、减少传播、保护高危人群、扩大风险沟通和社区参与、分阶段放松管制等方面，为地方政府决策者提供参考。

图31　美国科研机构开发的"COVID-19LOCAL"决策者前线指南

资料来源：COVID LOCAL 项目，https：//covid-local. org。

七　卫生健康公共数据开放建言

（一）准备度

在法规政策方面，目前我国各地涉及卫生健康领域数据开放的法规政策还较少，对卫生健康领域数据开放工作的规范和指导作用不足。建议各地对卫生健康领域数据开放的范围、数据动态更新、数据无歧视获取、开放形式、需求提出与回应等方面作出规定；对数据全生命周期安全管理和社会主体权益保护作出要求；明确人员、资金、考核等保障机制内容，以推进卫生健康领域数据的开放与利用。

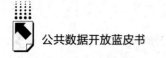

（二）数据层

在开放主体和范围方面，目前各地开放主体还较为单一，除政府部门以外，建议进一步开放来自事业单位（如医院、学校、疾控中心）、企业、社会组织等社会主体的数据。目前我国开放的卫生健康数据以行政许可、证照、机构站点、目录、项目信息等静态、统计类数据为主，建议开放更多实时动态数据，如门诊挂号数据等。

在数据质量方面，目前各地开放的卫生健康数据的容量整体偏低，内容少且更新不及时，建议开放更多细颗粒度的、及时的、可机读的、结构化的数据，使数据利用者不再需要花费大量时间去搜集和整理各种碎片化的、不易于直接利用的数据，从而将更多精力集中于把数据利用好。

在数据规范方面，目前各地开放的卫生健康数据所提供的描述说明不够清晰详细，使数据利用者无法全面地理解和利用数据。建议参考国外案例，以数据字典形式，对数据的来源、采集方式、字段格式、更新方式、内容等方面作全面清晰的描述。

（三）利用层

在利用促进方面，目前各地卫生健康领域开展的数据利用促进活动还较少，以数据利用比赛为主，社会主体参与有限，利用成果也未能有效满足社会需求。建议借鉴国外黑客马拉松形式，政府负责提供数据，让社会主体参与到需求发布、选题设计与应用评价中，通过增强社会主体的参与，提高利用成果和社会需求的匹配度和落地成功率。

在成果数量与质量方面，目前各地卫生健康领域产出的有效利用成果数量较少、质量不高。建议以数据采集分析众包的形式，鼓励公民、高校、科研院所等多方参与，以政府数据开放带动社会数据流动，并推动社会数据反哺政府数据，实现政社数据融合与价值共创。

只有政府开放更多"能用好用"的高质量卫生健康公共数据，并让众人来用数据，让数据为众人所用，才能真正把数据"用好用活"。

案 例 篇
Local Experiences Reports

B.9
提升"四个能力"推动山东数据开放
工作高质量发展

郭雨晴　王茜　王正美　郑慧　林庆*

摘　要： 在数据开放实践中，山东省以"最大限度开放公共数据，最大范围拓展应用场景，最大限度满足群众需求"为思路引领和目标遵循，进一步健全完善数据开放相关制度规范，提高数据治理效能，优化开放平台性能，打造典型数据应用场景，有效提升了数据开放的"规范管理、供给服务、支撑保障、融合应用"四大能力，推动全省公共数据开放工作再上新台阶。目前全省已开放数据目录13.7万个，发布开放数据71.2亿余条。在2022年度全国省域及城市开放数林排名中，山东位居省域综合排名第一，德州、日照、青岛、烟台、济南、潍坊等6市位列全国城市综合排名前十。

关键词： 数据开放　大数据　山东

---

* 郭雨晴，山东省大数据中心数据资源管理部；王茜，山东省大数据中心数据开发应用部；王正美，山东省大数据局数据应用管理与安全处；郑慧，山东省大数据局数据应用管理与安全处；林庆，山东省大数据局数据应用管理与安全处。

山东省高度重视公共数据开放工作，将数据开放写入《山东省国民经济和社会发展第十四个五年规划和 2035 年远景目标纲要》、《山东省"十四五"数字强省建设规划》和《山东省数字政府建设实施方案》等省级规范性制度文件。积极构建完善全省统一的数据开放体系，整体推进数据开放工作，依托省级统建的一体化大数据平台和山东公共数据开放网，积极开展供需对接服务。不断创新数据开放服务模式，提供隐私计算、区块链等数据服务技术，迭代提升公共数据供给服务能力。通过统分结合的方式开展创新应用，由省级统一打造部分群众需求大、数据基础好的重点场景，鼓励各市结合各自实际打造个性化应用场景，推动"一地创新、全省复用"。

一　建章立制　提升数据开放规范管理能力

制度规范是数据开放的基础，也是推动公共数据开放的重要依据。2022年，山东省继续推进数据开放建章立制工作走深走实。一方面，在推动出台《山东省大数据发展促进条例》《山东省公共数据开放办法》等政策法规的基础上，发布《山东省公共数据开放工作细则（试行）》，对数据开放工作体系、数据开放与审核、数据获取与审核、数据利用、监督保障等提出具体要求，进一步细化了数据开放审核流程、有条件开放数据申请审核流程、未开放数据需求申请审核流程，明确了数据安全责任和安全保障要求。2023年，数据开放被写入《山东省数字政府建设实施方案》，提出"全面建设开放共享的数据资源体系"。另一方面，健全数据开放工作考核体系，用好考核评估"指挥棒"。将数据开放水平、开放数据质量、开放数据开发利用情况等纳入年度绩效评估体系，引导各级各部门高度重视、积极推进数据开放工作，不断提升数据开放水平。

在推动公共数据高质量开放进程中，各市制度规范体系也在不断完善。在公共数据管理方面，日照市出台《日照市公共数据管理办法》等一系列数据开放相关技术规范和操作指南，保障公共数据安全有序高质量开放。德州市在全省率先启动公共数据管理立法，起草了《德州市公共数据管理条例》初稿，列入 2022 年市人大立法议题。在公共数据分类分级管理方面，青岛市围绕数据目录编制、质量管控、共享开放、开发利用等方面，先后制定了《青岛市政务信息资源交换共享技术规范》《青岛市公共数据分类分级指南》等一系列规范和标准，为数据精细化管理和开放应用奠定基础。在公共数据授权运营方面，济南市探索出台《济南市公共数据授权运营办法》，促进公共数据开发利用，规范公共数据授权运营，培育数据要素市场，助力经济社会高质量发展。

二 强化治理 提升数据开放供给服务能力

数据供给是数据开放的核心，也是促进公共数据利用的原料来源。只有数据的高质量供给开放，才能促进数据高效开发利用。山东省充分发挥省级统建数据开放平台的优势，不断探索强化一体化大数据平台数据的全生命周期管理，围绕数据汇聚治理和数据质量提升，严把数据"两道关"，不断提升全省数据开放供给服务能力。

（一）严把数据治理关，规范数据目录"一本账"

按照统一标准规范数据资源目录，基本形成全省数据资源"一本账"，16 市完成供水、供气、供热及公共交通 4 类公共数据的汇聚治理。按照"开放为原则，不开放为例外"的原则和要求，山东省组织省直有关部门（单位）、16 市编制 2022 年度公共数据开放清单 304 个，明确目录名称、开放属性、开放条件、开放方式、更新频率、计划开放时间等要素，优先开放《山东省公共数据开放办法》所要求的重点领域高数据容量数据，有序推进其他领域数据开放，逐步扩大公共数据开放范围。

（二）严把数据质量关，树立数据质量"警戒线"

建立公共数据资源质量评估指标体系，健全问题发现、反馈、校核管理机制。目前，纳入山东省一体化大数据平台的数据质量整体质检合格率超过

90%。烟台市按照"从大处着眼，从小处着手"的原则，创建全省首个"1+5"的数据治理体系，打造国内城市级数据治理新标杆。确定公共数据开放质量统一要求，组织省直有关部门（单位）、各市按照相关要求开展数据质量自查，规范数据目录、及时更新数据、提升数据质量，确保数据规范性、时效性、准确性、完整性、通用性。建立健全开放数据监测评估机制，依据公共数据开放质量要求，定期开展开放数据质量评估工作，督促各级各部门提高数据开放高质量供给服务能力。

三　夯基垒台　提升数据开放支撑保障能力

数据平台是数据开放的枢纽，也是连接数据开放供给侧和需求端的桥梁。为实现公共数据"应开放尽开放"，山东省搭建一体化大数据平台，不断强化全省数据"一体统管"。完善公共数据开放网功能，打通公共数据利用主体与公共数据开放主体之间的互动通道，满足用户需求。利用隐私计算等技术，增强供数意愿、保障用数安全，不断提升数据开放支撑保障能力，实现"三高"目标。

（一）依托一体化大数据平台，确保数据汇聚开放"高标准"

构建"1+16+N"的全省一体化大数据平台体系（即1个省级主节点、16个设区市平台子节点、N个行业分节点和县级节点），各节点按照统一技术标准实现互联互通，强有力支撑公共数据跨区域、跨部门、跨层级汇聚融合、共享交换和开放应用。在数据汇聚方面，提供不同网络环境下的数据同步通道，支持关系型数据库、文件系统、消息队列等不同数据源通过高速汇聚通道，实现数据实时传输。按照"一数一源、多源校核"的原则，对数据进行分类分级保护，在保障数据安全的基础上，通过对汇聚数据任务的运行情况监控、任务异常告警、数据对账保障，确保数据汇聚工作正常开展。

（二）夯实数据开放平台，确保数据应用开放"高效率"

山东省不断优化和完善山东公共数据开放网平台功能，在提升用户体验方面不断发力。简化数据获取流程，对于无条件开放的数据，可直接通过开放平台进行下载使用；对于无条件开放的 API 接口，提交基本的使用备案后可以自动完成 API 接口的授权。畅通数据获取渠道，问需于民，通过开设数据需求专栏，由专业的运营团队对数据需求进行分析挖掘、主动预测，按照数据的开放属性，选择直接开放、脱敏后开放、"可用不可见"等多种方式提供开放服务，最大限度满足用数主体的需求。优化数据资源检索功能，山东省按照"1+16"的模式建设了山东省公共数据开放网，实现全省开放数据资源目录统一检索，支持基于区划、部门、领域分类、开放条件、数据格式、搜索词位置、时间范围等目录多维度信息进行组合。用户可自定义检索条件，方便、快速又准确地检索到所需目录。对重点可控用户提供多样化服务，设数据开放大赛数据专区、数据开放创新应用实验室专区，通过注册上的定向授权和主题专区展现等方式，打通公共数据申请的绿色通道，提供数据资源、计算资源、数据空间以及数据治理工具等技术支撑。

（三）用好隐私计算平台，确保数据安全开放"高质量"

为实现对公共数据利用主体需求的"有求必应""有效回应"，提升平台用户交互体验，解决数据协作计算过程中的数据安全和隐私保护问题，2021 年 10 月，山东省公共数据隐私计算平台上线运营。该平台是全国首个省级公共数据隐私计算平台，具备联合建模、隐私集合运算、联合统计分析、匿踪查询等隐私计算四大核心功能，支持多方安全计算和联邦学习融合应用模式，并通过联邦区块链保证过程的不可篡改性与可溯源性，达到原始数据不出域即能完成数据开发应用目的，有效解决数据开放过程中还存在的"不敢开放、不愿开放、不能开放"等顾虑。目前，山东省正在打造省级公共数据隐私计算对撞中心，为全省提供"数据可用不可见、计算可信可链接、使用可控可计量"的数据隐私计算对撞服务，将不同数据所有单位间的数据进行连接、融合、对撞与保护，赋能应用各行业各领域，服务山东省公共数据以及社会数据的开放及开发应用。

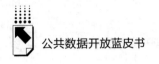

四　需求引领　提升数据开放融合应用能力

数据应用是数据开放的成效，也是发挥数据要素作用的重要方式。数据只有进行开发利用，才能真正产生价值、发挥作用。山东省采取"统分结合"方式，推动省市县三级联动，持续开展大数据融合创新应用，充分调动各级各部门及社会力量的积极性，加快构建公共数据和社会数据融合应用生态，利用大数据赋能千行百业，在医疗、能源、制造、金融、交通、生态等重点领域培育标杆应用，并在全省推广复用。通过精心下好"四步棋"，让数据创新应用成为一道靓丽的风景线。

一是下好开放"先手棋"，组织开展公共数据开放"问需于您"活动。为切实了解公民、法人和其他组织等重点群体的公共数据需求，推动更多符合社会需求的高价值数据安全有序开放，2022年5月，山东省统一组织开展公共数据开放"问需于您"调研活动，收回有效问卷5000份，社会各界对山东省数据开放工作提出各类意见建议3000余条。通过公共数据开放网"数据需求"功能，常态化征集公民、法人和其他组织的数据需求，推进公共数据按需开放，持续满足用户需求。一系列活动的开展，摸清了山东省数据开放的短板弱项，为推进公共数据按需开放指明了方向。

二是下好开放"拓展棋"，积极挖掘数据开放应用场景。在持续做好政务服务、社会保障、医疗健康等领域工作的基础上，围绕群众日常生活的难点、堵点，积极拓展民生领域数据开发利用。为切实盘活停车资源，缓解群众"停车难"问题，为群众提供更多便利，山东省汇聚全省16市机关事业单位可对外开放停车场数据2212条，经过数据治理后，依托山东公共数据开放网公开发布，并与百度、腾讯等地图服务商进行技术对接，实现停车场数据在电子地图的同步呈现，打造全省机关事业单位可对外开放停车场"一张图"，方便群众随时查询使用。疫情期间，为方便群众查找核酸采样机构，快速进行核酸检测，山东省大力推动核酸采样机构数据开放。依托山东公共数据开放网，将全省1500余个核酸采样机构的名称、地址、电话、坐标等结构化数据依法依规对外开放。同时,在"爱山东"移动政务服务平台以及百度、腾讯等电子地图上,打造全省核酸采样机构"一张图",群众可随时便捷查询,就近检测。

为推动公共数据深度开放,山东各市逐步在金融、医疗、社会生态等重点应用领域进入拓展期。潍坊市大数据局会同潍坊市农商行,采用隐私计算等技术,依托一体化大数据平台,上线了大数据线上办贷产品"潍 e 贷"。截至 2022 年底,全市 9 家农商行"潍 e 贷"申请客户达 26.5 万户,授信客户 11.6 万户,授信金额 132 亿元。"潍 e 贷"作为大数据赋能金融的成功实践,为政务大数据在金融领域的深度应用提供了借鉴和指引。济南市在全国率先建设"保医通"服务平台,向商业保险公司开放社会医保结算数据,推动商业保险公司优化理赔业务流程,实现商业保险快速理赔结算。在"保医通"创新服务试点成功的基础上,建设"政保通"数据服务平台,实现了政务数据向保险行业的开放。青岛市依托公共数据服务平台,以公共数据开放为突破口,打造线上"数字实验室"和"数据会客厅",吸引数据提供商、数据需求商、数据服务商等主体入驻,带动公共数据和社会数据融合应用,激发社会创业创新活力。"数字实验室"应用案例入选《2021 年中国数字经济发展白皮书》,获评数字政府"二十佳"优秀创新案例、数字化赋能千行百业典型案例,等等。

三是下好开放"组合棋",办好数据开放创新应用赛事。数据开放创新应用赛事是向社会寻求数据开放难点问题解决方案的重要方式,有利于进一步提升数据开放的精准性。山东省连续四年举办数据应用创新创业大赛,构建"深挖需求—揭榜挂帅—成果落地"的"以赛促用"工作机制,引导社会各方力量积极参与数据创新应用。为进一步提升赛事影响力,2022 年第四届数据应用创新创业大赛由山东省大数据局联合团省委、省科技厅、省教育厅共同举办,吸引全国 1100 余支团队参赛,收到作品 800 余件,有效解决了乡村振兴、数字社会、智慧养老、健康医疗、城市管理等领域痛点、难点问题,打造了一批具有创新性的数据产品、数据服务。

四是下好开放"创新棋",组建"数据开放创新应用实验室"。为解决

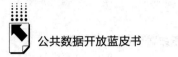

公共数据供需两端"信息不对称"问题，提升各领域开放数据开发利用水平，山东省在国内率先组建了一批"数据开放创新应用实验室"，组织各方力量联合开展数据开放相关技术及应用的研究工作。实验室依托省内具有较强研究能力的机构建设，目前已在 20 多个行业领域建设了 170 个实验室。山东省健全完善实验室各项管理制度，为实验室提供公共数据供给绿色通道，推动各领域依托开放数据打造更多原创性创新应用。通过组织数创沙龙、"揭榜挂帅"等活动，以需求为导向，为数据供给方和数据利用方搭建沟通交流平台，促进数据开发利用和成果应用，助力数据开放创新应用生态高质量建设。

B.10

深化数据开放利用　激发数据要素活力

——浙江省公共数据开放工作实践

浙江省大数据发展管理局*

摘　要： 作为公共数据开放的先发之地，浙江从制度、技术、生态和授权运营四方面发力，加快推进公共数据开放共享，在确保数据安全的前提下，实现公共数据"应开放、尽开放"。出台全国首部公共数据领域的地方性法规，以制度规范保障数据开放有章可循；夯实一体化智能化公共数据平台底座，以技术手段保障数据开放安全有序；连续举办数据开放创新应用赛事，以大赛生态保障数据开放活力创新；出台全国首部省级公共数据授权运营具体办法，以授权运营探索拓展数据开放范围，让数据要素激发市场创新活力。

关键词： 浙江　数据开放　公共数据　大数据

2003 年，时任浙江省委书记习近平同志部署实施"数字浙江"战略。2017 年 12 月，习总书记提出要推动实施国家大数据战略，推进数据资源整合和开放共享，保障数据安全，加快建设数字中国，更好服务我国经济社会发展和人民生活改善。自 2022 年底以来，《数字中国建设整体布局规划》和《中共中央　国务院关于构建数据基础制度更好发挥数据要素作用的意

---

*　执笔人：蒋汝忠，浙江省大数据发展管理局副局长；张纪林，浙江省大数据发展管理局数据资源处处长；杨宇，浙江省大数据发展管理局数据资源处副处长；王沁怡，浙江省大数据发展中心干部。

见》明确要推进公共数据的共享开放，释放公共数据价值。近年来，浙江深入贯彻习近平总书记擘画的"数字浙江"战略，一以贯之、一脉相承地推进"最多跑一次"改革、政府数字化转型、数字化改革等一系列重大改革工作。建设省市县三级一体化智能化公共数据平台，探索从制度、技术、生态和授权运营四方面着力，在确保数据安全的前提下，实现公共数据"应开放、尽开放"。

一 完善机制，以制度规范保障数据开放有章可循

2020年，浙江省政府研究制定《浙江省公共数据开放与安全管理暂行办法》（浙江省政府令第381号），以政府规章的形式明确公共数据"应开放、尽开放"的原则，提出数据分类分级开放的要求，建立数据脱敏处理和安全保护的机制。2022年3月1日，全国首部公共数据领域的地方性法规《浙江省公共数据条例》正式实施，条例设专章强调公共数据开放与利用的重要性，明确数据开放重点与范围，通过法规实践，为深入推进数据开放工作提供有力的法律保障。将公共数据的范围从行政机关扩大到国家机关，并将税务、海关、金融监督管理等国家垂管单位根据本省应用需求提供的数据，以及供水、供电、供气、公共交通等公共服务运营单位依法履职或者提供公共服务过程中收集、产生的数据纳入，优先开放与民生紧密相关、社会迫切需要的数据；规定申请获取受限开放数据应当具备数据存储、处理和安全防护能力等条件，并要求签订安全承诺书和开放利用协议，落实安全保障措施；建立开放争议解决机制，推动数据开放更加充分高效。

在强化配套措施方面，浙江省总结提炼数字化改革制度成果，发布《数字化改革　公共数据目录编制规范》《数字化改革　公共数据分类分级指南》《公共数据安全体系建设指南》《公共数据安全体系评估规范》等省级地方标准，制定公共数据平台建设、数据治理、数据开放、数据安全等制度规范，为全省公共数据安全有序开放提供指引。如《浙江省公共数据开

放工作指引》，围绕数据开放属性、工作体系、申请审核流程、数据利用责任等方面，规范数据开放利用，加快公共数据开放和应用创新。

二　筑牢根基，以技术手段保障数据开放安全有序

浙江省统筹建设省市县三级一体化智能化公共数据平台，作为数据开放共享的核心枢纽，实现以数据流整合决策流、执行流、业务流，推进各领域工作体系重构、业务流程再造、体制机制重塑。建设以一体化数字资源系统（简称 IRS）为主体的应用支撑体系，实现全省数字资源的统一配置、统筹管理，对全省 15051 个应用、287.3 万项数据、849 个组件、11.7 万个云资源实例实施在线管理，推进各行业各领域政务应用系统集约建设、互联互通、协同联动。健全全省共建共享的一体化数据资源体系，统一建设了人口、法人、信用信息、电子证照、自然资源与空间地理五大基础数据库，以及社保就业、城建住房、生态环境、交通出行等十大省域治理专题库。建立存量数据常态化治理机制和共享数据快速响应治理机制，实现问题数据跨层级闭环处置。会同各数源部门推进高频数据"一数一源一标准"治理工作，建成数据元标准库和标准字典库，确定每个数据的权威来源，加强数据高质量供给。围绕"进不来、拿不走、看不懂、改不了、赖不掉"目标，建设数据安全监控系统，实现全省数据安全风险一体化监测和联动处置，提升数据安全监测、研判和处置效率。

依托一体化智能化公共数据平台，建设全省统一的数据开放网站，目前，全省开放数据集和接口超 3.2 万个，开放数据 115.6 亿条。通过数据沙箱、隐私计算等技术手段，在公共数据平台上开发开放域系统，实现数据安全开放、融合应用。成立浙江省数据开放融合关键技术研究重点实验室，探索攻克数据利用技术难题。打造"数据高铁"特色开放专区，减少数据交换中间环节，让数据从"起点站"直达"终点站"，提高数据时效性。选取个体工商户基本信息、省级科技型中小企业信息、省科技厅高新技术企业证书等 320 多万条实时开放数据向公众开放。

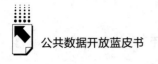
三 畅通循环，以大赛生态保障数据开放活力创新

浙江省自 2020 年开始每年举办数据开放创新应用大赛，以省市县三级联动、点面结合的方式，充分发动社会力量，累计有 3432 项作品积极参与。2023 年大赛围绕数字经济、营商环境、"地瓜经济"、智慧交通、乡村振兴、公共服务和绿色低碳发展等领域，设置数据治理与安全、数据开放利用两大赛道，吸引了一大批有想法、懂技术、敢于创新的优秀企业和科研团队参赛，催生了一批经济社会效益明显、群众获得感强的优秀新应用，并持续推动项目落地转化，不断以"示范效应"带动应用孵化，推动数据要素合规高效流通利用，为经济社会高质量发展提供活力。

以大赛为载体，已有上百个优秀社会应用融合公共数据和社会数据，促进数据价值释放。在普惠金融领域，2020 年一等奖作品《好融好融-草根金融破风者》，目前已经迭代升级为"浙里信"应用，着力破解小微企业贷款难问题。在卫生健康领域，2020 年获奖作品"基于影像云的肺癌早筛"，上线以来服务各级医院放射影像科辅助诊断，累计筛查 31.2 万例胸部 CT 影像检查病例，日均处理 2000 例以上。在智慧交通领域，2021 年大赛一等奖作品"安迅应急救援产业互联"，迭代升级为现在的"救在身边"应用，已实现从台州 512 公里向全省 4158 公里的高速公路运营覆盖，并向数据开放网站提供社会救援车辆信息、特殊装备信息、驻点信息等 3 种社会数据，供公众下载使用。2022 年一等奖作品"面向自动驾驶和智慧出行的车路协同云服务平台"，已提供给赢彻、宝马、广汽等车企客户试用，预计 2023 年将产出 1 万多个自动驾驶场景库，服务浙江德清国家车联网先导区建设。

四 先行先试，以授权运营探索拓宽数据开放范围

《浙江省公共数据条例》第三十五条明确县级以上人民政府可以授权符合条件的法人或非法人组织，依托公共数据平台对公共数据进行加工，并获

取合理收益。2023年9月1日，《浙江省公共数据授权运营管理办法（试行）》正式施行。作为全国首部省级公共数据授权运营具体办法，其围绕"谁授权、怎么授权、授权什么、授权给谁、如何运营和如何监管"进行了规范，共包括总则、职责分工、授权运营单位安全条件、授权方式、授权运营单位的权利与行为规范、数据安全与监督管理和附则等七个部分。坚持顶层设计与基层探索结合，明确建立省和试点的市、县授权运营管理协调机制，省负责授权运营工作的统筹管理、安全监管和监督评价，确定授权运营的试点地区和省级试点领域。

　　浙江省公共数据授权运营重点把握三方面要求。一是坚持依法合规，确保安全可控，严格遵守《中华人民共和国网络安全法》《中华人民共和国数据安全法》《中华人民共和国个人信息保护法》，统筹发展和安全，强调采用"原始数据不出域、数据可用不可见"的方式开展公共数据授权运营，严格管控未依法依规公开的原始公共数据直接进入市场，落实"一授权一预案"要求，每次授权都要结合具体的应用场景建立应急预案，加强公共数据全生命周期安全和合法利用管理，有效防范数据安全风险。二是坚持统筹规划，稳慎有序推进，强调省和试点的市、县政府要坚持总量控制、因地制宜、公平竞争的原则，确定授权运营的领域和单位，优先支持在与民生紧密相关、行业发展潜力显著和产业战略意义重大的领域开展公共数据授权运营。三是坚持试点先行，打造浙江特色，选择有条件的市、县和省级领域先行试点。推动试点地区在授权运营机制、授权运营场景、平台支撑能力、数据安全保护等方面积极探索、不断创新、逐步完善，促进公共数据合规高效流通利用，为国家数据要素市场化配置改革提供浙江经验。

　　数据要素的价值化就是数据在流通中应用、在应用中流通的过程。浙江省将持续不断加大数据开放力度，释放数据价值，推动形成公共数据有效供给、有序开放利用的良好生态，让数据更好地服务社会、服务群众、服务发展。

B.11
贵州省政府数据开放应用创新的实践与探索

景亚萍　李　刚*

摘　要： 贵州省始终坚持需求导向、有序开放、平等利用、确保安全的原则，推动政府数据高质量汇聚开放，使得全省政府数据开放水平始终位居全国前列。在 2022 年《中国地方政府数据开放报告——省域指数》中，贵州省省域综合排名全国第三，其中平台层全国第一、数据层全国第三。贵州省将持续推动数据开放制度规范的建立健全，不断夯实全省一体化数据开放平台，有序推动数据高质量开放，探索更多跨领域数据融合应用新模式，释放和提升数据资源价值，激发创新活力。

关键词： 贵州省　数据开放　数据应用

2020 年，《中共中央国务院关于构建更加完善的要素市场化配置体制机制的意见》将数据作为和土地、劳动力、资本、技术并列的五大生产要素之一，提出加快培育数据要素市场，要求推进政府数据开放共享、加强数据资源整合和安全保护。同时，我国第十四个五年规划和 2023 年远景目标纲要提出加强公共数据开放共享，要求扩大基础公共数据安全有序开放。有序推进公共数据开放对推动数据资源开发利用、充分释放数据要素价值具有重要意义。

---

* 景亚萍，博士，贵州省大数据发展管理局局长；李刚，硕士，贵州省大数据发展管理局副局长。

贵州省高度重视政府数据开放共享工作，自 2016 年获批建设"国家大数据（贵州）综合试验区"以来，积极开展数据资源共享开放试验，持续深化数据开放范围，不断提升开放数据质量，推动全省政府数据开放水平位居全国前列。2016 年 10 月，贵州省政府数据开放平台正式上线运行。截至 2023 年 4 月，全省 99 个省级部门、9 个市州和贵安新区累计 3258 个部门开放了 21 个重点主题领域数据集 16949 个，注册用户数达 13283 个。

一 建立健全数据开放制度规范

2016 年 11 月，贵州省人民政府办公厅印发《贵州省政务数据资源管理暂行办法》，对贵州省政务数据开放范围、服务对象、数据开放系统的建设等作出了具体规定。2020 年 12 月，全国首部省级层面政府数据共享开放地方性法规《贵州省政府数据共享开放条例》（以下简称《条例》）正式施行。《条例》从政府数据管理、政府数据共享、政府数据开放、监督管理等方面明确贵州省政府数据共享开放事项。

2022 年 12 月，贵州省大数据领导小组办公室印发《贵州省建立健全政务数据共享协调机制加快推进数据有序共享实施方案》，进一步明确在全省各级各部门建立数据专员工作制度，构建起全省一体化数据共享开放工作体系。数据专员履行各级各部门数据治理职责，负责统筹推进本级本部门本行业政务数据归集、管理、共享、开放及高效利用。建设一支结构合理、保持稳定且具有数字化思维、具备数字技术能力的数据专员队伍，是贵州省深化数字政府建设、提升数据治理能力、推动数据共享开放继续走在全国前列的组织保证。

除政策法规外，贵州省也从标准规范方面对政府数据开放相关活动进行了规范，制定出台了政务数据资源目录、政务数据资源、政务数据平台、数据开放等一系列省级地方标准，对于推动贵州省政府数据开放的规范化发挥了重要作用。其中，《政府数据 数据分类分级指南》定义了全省范围内政府数据资源的分类分级原则和方法；《政府数据 数据开放工作指南》规定

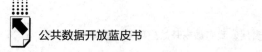

了政府数据开放管理要素和过程；《政府数据 数据脱敏工作指南》规定了政府数据的脱敏原则、脱敏方法和脱敏过程，可为数据脱敏工作的规划、实施和管理提供指导；《政府数据 开放数据质量控制过程和要求》规定了开放数据质量的控制环节、要求和评价方法。

二 构建一体化数据共享开放平台

2016 年 10 月，全国首个省级政府数据开放平台——贵州省政府数据开放平台正式上线运行。自建设运行以来，贵州始终紧紧围绕政府开放数据"从哪里来、放到哪里、谁来使用"三大核心问题，在统筹全省政府数据管理、全量数据沉淀和解决数据"一数一源"等方面深化，探索建立了具有贵州特点的政府数据共享开放一体化建设模式（见图 1）。

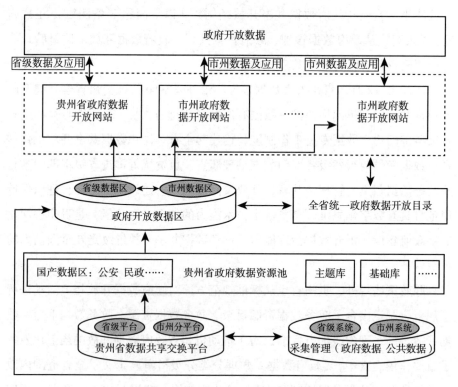

图 1 贵州省一体化数据开放模式

贵州省政府数据开放平台采用全省一体化建设模式，横向与贵州省数据共享交换平台级联，实现共享开放数据归集发布渠道的统一；与贵州省数据流通交易平台级联，实现数据交易、数据开放双向赋能。纵向部署9个市州和贵安新区数据开放专区，实现省市数据开放平台的一体化、集约化建设，开放数据供给能力持续迭代提升。截至2023年4月，平台累计注册用户达13283个。

贵州省不断优化和完善贵州省政府数据开放平台功能，在数据归集发布方面，通过级联省数据共享交换平台，省市县三级政府部门可通过数据区实现共享开放数据的统一归集，并根据开放属性将可无条件开放、有条件开放数据自动推送至省政府数据开放平台，面向社会公众进行开放。在数据申请使用方面，社会公众可基于省政府数据开放平台申请使用政府数据：对于无条件开放数据，用户订阅后系统自动备案授权；对于有条件开放数据和开发利用数据申请，流转至省数据共享交换平台，由数据提供部门审批通过后授权。在用户使用体验方面，贵州省政府数据开放平台专门设置"互动中心"板块，分设数据需求、平台建议、权益申诉、数据纠错、有条件开放数据申请等互动功能，能够有效提升公众对数据开放的参与度。

三 推动政府数据高质量汇聚开放

根据《贵州省政府数据共享开放条例》要求，贵州省建立年度政府数据共享开放责任清单制度，持续推动省市（州）县三级政府部门按需、按计划开放。数据开放主要涉及生活服务、城建住房、教育文化、工业农业、财税金融、市场监管、生态环境等21个主题领域，截至2023年4月，已累计发布82个省级部门、9个市州和贵安新区16949个数据集，其中无条件开放11756个、有条件开放5193个。

贵州省以数据质量评估为着力点，推动贵州省政务数据质量不断提升。2021年5月，《贵州省数据质量评估体系》在数博会上正式发布，贵州成为全国首个出台数据质量评估体系的省份。同年，贵州按照《贵州省数据质量评估体系》，依托数据质量管理系统对 25 个省直部门、4 个市州开展了数据质量评估，形成了数据质量评估报告，以点带面推动数据质量提升。2022年，贵州省政府办公厅以"贵州省政府网站常态化监管工作提示单"为载体，向 20 个省直部门和 177 个市（州）部门发送 2436 项数据质量问题整改工单。《2022 中国地方政府数据开放报告：省域指数》省域综合排名显示，相较于 2021 年，贵州数据层评估排名从第十跃升至第三，数据质量相较以往有大幅提升。

四 数据开放融合创新应用案例

（一）数据助力农民工工资精准足额发放

为了加快实现共同富裕，帮扶相对弱势群体，根据人力资源和社会保障部等十部门印发的《工程建设领域农民工工资专用账户管理暂行办法》要求，解决工资代发银行无法核验施工单位提交的工资发放人员、发放金额等信息，代发过程仍存在欠薪、少薪等问题，招商银行、光大银行、农发行、富民村镇银行等 22 家银行依托贵州省政府数据开放平台，利用贵州省人力资源和社会保障厅的施工项目企业工资流水等有条件开放数据资源，以"数据可用不可见"安全合规模式，在保障个人隐私和数据安全的前提下，委托数据运营商开发形成"助银发"数据产品。截至 2022 年底，银行通过"助银发"代发工资总额超 300 亿元，追溯处理欠薪案件 2774 件，协助银行化解欠薪超 15 亿元。

（二）数据开放助力数字金融改革创新

为了助力数字经济发展，推动数字金融改革创新，解决银行由于缺少信用贷款人员个人历史信用数据，不得不要求个人在信贷过程中提供各类繁杂材料，且贷款审批时间较长、放贷存在"额度评估难"等问题，贵州省农业银行、贵州省农村信用社联合社、浙江网商银行、杭银消金公司、宁银消金公司等 7 家金融机构,依托贵州省政府数据开放平台,利用贵州省人力资源和社会保障厅、贵州省不动产登记中心、贵州省民政厅等单位的个人社保缴纳信息、个人不动产登记信息、个人婚姻状态核验等有条件开放数据资源,委托数据运营商通过"数据可用不可见"安全合规模式,开发形成"个人信用画像"。

在个人授权前提下,银行通过"个人信用画像",可精准评估信贷人授权额度,避免了信贷资料的线下提交审核,提高了信贷服务效率和风险防控能力。截至 2022 年底,各类金融机构通过"个人信用画像"完成了近 5 万人次的授信金额评估。

(三)数据开放助力金融企业实现风险精准防控

为了激发市场活力、释放数据价值,解决人工获取风险信息耗时耗力、风险信息的精准性和及时性难以保证、贷后管理存在较大风险等问题,贵州省农村信用社联合社、浦发银行等金融机构依托贵州省政府数据开放平台,利用贵州省市场监督管理局、贵州省大数据发展管理局的企业工商登记基本信息、红黑名单信息、法人行政处罚信息等有条件开放的数据资源,在企业授权情况下,实现实时跟踪贷后企业工商、信用等信息变更情况,进而能第一时间识别贷后企业潜在风险,降低企业贷款不良率。截至 2022 年底,金融机构实时获取包括贷后企业注销在内的 2 起重大风险预警。

B.12

德州市公共数据开放共享的实践与启示

张建林　李吉德　徐建娥*

摘　要： 随着大数据时代的来临，拥有丰富公共数据的各级政府开始从信息公开走向数据开放。作为一种新的理念和实践，数据开放共享要求政府更加重视数据的搜集、公布、开放和运用。德州市高度重视公共数据的开放和开发利用，深入开展"数源、数治、数用"行动，不断完善市一体化大数据平台数据支撑能力。2022年度"中国开放数林指数"显示，德州市位列全国城市综合排名第一，获得城市"数开繁盛"大奖。本文系统介绍了德州市在公共数据开放浪潮中的实践经验和取得的成效，以期给正在建设数据开放平台的其他地市带来有益的启示和借鉴。

关键词： 德州市　公共数据　数据开放

公共数据资源是指政务部门、公共服务和公用市政企事业机构在社会公共管理服务活动中产生的具有公共性、基础性、经济性和社会价值的数据。公共数据资源是当今世界经济社会发展的支撑性、战略性资源，其可获取性和流动性已成为构筑区域竞争力的重要基石。开放公共数据是提高政府透明度、提升政府公信力和政府治理能力，从而更好地满足公众需求，促进社会创新，带动经济增长的重要途径。德州市高度重视公共数据开放共享工作，从战略体系的构建、政策法规的制定、各级各部门与社会各方力量积极性的

---

* 张建林，德州市大数据中心主任；李吉德，德州市大数据中心副主任；徐建娥，德州市大数据局数据管理科副科长。

调动等各个方面来推进公共数据开放工作，鼓励全社会、全员参与"数据治市"。同时，德州市大数据局建设了德州市公共数据开放平台，持续推动公共数据资源汇聚、整合、开放、共享，不断拓展利用场景，促进数据价值释放。目前，德州市公共数据开放平台已开放区县 12 个、部门 52 个、数据目录 5509 个，数据开放量达 4.5 亿条。

近年来，德州市大数据局坚持需求导向，聚焦数字赋能，勇于改革创新，深入开展"数源、数治、数用"行动，不断完善市一体化大数据平台数据支撑能力，提升数据资源管理水平，有效促进了大数据在政务、经济和社会各领域的应用与发展。2021 年度"中国开放数林指数"综合排名，德州市位居全国地级市第六。2022 年度"中国开放数林指数"评估，德州市位列全国城市综合排名第一，获得最高奖项——城市"数开繁盛"大奖，排名大幅上升。

一 开展"数源"行动，加快推动数据汇聚共享

"数源"行动收集并确定数据开放共享体系的相关各方参与者及其对于数据开放共享的需求，确定相关各方参与者及其关心的问题，保证数据空间既有丰富的高质量数据供给，又有持续活跃的使用需求。

一是强化领导压实责任，建立健全责任落实机制。为成功从源头上汇聚各部门数据，德州市建立了数据汇聚责任机制，组织各级各部门根据"三定"规定、政务服务事项和职责任务清单，定期梳理更新政务数据资源目录，凡列入目录的数据资源，按照"数据目录 100% 挂载资源服务"的要求，同步开展数据资源汇聚。结构化数据除涉及国家安全等特殊业务之外，全部在市一体化大数据平台实现"物理汇聚"。

二是加强数据源头供给，持续完善数据资源体系。为保证供需双方精准对接，促进多源数据有效流通，2022 年德州市组织有关部门线上线下常态化开展数据供需对接，在全省率先发布了数据供给、数据需求"两张清单"，涉及 3023 类供给数据、696 类需求数据；组织市直有关部门广泛开展

了供需对接，有效解决了义务教育入学、"房产+供电"等领域数据共享问题。为了加强数据汇聚能力，德州市建立了全市一体化大数据平台，完善了人口、法人单位、公共信用、空间地理、电子证照五大基础库，农业农村、执法监督、政务公开、知识产权等12个主题库、18个专题库建设，目前累计汇聚数据38亿条；在山东省率先开展了供水、供气、供热以及公共交通等公共数据汇聚，汇聚全市四类数据2亿条；开放了交通运输、社会保障、生态环境等19个领域4.5亿多条数据资源，充分发挥数据要素赋能作用。

三是推进系统互联互通，提升数据资源整合效率。为推进公共数据开放和跨层级共享，2021年以来，德州市按照"应接尽接"原则，在全市范围内开展自建系统调研摸底，推动数据集中化管理，开展市县自建非涉密系统全部对接市一体化大数据平台行动。经过一年时间，市县225个自建系统全部接入德州市一体化大数据平台，实现数据互联互通，提升了数据时效性。2022年，德州市积极申报一体化大数据平台县级节点建设试点工作，首批建设了齐河县、乐陵市、宁津县、天衢新区4个县级数据节点试点，推动政务数据直达基层，实现数据跨地区、跨部门、跨层级高效有序共享，其中市级和齐河县、乐陵市入选国家政务数据直达基层试点。

二 开展"数治"行动，深度开展数据治理

"数治"行动聚焦数据资产的梳理、采集清洗、结构化存储、可视化管理和多维度分析，实现"原始数据不出域，可用不可见"目的，确保数据的高质量、可用性、可集成性、安全性和易用性。

一是开展数据源头治理。按照"目录-数据-服务"相匹配的要求，对照省直部门数据资源目录，开展政务数据规范化梳理，形成德州市政务数据资源目录，大力推动各级各部门完善政务数据字段，明确资源目录的责任单位、共享开放类型、更新周期等，各县域依照资源目录挂接、更新数据，从源头提升数据质量。

二是开展历史数据治理。持续开展"历史数据电子化"专项行动，统

一数据标准，推进不动产登记、户籍信息、婚姻登记等高频事项历史数据电子化，乐陵、宁津和夏津入选婚姻登记电子化省级试点，为政务服务事项"网上办""掌上办"奠定坚实数据基础。

三是开展数据分级分类治理。制定数据安全分级分类标准，建立数据纠错机制，根据数据应用部门反馈情况由数据提供部门定时更新数据项，保证数据鲜活、能用、好用。

三 开展"数用"行动，全面推进数据应用

"数用"行动旨在深入挖掘数据潜在价值，加快推动公共数据资源开发利用，充分释放公共数据资源的经济价值和社会价值；开展大数据创新应用，打造一批具有创新性的数据产品、数据服务，发挥数据"优政、惠民、兴业"作用。

一是推动数据开放，激发数据创新应用活力。承办山东省第三届数据应用创新创业大赛德州分赛场，并推动大赛成果转化，激发社会数据开发利用的积极性，充分发挥数据创新引领作用，积极释放数据红利，真正实现政府数据与社会数据融合应用。德州市4家机构成功入选"山东省数据开放创新应用实验室"。

二是培育先进典型，集中打造创新应用场景。2022年以来，德州市共打造600余个大数据应用场景，17个应用场景入选山东省级大数据创新应用场景；同时推动12个省级重点应用场景在德州市推广复用。人员招聘、法律公正入选省级"无证明应用"场景。德州打造了水电气暖、银行金融等14个市级"无证明应用"场景；积极参加2022年省级大数据创新应用成果评选活动，向山东省大数据局推送272个应用场景、96个解决方案。

四 筑牢安全底线，强化数据安全管控

数据作为新型生产要素，是数字化、网络化、智能化的基础，深刻改变

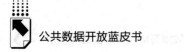

着社会治理方式，要把安全贯穿数据治理全过程，守住安全底线。

一是健全安全制度规范，加强公共数据立法。为了从法律法规层面加强公共数据的统筹管理，2022年德州市围绕公共数据有序共享开放和安全利用等问题，率先在山东省启动公共数据管理立法，将"德州市公共数据条例"列入了德州市人大立法议题。

二是搭建数据安全平台，覆盖数据全生命周期。开发部署"数据安全监管管控平台"，制定数据安全分级分类标准，建立数据安全制度体系，针对不同类别和级别数据制定不同数据安全保护策略，明确数据安全责任，切实保障数据安全。定期按照数据安全管控规范流程，通过探针数据采集，以"数据可用不可见"的方式，对一体化大数据平台接口和数据库进行异常监测。在确保数据安全的前提下，推动公共数据开放利用。

公共数据蕴含着巨大的经济和社会价值，随着公众获取和利用公共数据的呼声越来越高，如何满足公众对公共数据开放的需求已成为政府部门亟须面对的重大挑战。下一步，德州市将进一步推动公共数据开放平台的搭建工作，拓展数据开放的广度和深度，细化数据，提高数据的实际应用性；进一步解决企业、社会组织、研究机构对政府信息资源的"使用权"问题，开发更多方便生活的应用软件；加强多元主体参与，推进城市管理模式变革。

B.13

杭州市公共数据开放工作实践与启示

杭州市数据资源管理局*

摘　要： 杭州市深入贯彻国家大数据战略，积极推进公共数据有序开放，在 2022 年度"中国开放数林城市指数"中位列城市第二，获得了"数开繁盛"荣誉。本文围绕杭州市公共数据开放工作现状，阐明了建立机制、摸清底数、搭建载体、健全制度、抓牢落实五方面的实践之路，分析了当前面临的困境，并提出了下一步努力的方向，期望为各地公共数据开放工作推进提供参考借鉴。

关键词： 杭州　数据开放　大数据

数据作为生产要素，让其更好地服务社会，关键在于融合、共享与开放。数据开放旨在实现数据的增值利用。2015 年 8 月，国务院印发《促进大数据发展行动纲要》，明确提出要加快建成国家政府数据统一开放平台，率先在重要领域实现公共数据资源合理适度向社会开放。2017 年，中共中央办公厅和国务院办公厅下发《关于推进公共信息资源开放的若干意见》，要求着力推进重点领域公共信息资源开放，释放经济价值和发挥社会效益。2020 年，《中共中央　国务院关于构建更加完善的要素市场化配置体制机制的意见》提出要研究建立促进企业登记、交通运输、气象等公共数据开放和数据资源有效流动的制度规范。2021 年，国务院印发《关于开展营商环境创新试点工作的意见》和《"十四五"数字经济发展规划》，国务院办公

---

* 执笔人：何丹，杭州市大数据管理服务中心，高级工程师。

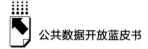

厅印发《要素市场化配置综合改革试点总体方案》；2022年，中共中央、国务院印发《关于构建数据基础制度更好发挥数据要素作用的意见》，都对公共数据开放作了进一步指导。

为落实国家大数据战略部署，创新发挥数据价值，杭州市数据资源管理局作为杭州市公共数据主管部门，积极牵头推进公共数据开放体系建设，组建专班、深入调研、制定工作方案、有序推进工作实施，为提升政务服务、优化营商环境、实现治理体系和治理能力现代化提供助力。截至2022年底共向社会公众开放了3327个数据集、3731个数据接口，累计开放数据达58.5亿条，涵盖了63个市级部门和13个区（县、市），内容覆盖20多个数据领域，数据集文件被下载次数超1309万次，接口被调用量超223万次。在"2022中国开放数林指数"测评中，杭州市综合表现优异，在全国地方政府中位列第二，获得了城市"数开繁盛"荣誉。

一 杭州公共数据开放实践之路

（一）建立机制，统筹数据开放工作

2017年，杭州市数据资源管理局成立，负责组织协调全市政务数据和公共数据资源整合、归集、应用、开放、共享，负责编制全市政务数据和公共数据资源目录和开放目录，制定标准规范并组织实施和监督。同时积极适应数字化改革需要，推行首席数据官制度，在全市115家市直部门、市属国有企业设立首席数据官、数字专员。

2022年，依托全市首席数据官和数字专员队伍，通过上门服务、集中培训、指标晾晒、每周通报、督查督办和专项约谈六力联动，创新工作思路，改进工作方式方法，激励全市上下比学赶超。一是建立纵向到底、横向到边的推进组织协调机制，明确63个市级部门、15个区（县、市）、开发区的工作责任边界。二是建立"六个一"工作推进机制（即一个工作专班、一个工作周通报、一个工作周例会、一个工作钉钉群、一套工作任务分工、一个工作督查模块），及时沟通，协调推动数据开放工作具体实施，收集整理数据开放过程中的各类问题，第一时间研究解决对策，指导全市工作。

（二）摸清底数，全量归集数据资源

数据资源目录是实现公共数据开放的基础，制定数据资源目录是一个长期、动态的过程。2017 年以来，杭州市依托公共数据平台，按照应编尽编的原则，基本建立全量覆盖、互联互通的全市数据资源目录体系，形成数据资源"一本账"。按照数据目录化、目录全局化、全局动态化要求，截至2022 年底，开放数据目录 4.02 万个、数据接口 6335 个、数据项 67.25 万个，其中可开放数据项 47 万个。部署数据目录探查工具，打破市级部门"独立开发、自愿编目、无监管闭环"编目模式，建立"自动识别、动态更新、应编尽编"编目新模式，自动实时更新公共数据资源目录 3 万余个。

2022 年，为进一步夯实数据资源底座，优化原有数据资源"按需归集"模式，杭州市推动建立了公共数据"全量全要素"归集模式，聚焦有目录无数据、有数据无目录、目录以外无数据三目标，推进全市数据资源"颗粒归仓"，盘活存量数据 200 多亿条。

（三）搭建载体，统一数据开放平台

2020 年初，杭州市数据开放平台（https：//data.hangzhou.gov.cn/）上线。平台是杭州市公共数据开放的载体，是数据供给端和需求端的桥梁，向社会展示全市各级行政部门开放的数据。平台按照一本账编目、一站式浏览、一揽子申请、一平台调度、一体化开放、一张网管理的"六个一"要求建设，搭建开放数据、开放指数、地图服务、开发者中心、政策动态、互动交流、应用成果、开放大赛等功能板块，将数据按部门、领域、行业、服务等维度进行分类管理，向社会和公众无偿提供数据资源申请、数据检索、地图查询等服务。数据标注了向社会开放的数据等级，包括登录开放、申请开放和完全开放三级。开放格式分为数据集和接口两种形式，其中数据集提供了可机读格式和非专属格式，包括 Excel、XML、CSV、JSON、RDF 等五类。

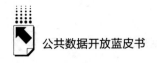

（四）健全制度，规范数据开放管理

2020 年以来，《浙江省公共数据开放与安全管理暂行办法》（省政府令第 381 号）与《浙江省公共数据条例》先后出台，同时《数字化改革　公共数据目录编制规范》《数字化改革　公共数据分类分级指南》《公共数据元管理规范》等标准和《浙江省公共数据开放工作指引（试行）》《浙江省公共数据分类分级指南（试行）》《浙江省公共数据开放安全评估规范（试行）》《浙江省公共数据安全脱敏技术规范（试行）》也相继下发，一整套较为完备的制度体系为杭州市公共数据有序开放提供指引。

以国家和浙江省相关政策规范为依据，杭州市先后制定出台了《杭州城市大脑赋能城市治理促进条例》《杭州市政务数据管理暂行办法》《杭州市公共数据开放管理暂行办法》《杭州市有序开放公共管理和服务机构产生的部分公共数据实施方案》，同时每年年初制定该年度数据开放工作计划，统筹推进全市数据开放各项工作。

（五）抓牢落实，有序实施数据开放

1. 做大总量

2020 年以来，杭州市开放数据量逐年增加，通过聚焦数据需求侧，深化平台需求收集渠道，了解并整理公众所需，合理确定公共数据重点和优先开放的具体范围，建立公共数据开放范围的动态调整机制，扩大公共数据开放范围。2021 年与 2022 年分别组织了五批次和四批次的新增开放数据目录实施工作，对接各市级部门和区（县、市），做好数据目录的建表与发布，相较 2020 年，2022 年开放数据目录数量增长超 311%，开放部门覆盖率达到 100%。

2. 提高质量

落实开放数据质量常态化检查整改机制，事前：数据提供方遵循"谁采集、谁负责""谁校核、谁负责"的原则，按照"一数一源一标准"和"完整性、唯一性、精确性、一致性、及时性"规范要求开放数据。事中：

通过"数据质量前端核验"工具开展数据校验。事后：数据使用方通过"数据质量工单"形式提交数据使用过程中发现的问题，数据提供方及时修正解决。

3. 提升体验

数据开放应"以人为本"，关注并提升用户体验感在该项工作推进中尤为重要。根据统一数据开放平台的用户反馈、其他优秀开放平台的内容展示，杭州市不断迭代升级数据开放平台，例如新增前端数据订阅、权益申诉、申请结果公开等功能，新增"优质数据集"、"优质API"和"引导赋能"展示模块等。同时，进一步优化平台运营服务，5个工作日内处理回复各类数据问题咨询以及开放数据申请，以2022年为例，共回复咨询问题85件、数据纠错31件、数据需求97件，审核数据集申请110条，审核数据接口申请150条，工单平均处理时长两个工作日。

4. 强化引导

数据开放的最终目的是再增值，引导社会公众参加数据开放，推动开放数据的社会化利用显得尤为重要。对此，杭州市积极组织各类引导赋能活动，公开举办促进开放数据利用各类专项活动，包括杭州数据资源开发峰会、创新应用大赛的培训会、数据开放专题交流会等，积极组织并参与浙江省公共数据开放创新应用大赛相关活动。浙江省数据开放创新大赛是一个促进数据多元利用、与高校或企业合作交流的平台。2020~2022年，杭州市共组织了536支队伍参赛，提前对接知名企业和重点高校等，精准挖掘数据开放需求，按需提供参赛队伍脱敏抽样数据用于建模分析，充分释放数据活力。经选拔后，36支队伍参加省复赛，12支队伍入围省决赛并获得优胜奖。

5. 探索交易

推进数据要素市场化配置试点，成立杭州国际数字交易有限公司，建设数字交易平台。2022年8月31日上线数字交易平台〔杭州国际数字交易有限公司（hzide.com）〕，初步实现数据商品交易闭环，目前平台有合作企业61家（其中28家已完成入驻手续）、上线商品45个（来自于12个商家）。平台通过"虚猕数藏"品牌推动数字文化产品的确权和交易，成交量超

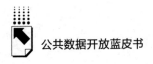

2875 万元。同步推动制度理论创新，探索公共数据授权运营，开展《杭州市公共数据授权运营实施方案（试行）》编制工作。

二 公共数据开放面临困境

（一）开放数据实用性与持续性有所欠缺

目前业务部门开放的数据总体重数量轻质量，低容量与更新周期长的数据偏多，数据的实用性与价值性不够高，实际利用起来也有困难，距离以数据流动和开发利用从而产生经济社会效益目标还有很长路要走。究其原因，一方面是不敢开放、不愿开放的情况在各部门普遍存在。一些部门存在风险规避氛围，这也影响了工作人员的数据意识；有些国有企业积累的公共数据可以为其带来经济利益因而不愿开放，例如地铁客流量信息、公交刷卡信息等。另一方面是目前国统建、省统建系统的增加也给数据持续更新带来了难度，大量开放数据因原生产系统统建后无法实现持续供给。

（二）政策法规与标准规范不完善

现阶段国家层面没有出台数据开放的相关法律，虽然省、市层面出台了一些数据开放相关规范性文件，但是并未对开放数据的质量、内容等进行强制性规定，对各个部门的数据开放水平也没有硬性规定和严格标准。数据开放等级的界定也比较模糊，哪些数据选择怎样的开放等级，以及为什么选择这一等级也没有相关解释。同时由于数据标准不统一，即使是省、市与县三级层面所产生的同种业务领域同样类型的开放数据，也会存在内容和质量参差不齐、尺度各异的情况。

（三）社会关注度和公众参与度较低

公众是政府数据开放的对象，包括数据开发机构和企业。目前公众参与的主要方式为在杭州市数据开放平台进行数据下载利用与互动交流等。从开放数据集下载量、开放数据接口调用次数、互动交流量等方面均可看出社会关注度和公众参与度均较为有限。

三　下一步努力方向

（一）持续深化公共数据开放

一是健全数据开放机制。贯彻落实《浙江省公共数据条例》的有关要求，加强经验总结和制度创新，对《杭州市公共数据开放管理暂行办法》有关规定制定细化文件，进一步明确公共数据开放流程、有关要求和规则规范。二是有序扩大数据开放范围。对标对表，梳理分析高容量、高质量、实用性强的数据，开放更多有助于解决实际问题和促进产业发展的数据。三是强化数据安全和隐私保护。完善数据隐私保护和安全审查制度，加强开放前的清洗、脱敏、脱密处理，定期开展敏感字段核查，对数据调用等行为进行动态监测，及时纠正非授权使用、数据泄露、隐私挖掘等违法违规行为。四是完善数据开放的绩效评估机制。制定部门数据开放绩效评估指标，合理设置各指标所占的权重，例如将数据开放的数量、更新情况、质量高低、数据的开放程度、对于用户需求的反馈等纳入评估指标体系。严格按照所制定的评估体系对各个政府部门的数据开放情况定期进行评估。

（二）持续深化开放数据利用

一是以赛促用。针对社会治理中的重难点问题，引入"赛马机制"，向全社会发布开放数据应用竞赛项目，以发放奖金、支持解决方案落地推广等作为奖励，推动全社会对开放数据的价值挖掘和创新应用。建立健全优秀应用项目跟踪服务和绩效评估机制，推动一批数据开放优秀应用项目落地孵化，形成集聚示范效应。

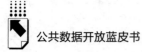

二是以授促用。遵循依法合规、安全可控原则，积极稳妥开展公共数据授权运营工作试点，吸引社会机构积极参与公共数据开发利用。抓紧编制出台"杭州市公共数据授权运营实施方案"，构建杭州市公共数据授权运营技术平台，逐步探索形成一整套体系化的公共数据授权运营机制，进一步激发数据潜在经济和社会价值。

四　结语

杭州市已基本部署并形成公共数据开放环境，也制定了相关的政策，开放了一定量的数据资源，但整个开放数据输入输出的生态环境仍尚未完全建成，需要我们继续从政策、数据资源以及开放平台等方面做出优化。

B.14
上海市以需求导向和场景导向
推进公共数据开放向纵深发展

山栋明 薛威*

摘　要: 上海自 2012 年起探索推进公共数据开放,陆续出台了《上海市公共数据开放暂行办法》《上海市数据条例》《上海市公共数据开放实施细则》等法规规章和配套文件。目前,通过 data. sh. gov. cn 面向社会开放全市近 5400 项数据,开放总量达 21 亿条、4.4 万个字段,数据涵盖经济建设、资源环境、教育科技、道路交通、社会发展、公共安全、文化休闲、卫生健康、民生服务、机构团体、城市建设、信用服务等 12 个领域,形成了普惠金融、社会信用地图、共享单车调度等 70 余个典型应用。上海连续举办 8 届 SODA 开放数据创新应用大赛,设立东北、西南、长三角等多个分赛区,吸引全国近 2 万人参赛,并挂牌了 SODA SPACE 孵化空间培育数据初创企业。

关键词: 上海市　公共数据开放　SODA

公共数据是行政管理服务和经济社会发展的重要资源,上海市高度重视公共数据开放和开发利用,自 2012 年起探索推进公共数据开放工作,大致经历了三个阶段。一是试点探索阶段(2012~2018 年),在全国率先探索公

---

* 山栋明,博士,上海市经济和信息化委员会信息化推进处(大数据发展处)副处长;薛威,上海市经济和信息化委员会信息化推进处(大数据发展处)工作人员。

共数据开放工作，通过实施开放计划和推动训练数据集开放，初步形成以开放平台为依托向社会提供公共数据的开放架构，公共数据开放数量初具规模。二是巩固提升阶段（2019~2021年），以《上海市公共数据和一网通办管理办法》和《上海市公共数据开放暂行办法》的出台实施为标志，公共数据开放工作持续巩固提升，涌现出一批经济价值较高、社会价值显著的示范应用项目，以赋能百业为主攻方向的应用格局初具形态。三是深化推进阶段（2022年至今），以《上海市数据条例》正式实施为契机，将公共数据开放与培育数据要素市场和抢抓数字经济新赛道等要求紧密结合，推动公共数据更广范围、更深层次、更高质量开放，努力推动公共数据开放成为城市公共服务的重要组成部分。

一 上海市公共数据开放总体进展

一是顶层设计基本完善。编制形成了以《上海市公共数据和一网通办管理办法》《上海市公共数据开放暂行办法》《上海市数据条例》为核心的数据共享开放顶层设计体系，发布了《公共数据分级分类指南》等配套文件。2022年12月，上海市结合前期实践和最新要求，编制印发了《上海市公共数据开放实施细则》。

二是开放应用格局初具形态。截至2022年12月底，上海市通过开放平台已累计完成5356个公共数据集的开放，其中实时接口2244个，开放数据字段4.4万个、条目超21亿条。同时，公共数据开放应用取得突破性成果，其中，普惠金融2.0面向33家金融机构开放1000余项公共数据，调用次数超3100万次，向中小企业普惠信贷近3200亿。同时，市经信委组织开展了两批公共数据开放应用试点项目建设，已经初步形成成果。在金融服务领域，某银行利用政府采购数据为全市10万余家政采小微供应商提供百亿元信用授信，该场景已复制推广至11家其他银行。在社会信用领域，某企业征信平台归集市级层面11个部门7大类公共信用数据，提供企业征信报告查询等数据服务及金融产品发布和融资撮合服务，上线半年以来，平台入驻各类信贷产品 98 个，共有 942 户企业通过平台获得融资 14.8 亿元。在交通出行领域，利用地铁口人流量数据，某企业优化共享单车调度，试点地铁站周边拥堵率下降 20%，共享单车订单翻番。在智慧城市领域，某企业建设了产城数据库，试点首期已覆盖上海近 400 个园区、近 4000 幅产业用地、近 200 万家企业，为产城开发运营企业提供数据服务，可节省企业 30% 的投资决策成本和 50% 的投资决策时间。

三是发展生态持续完善。上海市已经连续举办 8 届 SODA 大赛，吸引了近 2 万人参赛，孵化了 10 余家数据初创企业。同时，SODA 持续深化开放数据赛事联盟建设，SODA 长三角、西南、东北三大分赛区赛事，上海图书馆开放数据竞赛，"慧源共享"全国高校开放数据创新研究大赛，香港 B4B 大数据应用挑战赛等相继举办，SODA 全国影响力持续提升。

二 推动公共数据开放从"施工图"向"实景画"转变

公共数据开放目前在全国基本都已形成了比较完善的法律法规、管理机构和人才队伍，如何将"施工图"转变为"实景画"，形成富有实效的应用成果，成了新的"时代之问"。2022 年底，上海发布了《上海市公共数据开放实施细则》，立足"问题导向、效果导向、需求导向"，着重解决公共数据开放中存在的开放意愿不足、服务能力不强、产业生态培育欠佳等问题，对公共数据的开放范围、开放机制、开放过程、数据利用等方面进行细化、巩固与创新。主要考虑了公共数据开放的四个方面转变。

一是从数量向质量转变。公共数据目前在全国都形成了相当的开放规模，工作重心转向以企业端实际需求为导向，开展数据质量提升。在上海每年开展的公共数据开放工作评估中，数据质量、应用成果的比重不断增大，"不以开放数量为成败，而以应用成果论英雄"已经成为共识。与行业知识深度结合，在信息化建设初期就将数据对外开放纳入考虑的"开放原生"的质量意识正在逐步强化。

二是从数据转移向算法跑腿的模式转变。目前各地按照集中归集的模式建设了公共数据资源池，但是时效性低、治理成本高的问题凸显。需要加快构建以联邦学习、多方安全计算为基础的开放模式，推动数据开放向"数据少跑路，算法多跑腿"的模式转变。

三是从响应需求向主动服务转变。前期开放的主要是各部门业务系统中的原始数据，公众对数据的记录口径、业务内涵等关键信息，以及质量保障、技术加工等专业服务需求迫切。亟须一批既了解政府数据又了解多行业需求，并具有大数据专业能力的第三方机构，以市场化模式开展专业服务。

四是从零散开放向依场景综合赋能转变。传统的数据开放主要采取在平台中自行搜索、申请和开发的"自助"模式，一个场景需要同时申请多个部门数据，程序烦琐且沟通难度大。上海市通过试点项目征集建设的方式，开展多部门联合评审和"一揽子"开放，已经逐步形成成熟机制，全面提高了数据开放效率。

三 紧抓"数据二十条"契机，引领公共数据发展新时代

2022年12月，中央发布"数据二十条"，对数据要素的四个方面制度给予了宏观指引，公共数据开放工作涉及确权授权、开放开发、数据运营、收益分配、安全监管等所有环节。如何做好"数据二十条"的落实，推动公共数据发展走进高质量的新时代，我们认为可从以下三个方面着手。

一是充分破题三权结构性分置的落地方案。对数据资源持有权、数据加工使用权、数据产品经营权的内涵外延、权利义务进行充分设计和研讨，尽快出台试点方案并组织开展实践探索。

二是构建完善政府与市场、市民的互动模式。公共数据开放应当成为城市基础公共服务的一部分，打造数字政府，其中的关键环节就是政府与市场、政府与市民互动方式的数字化。要组织研发和推广数据开放应用的各类便利化工具和平台，使得数字化能力不足的中小微企业和普通市民能够享受数字红利。同时，应当进一步完善市场和市民的数据需求反馈渠道，使得在

数据治理上的投入更加精准。

三是充分利用授权运营契机，实现公共效益的正循环。数据授权运营是公共数据有条件开放的一种形式，能够破解公共数据的价值转化难题。一方面，授权运营单位在技术基础和收益激励的基础上，能够更加精准高效地提供市场化服务，应当建立完善服务目录和收费标准机制。另一方面，原有的公共数据开放渠道应当进一步拓宽，开放范围应当与授权运营数据范围相适应，保障市场可以自由选择免费开放的原始公共数据以及收费的授权运营服务，避免数据垄断，最大限度保障公共数据的公共属性。

公共数据开放不仅是数字政府的服务转型，更是数字城市发展的新内涵与新动力。新时代、新征程，我们应当以数据开放诠释和推动中国式现代化，与诸君共勉。

B.15
智慧之岛 加数奔跑：青岛市
公共数据运营探索与实践

梁明君 李志民 刘贺贺 刘香依*

摘 要： 青岛市按照山东省大数据系统"三学三提一强"的要求，在数
据汇聚共享开放、开发利用和流通交易等环节，探索通过公共数
据运营带动社会数据有序流通和应用，积极推动数据要素市场化
配置改革走在前、开新局。确定了全市公共数据运营试点突破攻
坚"1346"方案框架，构建了"1+1+N"公共数据运营体系，
出台了《青岛市公共数据管理办法》《青岛市公共数据运营试点
管理暂行办法》，上线了全市统一的公共数据运营平台，聚焦金
融、商贸、海洋、工业、交通、医疗、文旅、航贸金、社会9大
领域，推动公共数据价值释放，创新形成了"以公共数据运营
撬动数据要素市场"的发展模式，在路径打法、制度建设、数
据支撑、平台建设、场景应用等方面不断取得新突破。

关键词： 青岛市 数据要素 公共数据运营 场景

2021年12月，《要素市场化配置综合改革试点总体方案》提出，"完善
公共数据开放共享机制，探索开展政府数据授权运营"。同年，《山东省
"十四五"数字强省建设规划》提出，"探索公共数据授权运营、有偿使用

---

* 梁明君，青岛市大数据发展管理局数据应用管理处处长；李志民，青岛市大数据发展管理局
数据应用管理处副处长，二级调研员；刘贺贺，青岛市大数据发展管理局高级研究员；刘香
依，青岛市大数据中心工程师。

等新模式，鼓励企业、科研机构、社会组织等市场主体不断运营自有数据，丰富数据要素供给"。

近年来，青岛市按照数字中国战略部署和山东省数字强省工作要求，围绕"六个城市"发展定位和中心工作，加快数字青岛建设，积极推动公共数据的汇聚、共享、开放和开发利用，以公共数据运营试点为突破，聚焦数据资源化、资产化、产业化，积极探索数据要素市场化配置改革，充分释放数据要素的潜在价值，助力全市数字经济高质量发展。

一　主要做法

（一）路径打法方面

坚持高位推动、系统谋划、一体推进，实现全市政务云、网、数、视频、算法、共性应用等数字化基础支撑平台统建、统管、统用，为公共数据运营提供一体化支撑。青岛市成立公共数据运营试点工作领导小组，出台《青岛市公共数据运营试点突破攻坚方案》，提出"1346"公共数据运营框架体系。"1"是瞄准一个公共数据运营试点总目标，激发公共数据价值，助力数字经济高质量发展。"3"是聚焦数据要素资源化、资产化、产业化，打造数据要素市场体系。"4"是从制度、技术、市场、安全出发，"四位一体"推进公共数据运营。"6"是推动"人才队伍固本强基、制度规范一体支撑、平台服务全域联动、数据资源融合赋能、重点场景集群示范、产业生态多元发展"六大工程，明确28项重点任务，推动构建"1+1+N"公共数据运营体系，即1个全市一体化大数据平台+1个全市公共数据运营平台+N个场景应用，在供数、治数和应用三个层面同步发力，推动公共数据与社会数据融合应用，培育数据要素市场生态。

（二）制度创新方面

出台《青岛市公共数据管理办法》《青岛市公共数据运营试点管理暂行

办法》，围绕公共数据运营中涉及的关键主体、关键环节和关键流程，规范公共数据运营试点工作。制定数据安全管理制度等 34 项制度规范和技术标准。推广政务数据首席代表及政务数据专员制度，为公共数据运营提供人才队伍和工作机制保障。发布全国首个"数据资产价值与收益分配评价模型"标准，打通数据资产登记、托管、评价、评估等关键环节，率先实现数据资产作价入股和融资，为数据资源入表做好了准备。

（三）数据支撑方面

通过规划统筹、项目统筹、平台统筹和数据统筹，建成"一朵云""一张网""一个数据底座"的基础支撑体系。依托全市一体化大数据平台，建立"物理汇聚为主，逻辑汇聚为辅"的数据大集中模式，实现公共数据应汇尽汇，推动数据共享由"网状"向"星形"转变。建立"数据晾晒台"和"负面清单"制度，深入开展"数效提升行动"，以需求为导向，加强数据安全治理，深化数据质量问题主动发现和联动治理机制，全面提升数据汇聚共享开放应用实效。融合汇聚公共数据总量超 2000 亿条，为公共数据开放、开发利用和有序流通奠定了良好基础。

（四）平台建设方面

按照"1+1+5+N"的框架建成全市统一的公共数据运营平台，即搭建一个中枢平台、打造一套可信产品、构建五层保障体系、建设 N 个行业专区。利用联邦计算、隐私计算等技术，在确保数据安全的前提下，以"原始数据不出域、可用不可见"方式面向社会主体提供数据产品和服务。

（五）场景应用方面

以公共数据运营场景带动社会数据有序流通和应用，重点在金融、医疗、海洋、交通、贸易等九大领域开展运营试点。金融领域，涉企公共数据直接支持贷前审查、贷中放款和贷后跟踪，涉及综合资金 3028 亿元，探索融合公共数据和物流数据（商流、物流、资金流、发票流），为物流企业提供信贷支持。医疗领域，汇聚全市医疗数据 30 亿条，与保险业务融合创新产品，缩短核保时间，实现医疗数据变现；推进医疗数据用于药物治疗有效性分析，支持新药研发、旧药新用。海洋领域，建成全国首个海洋大数据交易服务平台，提供海洋地质等 13 类海洋数据交易服务。通过海洋新兴产业大数据监测平台形成"海洋新兴产业指数"，为自然资源部、国家海洋信息中心等提供决策参考；推进海洋牧场、智能航运等场景应用。贸易领域，依托自贸区青岛片区，创新打造数字仓库、数字仓单和数字交易平台，开展贸易企业数字仓单质押融资业务。交通领域，推进车险快速理赔、汽车金融、精准营销等场景应用。大模型应用领域，通过公共数据运营平台对数据实施精准治理，为大模型训练提供高质量公共数据"燃料"，打造城市之声（城市事件汇总分析、AI 问答、周报生成）、政策通、智能审批等创新应用，支撑智慧决策、智能问答、政策咨询，辅助市民办事。此外，梳理 14 家市直企业数据资源，探索国有企业数据资产价值化；与国家有关主管部门合作，推动建设国家级农业农村大数据中心、民政大数据中心分中心，推动乡村振兴、养老和医养健康领域数据创新应用。

二　特色亮点

（一）构建安全可控支撑环境

青岛市公共数据运营平台通过数据的获取、处理、存储、传输和应用，形成数据资产，并基于区块链技术，赋予数据资产唯一的编码与资产凭证，让数据资产安全、上链、可追溯。交易方通过数据认证可以获得数据合法证明，证明被交易的数据是合法合规的，不涉及隐私及他人所有权。根据不同业务请求，执行所约定的智能合约，完成数据存证相关操作。推动数据资产的合规使用与价值变现，最大限度地实现数据资产的经济和社会价值。

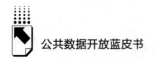

（二）探索数据资产价值化路径

围绕数据资产"合规审查-登记-评价-评估"链条，建立数据资产登记平台，聚焦数据资产入场难、评价难等一系列"卡脖子"难题，以数据资产登记、数据价值评价为核心，联合本地数商、律师事务所、会计师事务所、资产评估公司等机构，共同探索数据资产转化路径，提升数据流通和交易全流程服务能力。一是推进数据资产入股。青岛华通与北岸数科、翼方健数签订了成立合资公司协议，匹配数据、技术、资本等要素资源，率先实现数据资产作价入股。二是推进数据资产融资。青岛华通已通过数据资产融资的方式获得银行 1000 万元融资额度。三是做好数据资产入表准备。青岛市在全国首发《数据资产价值与收益分配评价模型》的基础上，在公共数据运营企业内部开展了数据资产合规审查、登记、评价、评估的实践探索，做好了数据资产入表的相关准备工作。

（三）打造重点领域场景集群

一是建设产融专区。充分利用好企业数据保险箱、数字人民币政策补贴通道，联合政府、企业、银行、数商、资产评估机构、第三方企业服务机构六大角色，形成"共建、互信、融合、创新"赋能各行各业的产融模式。二是建设医疗专区。开展区域医疗数据运营试点，探索构建医疗数据服务平台，建设医疗、医药、医保"三医行业"数据开放体系，在充分保护原始数据隐私安全的前提下，通过业务模型，对原始数据进行计算，输出场景需求结果，推进商保核保、快速保险理赔等场景落地。三是建设其他专区。围绕商贸、海洋、工业、交通、文旅、社会等其他领域，依托各区（市）产业资源聚集优势，与各领域头部企业合作，打造数据融合创新应用，拓展、汇聚、融合特定行业专业数据，赋能实体经济发展，共同探索具有代表性的产业化发展新路径。

（四）全流程保障数据安全

在推动公共数据开发利用的进程中，青岛市统筹兼顾数据要素化发展与数据安全保障体系建设，在实施网络安全态势感知分析、应用系统综合防御、终端安全管控体系、隐患排查监测、身份信任识别、安全审计审查等一体化数字政府网络安全技术防护的基础上，以全市"1+1+N"公共数据运营体系为基础，在数据收集、传输、存储、加工、交换、销毁等各相关环节，融合专业化数据安全运营机构服务和资源，在管理、技术、应用等方面着力完善数据安全保障体系，提升数据安全支撑能力，以整体性安全保障数据高效、有序、合规利用。

三　公共数据运营试点实践成果

（一）创新应用场景

聚焦金融、商贸、海洋、工业、交通、医疗、文旅、航贸金、社会九大领域，推动公共数据价值释放。以医疗领域为例，落地商业核保场景，将以往几天的核保时间缩短为 3～5 秒，实现精准核保、快速理赔。对投保人来说，可以获得更快更优越的服务；对保险企业来说，可降低公司60％以上核保成本；对政府来讲，可以更好地赋能商业健康保险业发展，为数字经济服务。相关公共数据运营成果已成功向国内输出，在内蒙古包头市使用。正在推进医疗数据用于药物治疗有效性分析，支持新药研发、旧药新用。

（二）构建生态体系

与山东大学等多家高校合作，联合推动数据创新应用，培育省级数据开放创新应用实验室 27 家、市级数字实验室 30 家。15 家企业入选"2023 年度山东省数据要素型示范企业"第一批名单，占总数的 48％。成功举办"全国公共数据开放与利用研讨会""2023 首届公共数据运营大会""2023 智能要素流通论坛暨第三届 DataX 大会""第十七届中国电子政务论坛数据治理专题论坛"，推动政府、企业、协会逾千家单位交流互鉴。打造"青数营""青夜谈"等公共数据运营沙龙品牌,推动公共数据运营政策进企业、进高校、进基层,营造良好社会氛围。成立数据要素专业委员会,为数据要素市场化工作提供第三方专业服务保障。开放群岛(Open Islands)开源社区青岛站、公共数据授权运营小组落户青岛。发起成立"公共数据运营全国统一大市场联盟",首批成员包括浙江、天津、成都等35个省区市和中国信通院等3个机构,将在青岛建设公共数据运营场景总平台,带动数商、算力、算法、大模型厂商协同发展,共建以场景驱动公共数据运营的全国统一大市场。

(三)赋能实体经济

一是以数增信。通过数据信用模型为企业增加信用,助力43家企业获取63笔融资共计4.82亿元,按下赋能实体经济快捷键,将企业平均融资周期从30天缩减到15天。二是以数搭桥。已为50家企业获取55笔合计13387万元担保融资。三是以数赋链。将公共数据和物流数据、采购订单数据、运费收支数据相融合,为供应链上下游企业、产业链物流企业提供企业信用值查询服务,强化业务真实性风险把控,实现产品采购超3万吨,额度超3840万元,网络货运订单量超1万单,额度超7500万元。四是以数促融。积极搭建产业、金融、科技融合发展的良好生态,提供实体信用和数字信用相结合的产业链金融服务,吸引更多资金流入实体产业链,实现融资效率提升和产业升级互相促进的良性循环。

Abstract

Since 2017, the Lab for Digital and Mobile Governance (DMG) at Fudan University developed and released the "China Open Data Index" and the "China Local Government Open Data Report", which is the first and most recognized third-party assessments on the open data maturity of local government in China. The "China Open Data Index" has been regularly released to assess and foster the development of China's open data ecosystem, providing data support for the Information Development Bureau of Cyberspace Administration of China (CAC) to track and monitor the openness of China's public information resources, to boost the construction and development of Chinese open government data ecosystem. Starting from 2022, the "China Open Data Index" and its related research reports and papers will be published in the form of a blue paper, carrying out current situation assessment, experience sharing and frontier discussions around Chinese open public data.

The "China Public Data Openness and Utilization Development Report (2023)" is based on the problems and challenges that still exist in public data openness in China, focusing on the basic concepts and directions of collaborative linkage, inclusiveness, precision and pragmatism, security protection, and sustainable and long-term effects. The report is based on the basic concepts and principles of open data, the experiences of the international open data assessment framework and the policy requirements and local practices of China government open data, in order to build a systematic, scientific and practical local government open data assessment framework, including four key dimensions: Readiness, Platform, Data and Use, with multiple sub-indicators under each dimension. Based on this index system, the blue paper focuses on the hot issue of open public data,

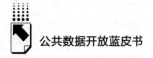

and has completed a series of publications such as provincial reports, city reports, sub-dimension reports and industry reports to reflect the current overall situation of open government data in China.

The general report finds that the number of local platforms has increased year by year, showing a trend of continuous expansion from southeast to the central and western regions of China. The open government data platform has increasingly become the standard for local digital government construction and public data governance, but it also shows insufficient, uncoordinated, unbalanced, and unsustainable development status. The sub-dimension reports not only analyze the specific performance of local governments in each indicator dimension, but also show benchmark cases for reference by other local governments.

The industryreports include two industry reports: "Public Data Openness and Utilization Report in Transportation" and "Public Data Openness and Utilization Report in Health". The transportation industry report shows that compared with 2022, the quantity of datasets in the transportation field has not increased significantly, but the data capacity has grown rapidly, and there are significant regional gaps in the total quantity and capacity of open datasets. Open data in transportation is still mainly static data, and there are problems such as data fragmentation, low capacity, untimely updates, and inconsistent standards. In terms of data utilization, the types of use promotion activities in the field of transportation are still relatively single, and the number of effective data applications is low.

The health industry report shows that, overall, the main providers of open data in the health field include health authorities, medical security authorities, and drug regulatory authorities. In terms of geographical distribution, provinces with large data capacity are concentrated in Shandong Province, Guangdong Province, Zhejiang Province in the eastern coastal areas, and Sichuan Province in the central and western regions. Compared with provincial-level platforms, city platforms have a larger capacity of open health data and richer content. The report also shows cases of epidemic data being used by the market and society after it was opened in China, as well as foreign cases of open and use of epidemic data. Finally, the report also puts forward a series of suggestions to improve the level of public data openness in the health field.

The practice sharing section focuses on the practical experience in the open utilization and authorized operation of public data in places such as Shandong Province, Zhejiang Province, Guizhou Province, Dezhou City, Hangzhou City, Shanghai City, Qingdao City, which rank high in the China Open Data Index, for reference by other local governments.

Keywords: Public Data; Open Data; Data Use; Data Authorized Operation

Contents

I General Reports

B.1 China Open Public Data Provincial Report (2023)

Zheng Lei, Liu Xinping, Zhang Xinlu and Lü Wenzeng / 001

Abstract: This report describes the assessment framework, data collection and analysis methods, and indicator calculation method of China Open Public Data Provincial Index in 2023. The report evaluates 27 provinces in the country except Hong Kong, Macao, Taiwan and municipalities directly under the Central Government. The report shows that up to October 2022, 208 provincial and city governments in China have open data platforms in service, including 21 provincial platforms (including provinces and autonomous regions, excluding municipalities, Hong Kong, Macao and Taiwan). Compared with October 2021, 15 new local platforms have been added, including 1 provincial platform and 14 city platforms, representing an increase of approximately 8% in the total number of platforms. The number of provincial platforms has increased year by year, showing a trend of continuous expansion from southeast region to the midwestern and northeastern regions. Zhejiang and Shandong provinces performed best overall. In the four key dimensions, Shandong province ranks first in Use dimension, Zhejiang province ranks first in both Readiness and Data dimension, and Guizhou province ranks first in Platform dimension. Meanwhile, the report uses a four-year cumulative score of "ODympic" to reflect a place's continuous level of open data in the past four years (2019-2022).

Keywords: Open Public Data; Province; Open Data Index

B . 2   China Open Public Data City Report（2023）

Liu Xinping，Zheng Lei，Lü Wenzeng and Zhang Xinlu ／ 028

Abstract： This report describes the assessment framework，data collection and analysis methods，and indicator calculation method of China Open Public Data City Index，evaluating 208 cities across the country that have launched open government data platforms. The report shows that Dezhou and Hangzhou have the best overall performance. In the four key dimensions，Shanghai ranks first in Readiness，Platform and Use dimensions，and Dezhou ranks first in Data dimension. The report uses a four-year cumulative score of "ODympic" to reflect a place's continuous level of open data in the past four years（2019－2022）.

Keywords： Open Public Data；City；Open Data Index

Ⅱ   Dimensions Reports

B . 3   Readiness Analysis of Open Public Data

Liu Xinping，Wang Yujing and Hua Rui ／ 044

Abstract： Readiness is the foundation of open government data. The indicator system of readiness in China Open Public Data assessment includes three first-level indicators： Laws，Regulations and Policies，Standards and Guidelines，and Organization and Leadership. Based on this indicator system，this report evaluates the current situation and level of local open government data readiness. The report uses descriptive statistics and text analysis methods to analyze relevant laws and regulations，policies，standards and norms，annual plans and programs，and news reports，based on which，benchmark cases from various places are recommended. In general，most local governments have a good foundation for organization guarantees，and more and more places have adopted open data as a normal work. Some places have issued local government regulations and local standards specifically for open data. However，the content of the national

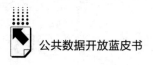

regulations and policies are not comprehensive enough, and the standards and norms are generally lacking.

Keywords: Laws, Regulations and Policies; Standards and Guidelines; Organization and Leadership; Open Public Data

B.4　Platform Analysis of Open Public Data　　　　*Zhang Hong* / 065

Abstract: The construction and operation of the open data platforms plays a crucial role in promoting OGD (Open Government Data). This report gives an overall analysis of the Platform dimension of the China Open Data Index, including first level indicators such as Platforms Relationship, OGD Protocols, Data Navigation and Preview, Key Data Accessibility, Submission and Display of Non-governmental Data and Applications, User Experience, Interaction and Feedback. Compared with previous assessments, this framework puts more emphasis on operational standards, user experience, and exploration of future directions. According to the new framework, this report evaluates each local government open data platform through the methods of observation and testing, and introduces excellent cases of each indicator for reference. Overall, many local government open data platforms have made significant progress in function construction and basic experience, while high-quality and sustainable operation and maintenance remains an area that local platforms need to be continuously improved in the future.

Keywords: Open Government Data; Open Data Platform; Function Construction; Operation and Maintenance; User Experience

B.5　Data Analysis of Open Public Data　　　　*Lü Wenzeng* / 094

Abstract: The quantity and quality of data are important components of open government data. The indicator system for the data layer in the 2022 assessment of open public data by local governments in China includes five primary indicators: Data Quantity, Openness Scope, Quality of Key Datasets, Specifications of Key Datasets, and Security Protection of Key Datasets. The provincial assessment indicator system focuses on reflecting the integration and coordination of data from municipal governments by the provincial-level government, as well as the empowerment effect on data openness work at the municipal level. The city assessment indicator system puts more emphasis on the data itself. Based on this indicator system, the report evaluates open data of local government portals and introduces the overall situation and excellent cases of various indicators at different locations, using machine automatic data retrieval and processing, combined with manual observations and collection of relevant information. The report finds that overall data openness by local governments is insufficient, particularly in terms of opening high-quality datasets. It emphasizes the need to improve the capacity of individual datasets, expand the openness scope while ensuring the standardization and security of open data, enhance data quality, and maintain a stable update frequency.

Keywords: Data Quantity; Data quality; Data specification; Open Scope; Security protection

B.6 Use Analysis of Open Public Data   *Hou Chengcheng* / 128

Abstract: Data utilization is the terminal link of Open Government Data. This report gives an overall analysis of the data utilization of the China Open Data Index, including first-level indicators such as Use Promotion, Diversity of Data Applications, Quantity of Data Applications, Quality of Data Applications, and Value of Data Applications. Among them, the provincial evaluation pays more attention to the provincial empowerment of cities, while the city evaluation index system pays more attention to the results. According to the indicator system, this report obtains research data through Internet retrieval, open data platform collection, observer experience and so on. It assesses the state of use in each place and recommends excellent cases for each indicator. On the whole, most places have carried out various types of utilization promotion activities, and significant progress has been made in the quantity of data applications, but the quality of data applications and diversity of value release still need to be further improved.

Keywords: Open Data; Quantity of Data Applications; Quality of Data Applications; Government Data; Value release

III Industrial Reports

B.7 Open Transportation Public Data Report (2023)

ZhengLei, Zhang Hong and Hou Chengcheng / 156

Abstract: The report studies and evaluates the status and level of open public data in China's transportation field from three dimensions: Readiness, Data and Use. On the whole, 11 provincial and 96 city open government data platforms in China have opened data in the field of transportation. The total number of datasets opened by the transportation sector is 9, 489, second only to the education sector. The open data capacity has reached 1.081 billion, second only to the market supervision and management and ecological and environmental protection sectors.

The provinces that have opened up a large amount of data in the field of transportation nationwide are mainly concentrated in the eastern region (Shandong, Zhejiang, Guangdong) and some parts of the western region (Sichuan, Guizhou). Zhejiang, Shandong, Jiangsu, Hangzhou, and many other places make transportation data the key and priority data to open. Compared to 2022, the total number of datasets in the transportation field has not increased significantly, but the data capacity has grown rapidly. However, there are significant regional disparities in the total amount and capacity of open datasets in various regions. The open transportation data is still dominated by static data, and there are also problems such as fragmentation, low capacity, untimely update and inconsistent standards, etc. A number of regions have started to explore the authorized operation, of which Hainan, Chengdu and Qingdao operates transportation datasets on the platform and providing corresponding services and products. In terms of use, the types of the use of open data promotion activities in the transportation field are still relatively simple, the number of effective data applications is small.

This report also draws on the cases of open utilization of foreign transportation data from the United States, Netherlands, the European Union, London and Singapore, etc. Ultimately, practical suggestions are put forward from Readiness, Data and Use three dimensions.

Keywords: Open Public Data; Use of Data; Transportation

B.8　Open Public Health Data Report (2023)

Liu Xinping, Lü Wenzeng and Zhang Xiulu / 210

Abstract: The report investigates and evaluates the current situation and level of open public data in China's health field from three dimensions: Readiness, Data and Use. Overall, the main data providing departments in health field include health authorities, medical security authorities, and drug regulatory authorities. The report found that, compared with other departments, the total number of datasets opened by the health authorities is second only to culture and tourism, and ranks in the forefront among all departments. In terms of geographical distribution, the provinces with more open capacity are concentrated in Shandong, Guangdong and Zhejiang Province in the eastern coastal region and Sichuan Province in the midwest regions. Compared with the provincial platforms, the city platforms have more open health data capacity and higher degree of content richness. The report also shows the cases of China's epidemic data being used by the market and society after opening, as well as foreign cases of epidemic data opening and utilization, and finally gives a series of suggestions to improve the level of public data opening in the health field.

Keywords: Open public data; Data use; Health

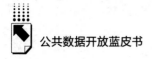

IV　Local Experiences Reports

B.9　Enhance the "Four Capabilities" to Promote the High-quality
Development of Open Data Work in Shandong

Guo Yuqing, Wang Qian, Wang Zhengmei, Zheng Hui and Lin Qing / 247

Abstract: In the practice of data opening, Shandong Province sets up the train of thought and the goal as "maximize the open public data, maximize the scope to expand the application of the scene, maximize the extent to meet the needs of the masses", to further complete and perfect the relevant institutional norms for open data, improve the effectiveness of data governance, optimize the performance of the open platform, to create a typical data application scene, which effectively enhance the the "Four Capabilities" - "standardized management, supply services, support and security, integration application", and promote the province's public data open work to a new level. At present, the province has opened up data directory of 137, 000, and released more than 7.12 billion pieces of open data. In the 2022 national provincial and city Open Data Index ranking, Shandong ranked first in the provincial comprehensive ranking, Dezhou, Rizhao, Qingdao, Yantai, Jinan, Weifang and other six cities ranked in the top ten of the national city comprehensive ranking.

Keywords: Open Data; Capability construction; Shandong

B.10　Deepen the Opennessand Utilization of Data and Stimulate
the Vitality of Data Elements

——Work practice of open public data in Zhejiang Province

Zhejiang Provincial Big Data Development Administration / 255

Abstract: As a pioneer in the openness of public data, Zhejiang has made efforts from four aspects: institutional, technical, ecological and authorized operations to accelerate the openness and sharing of public data. On the premise of ensuring data security, Zhejiang realizes that public data "should be open and accessible to the fullest". The country's first local regulations in the field of public data have been introduced to ensure that data openness has rules to follow with institutional norms; the foundation of the integrated intelligent public data platform has been consolidated, and technical means have been used to ensure the safety and orderliness of data openness; innovation open data application competitions have been held continuously, to form the competition ecosystem to ensure the vitality and innovation of data openness; the country's first provincial-level specific measures for authorized operation of public data have been introduced, to explore and expand the scope of open data with authorized operations, and let data elements stimulate the vitality of market innovation.

Keywords: Zhejiang; data openness; public data authorized operation

B.11　Practice and Reflection on the Innovation Application

of Open Government Data in Guizhou

Jing Yaping, Li Gang / 260

Abstract: Guizhou Province always adheres to the principles of demand-oriented, orderly opening, equal utilization and ensuring security, and promotes high-quality convergence and opening of government data, which makes the provincial government data openness level always ranked the forefront in the country. It also ranked third in "China Open Local Government Data Provincial Report" in 2022, of which it ranked first in Platform and third in Data. Guizhou Province will continue to promote the establishment and improvement of open data system specifications, continuously consolidate the province's integrated data openness platform, orderly promote high-quality data opening, explore more new modes of cross-domain data integration applications, release and enhance the value

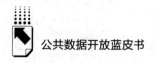

公共数据开放蓝皮书

of data resources, and stimulate innovative vitality.

Keywords: Guizhou Province, Open data, Data application

B.12 Practice and Reflection on Public Data Opening and
Sharing in Dezhou

Zhang Jianlin, Li Jide and Xu Jian'e / 266

Abstract: With the advent of the era of big data, governments at all levels with abundant public data have started to move from information disclosure to data opening. As a new concept and practice, data opening and sharing requires governments to pay more attention to data collection, publication, open and use. Dezhou attaches great importance to the open and use of public data, carries out the action of "data source, data governance, data use", and continuously improves the data support capability of the city's integrated big data platform. According to the 2022 China Open Data Index, Dezhou ranked first in the overall ranking of national cities and won the city's "Digital Open Prosperity" award. This report systematically introduces the practical experience and achievements of Dezhou in the wave of open public data, with a view to bringing useful inspiration and reference to other local cities that are building data openness platforms.

Keywords: Dezhou; Public data; Open data

B.13 Practice and Reflection on Open Public Data in Hangzhou

Hangzhou Data Resources Management Bureau / 271

Abstract: Hangzhou has been ranked second in the "2022 China Open Data Index" and won the honor of "Open Data Prosperity". This report focuses on the current situation of open public data in Hangzhou, clarifies the practical path of establishing mechanism, figuring out the current situation of data, building carrier, improving system and grasping implementation, analyzes the current dilemma and put forward the direction of next efforts, expecting to provide reference for the promotion of public data openness naitonwide.

Keywords: Hangzhou; Open data; Practice and reflection

B.14 Demand-oriented and Scenario-oriented to Promote the Open Development of Public Data in Depth

Shan Dongming, Xue Wei / 279

Abstract: Shanghai has been exploring open public data since 2012, and has successively issued laws, regulations and supporting documents, such as "Interim Measures for the Opening of Public Data in Shanghai", "Shanghai Data Regulations" and "Implementation Rules for the Opening of Public Data in Shanghai". At present, through data. sh. gov. cn, nearly 5400 datasets in the city are open to the society, with a total of 2 billion pieces and 44000 fields, covering 12 fields such as economic construction, resources and environment, education, science and technology, road traffic, social development, public security, culture and entertainment, health, livelihood services, institutions and organizations, urban construction, credit services, etc, forming more than 70 typical applications such as inclusive finance, social credit maps, and shared bicycle dispatching. Shanghai has held 8 consecutive SODA Open Data Innovation and Application Competitions, set up several sub-competition areas such asNortheast, Southwest and Yangtze River Delta, attracting nearly 20000 participants nationwide, and listed the SODA SPACE incubation space to cultivate data start-ups.

Keywords: Shanghai; Open Public Data; SODA

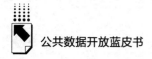
B.15　Smart City, Speed Up by Data: Exploration and Practice
　　of Public Data Operation in Qingdao

Liang Mingjun, Li Zhimin, Liu Hehe and Liu Xiangyi / 284

Abstract: In accordance with the requirements of "three studies, three mentions and one strengthening" of Shandong Province's big data system, in data aggregation, sharing and opening, development and application, and circulation and transactions, Qingdao City explores the orderly circulation and application of social data through public data operations, and actively promote the market-oriented allocation reform of data elements to be ahead and create a new situation. The "1346" program framework of the city's public data operation pilot breakthrough is determined, the "1+1+N" public data operation system is built, the "Interim Measures for the Management of Qingdao Public Data Operation Pilot" is issued, and the first "public data operation platform" is released. Meanwhile, the first national "Data Asset Value and Revenue Allocation Evaluation Model" standard is released and implemented, focusing on 9 major fields: finance, commerce, ocean, industry, transportation, medical treatment, cultural tourism, aviation, trade and finance, and society, to promote the release of public data value.

Keywords: Qingdao; Data elements; Public data operation; Scenario

社会科学文献出版社

皮 书

智库成果出版与传播平台

❖ 皮书定义 ❖

皮书是对中国与世界发展状况和热点问题进行年度监测，以专业的角度、专家的视野和实证研究方法，针对某一领域或区域现状与发展态势展开分析和预测，具备前沿性、原创性、实证性、连续性、时效性等特点的公开出版物，由一系列权威研究报告组成。

❖ 皮书作者 ❖

皮书系列报告作者以国内外一流研究机构、知名高校等重点智库的研究人员为主，多为相关领域一流专家学者，他们的观点代表了当下学界对中国与世界的现实和未来最高水平的解读与分析。

❖ 皮书荣誉 ❖

皮书作为中国社会科学院基础理论研究与应用对策研究融合发展的代表性成果，不仅是哲学社会科学工作者服务中国特色社会主义现代化建设的重要成果，更是助力中国特色新型智库建设、构建中国特色哲学社会科学"三大体系"的重要平台。皮书系列先后被列入"十二五""十三五""十四五"时期国家重点出版物出版专项规划项目；自2013年起，重点皮书被列入中国社会科学院国家哲学社会科学创新工程项目。

皮书网

（网址：www.pishu.cn）

发布皮书研创资讯，传播皮书精彩内容
引领皮书出版潮流，打造皮书服务平台

栏目设置

◆**关于皮书**

何谓皮书、皮书分类、皮书大事记、
皮书荣誉、皮书出版第一人、皮书编辑部

◆**最新资讯**

通知公告、新闻动态、媒体聚焦、
网站专题、视频直播、下载专区

◆**皮书研创**

皮书规范、皮书出版、
皮书研究、研创团队

◆**皮书评奖评价**

指标体系、皮书评价、皮书评奖

所获荣誉

◆2008 年、2011 年、2014 年，皮书网均
在全国新闻出版业网站荣誉评选中获得
"最具商业价值网站"称号；

◆2012 年，获得"出版业网站百强"称号。

网库合一

2014 年，皮书网与皮书数据库端口合
一，实现资源共享，搭建智库成果融合创
新平台。

皮书网

"皮书说"
微信公众号

权威报告·连续出版·独家资源

皮书数据库
ANNUAL REPORT(YEARBOOK)
DATABASE

分析解读当下中国发展变迁的高端智库平台

所获荣誉

- 2022年，入选技术赋能"新闻+"推荐案例
- 2020年，入选全国新闻出版深度融合发展创新案例
- 2019年，入选国家新闻出版署数字出版精品遴选推荐计划
- 2016年，入选"十三五"国家重点电子出版物出版规划骨干工程
- 2013年，荣获"中国出版政府奖·网络出版物奖"提名奖

皮书数据库

"社科数托邦"
微信公众号

成为用户

　　登录网址www.pishu.com.cn访问皮书数据库网站或下载皮书数据库APP，通过手机号码验证或邮箱验证即可成为皮书数据库用户。

用户福利

- 已注册用户购书后可免费获赠100元皮书数据库充值卡。刮开充值卡涂层获取充值密码，登录并进入"会员中心"—"在线充值"—"充值卡充值"，充值成功即可购买和查看数据库内容。
- 用户福利最终解释权归社会科学文献出版社所有。

数据库服务热线：010-59367265
数据库服务QQ：2475522410
数据库服务邮箱：database@ssap.cn
图书销售热线：010-59367070/7028
图书服务QQ：1265056568
图书服务邮箱：duzhe@ssap.cn

社会科学文献出版社 皮书系列
SOCIAL SCIENCES ACADEMIC PRESS (CHINA)

卡号：387921484146
密码：

基本子库
SUB DATABASE

中国社会发展数据库（下设 12 个专题子库）

　　紧扣人口、政治、外交、法律、教育、医疗卫生、资源环境等 12 个社会发展领域的前沿和热点，全面整合专业著作、智库报告、学术资讯、调研数据等类型资源，帮助用户追踪中国社会发展动态、研究社会发展战略与政策、了解社会热点问题、分析社会发展趋势。

中国经济发展数据库（下设 12 专题子库）

　　内容涵盖宏观经济、产业经济、工业经济、农业经济、财政金融、房地产经济、城市经济、商业贸易等 12 个重点经济领域，为把握经济运行态势、洞察经济发展规律、研判经济发展趋势、进行经济调控决策提供参考和依据。

中国行业发展数据库（下设 17 个专题子库）

　　以中国国民经济行业分类为依据，覆盖金融业、旅游业、交通运输业、能源矿产业、制造业等 100 多个行业，跟踪分析国民经济相关行业市场运行状况和政策导向，汇集行业发展前沿资讯，为投资、从业及各种经济决策提供理论支撑和实践指导。

中国区域发展数据库（下设 4 个专题子库）

　　对中国特定区域内的经济、社会、文化等领域现状与发展情况进行深度分析和预测，涉及省级行政区、城市群、城市、农村等不同维度，研究层级至县及县以下行政区，为学者研究地方经济社会宏观态势、经验模式、发展案例提供支撑，为地方政府决策提供参考。

中国文化传媒数据库（下设 18 个专题子库）

　　内容覆盖文化产业、新闻传播、电影娱乐、文学艺术、群众文化、图书情报等 18 个重点研究领域，聚焦文化传媒领域发展前沿、热点话题、行业实践，服务用户的教学科研、文化投资、企业规划等需要。

世界经济与国际关系数据库（下设 6 个专题子库）

　　整合世界经济、国际政治、世界文化与科技、全球性问题、国际组织与国际法、区域研究 6 大领域研究成果，对世界经济形势、国际形势进行连续性深度分析，对年度热点问题进行专题解读，为研判全球发展趋势提供事实和数据支持。

法律声明

“皮书系列”（含蓝皮书、绿皮书、黄皮书）之品牌由社会科学文献出版社最早使用并持续至今，现已被中国图书行业所熟知。“皮书系列”的相关商标已在国家商标管理部门商标局注册，包括但不限于 LOGO（ ）、皮书、Pishu、经济蓝皮书、社会蓝皮书等。“皮书系列”图书的注册商标专用权及封面设计、版式设计的著作权均为社会科学文献出版社所有。未经社会科学文献出版社书面授权许可，任何使用与“皮书系列”图书注册商标、封面设计、版式设计相同或者近似的文字、图形或其组合的行为均系侵权行为。

经作者授权，本书的专有出版权及信息网络传播权等为社会科学文献出版社享有。未经社会科学文献出版社书面授权许可，任何就本书内容的复制、发行或以数字形式进行网络传播的行为均系侵权行为。

社会科学文献出版社将通过法律途径追究上述侵权行为的法律责任，维护自身合法权益。

欢迎社会各界人士对侵犯社会科学文献出版社上述权利的侵权行为进行举报。电话：010-59367121，电子邮箱：fawubu@ssap.cn。

社会科学文献出版社